江苏高校哲学社会科学研究项目 2015SJD581
基于高校学生权力实现的管理模式优化研究

互联网＋时代

高校学生管理模式的

转变及创新

◎李熙 著

NORTHEAST NORMAL UNIVERSITY PRESS
WWW.NENUP.COM

东北师范大学出版社

图书在版编目（CIP）数据

互联网＋时代高校学生管理模式的转变及创新／李熙著．
—长春：东北师范大学出版社，2016.12（2024.8重印）
ISBN 978-7-5681-2590-1

Ⅰ.①互… Ⅱ.①李… Ⅲ.①高等学校—学生—学校管理—
研究 Ⅳ.① G645.5

中国版本图书馆 CIP 数据核字（2016）第 312243 号

□ 策划编辑：王春彦

□ 责任编辑：张　琪　张辛元 □ 封面设计：优盛文化

□ 责任校对：王中韩　王春林 □ 责任印制：张允豪

东北师范大学出版社出版发行
长春市净月经济开发区金宝街 118 号（邮政编码：130117）
销售热线：0431-84568036
传真：0431-84568036
网址：http://www.nenup.com
电子函件：sdcbs@mail.jl.cn
三河市佳星印装有限公司印装
2017 年 3 月第 1 版　2024 年 8 月第 4 次印刷
幅画尺寸：170mm×240mm　印张：13.75　字数：240 千

定价：44.00 元

前言
PREFACE

　　在十二届全国人大三次会议上，李克强总理在《政府工作报告》中首次提出"互联网＋"行动计划，这个行动计划旨在深入探究互联网技术的优势，将信息技术与经济发展和社会生活的各个领域结合起来，改变传统的产业经营模式，更好地推动资源开放，为百姓服务。

　　毫无疑问，中国社会在形态上已经进入信息化时代，无论是网民数量还是网络经济发展的速度，均堪称世界第一。可以说，"互联网＋"在中国的迅猛发展，不但提升了一个又一个传统行业的层次，也给每一个人带来了机遇、希望与挑战。那么对于中国教育领域，"互联网＋"又意味着什么呢？那就是教育内容的持续更新、教育样式的不断变化、教育评价的日益多元，一言以蔽之，中国教育正进入到一场基于信息技术的更伟大的变革中。

　　"互联网＋"课程，不仅仅产生网络课程，更重要的是它让整个学校课程，从组织结构到基本内容都发生了巨大变化。正是因为具有海量资源的互联网的存在，才使得中小学各学科课程内容全面拓展与更新，适合中小学生的诸多前沿知识能够及时地进入课堂，成为学生的精神套餐，课程内容艺术化、生活化也变成现实。通过互联网，学生获得的知识之丰富和先进，完全可能超越作者。除了对必修课程内容的创新，在互联网的支持下，校本选修课程的开发与应用也变得天宽地广，越来越多的学校能够开设出上百门的特色校本选修课程，诸多从前想都不敢想的课程如今都成为了现实。

　　"互联网＋"教学，形成了网络教学平台、网络教学系统、网络教学资源、网络教学软件、网络教学视频等诸多全新的概念，由此，不但帮助教师树立了先进的教学理念，改变了课堂教学手段，大大提升了教学素养，而且，更令人兴奋的是传统的教学组织形式也发生了革命性的变化。正是因为互联网技术的发展，以先学后教为特征的"翻转课堂"才真正成为现实。同时，教学中的师生互动不再流于形式，通过互联网，完全突破了课堂上的时空限制。学生几乎可以随时随地随心地与同伴沟通，与老师交流。在互联网天地中，教师的主导作用达到了最高限度，教师通过移动终端，能即时地给予学生点拨指导，同时，教师不再居高临下地灌输知识，更多的是提供资源的链接，实施兴趣的激发，进行思维的引领。由于随时可以通过互联网将教学的触角伸向任何一个领域的任何一个角落，甚至可以与远在千里之外的各行各业的名家能手进行即时视频聊天，因此，教师的课堂教学变得更为自如，手段更为丰富。当学生在课堂上能够获得他们想要的知识，能够见到自己仰慕的人物，能够通过形象的画面和声音解开心中的各种疑惑，可以想象他们对于这一学科的喜爱将是无以复加的。

"互联网+"学习，创造了如今十分红火的移动学习，但它绝对不仅仅是作为简单的即时随地可学习的一种方式而存在的概念，它代表的是学生学习观念与行为方式的转变。通过互联网，学生学习的主观能动性得以强化，他们在互联网世界中寻找到学习的需求与价值，寻找到不需要死记硬背的高效学习方式，寻找到可以解开他诸多学习疑惑的答案。当互联网技术成为学生手中的利器，学生才能真正确立主体地位，摆脱学习的被动感，自主学习才能从口号变为实际行动。大多数中小学生都将有能力在互联网世界中探索知识，发现问题，寻找解决的途径。互联网+学习，对于教师的影响同样是巨大的，教师远程培训的兴起完全基于互联网技术的发展，而教师终身学习的理念也在互联网世界里变成现实，对于多数使用互联网的教师来说，他十分清楚自己曾经拥有的知识，是以这样的速度在锐减老化，也真正懂得"弟子不必不如师，师不必贤于弟子"的道理。互联网不但改变着教师的教学态度和技能，同样也改变了教师的学习态度和方法。他不再以教师的权威俯视学生，而是真正蹲下身子与学生对话，成为学生的合作伙伴与他们共同进行探究式学习。

"互联网+"管理，针对高校办公自动化，学生管理体系进行改革，以学生和高校双向需求为导向，开发出学生管理服务系统，将"互联网+学生管理服务"落到实处。围绕学生服务管理，依托互联网相关的特色专业，打造信息化科研团队，主动融合互联网思维，探索"互联网+学生服务管理"新模式，推进建设高校信息化平台，提高学生服务效率和管理水平。

总之，当"互联网+"第一次纳入国家经济的顶层设计，就意味着"互联网+"时代的正式到来，教育只有顺应这一时代的需求持续不断地进行革命性的创造变化，才能走向新的境界。面对"互联网+"时代给出的新机遇新挑战，每一个教育工作者都必须坚定信心，解放思想，聚精会神，锲而不舍，全力打造出领先于世界水平的"网络新教育"。

李 熙 著

2016 年 11 月

目录
CONTENT

第一章 理论知识阐述

第一节　"互联网＋"的内涵

进入 21 世纪以来，我国社会经济迅猛发展，科学技术、信息技术得到了广泛应用。在十二届全国人大三次会议上，李克强总理在政府工作报告中首次提出"互联网＋"行动计划，这个行动计划旨在深入探究互联网技术的优势，将信息技术与经济发展和社会生活的各个领域结合起来，改变传统的产业经营模式，更好地推动资源开放，为百姓服务。

一、"互联网＋"的定义

"互联网＋"是创新 2.0 下的互联网与传统行业融合发展的新形态、新业态，是知识社会创新 2.0 推动下的互联网形态演进及其催生的经济社会发展新形态。"互联网＋"代表一种新的经济形态，即充分发挥互联网在生产要素配置中的优化和集成作用，将互联网的创新成果深度融合于经济社会各领域之中，提升实体经济的创新力和生产力，形成更广泛的以互联网为基础设施和实现工具的经济发展新形态。"互联网＋"行动计划将重点促进以云计算、物联网、大数据为代表的新一代信息技术与现代制造业、生产性服务业等的融合创新，发展壮大新兴业态，打造新的产业增长点，为大众创业、万众创新提供环境，为产业智能化提供支撑，增强新的经济发展动力，促进国民经济体制增效升级。

二、"互联网＋"的内涵

2.1 "互联网＋"首先是互联网的全方位应用。

互联网归根到底是一种工具，就像前几次技术革命中的蒸汽机、电力一样，从被发明后就得到各行各业广泛应用。从这个意义上来看，"互联网＋"是以互联网为主的一整套信息技术（包括移动互联网、云计算、大数据技术等）在经济、社会生活各部门的扩散应用过程。单纯从互联网的应用角度来理解"互联网＋"，人们可能会产生疑问：既然"互联网＋"是国民经济各行业和全社会对互联网的应用，市场经济体制下，因竞争压力而借助互联网进行成本缩减必然成为市场主体的理性选择，那么，互联网的应用不是水到渠成的事情吗？为什么各个国家都以不同的形式将类似于"互联网＋"的内容（如美国的工业互联网）列为国家级战略布局？秘密在于互联网与哪些产业"相加"。

2.2 "互联网+"是产业应用，更是产业重塑。

从中国近 20 年来互联网的短暂发展史来看，中国当前正经历互联网商业向互联网工业过渡时期。互联网与商业的结合，极大地改变了我们的日常生活方式，中国电子商务的快速发展印证了这一点。互联网对商业的改写，毫无疑问降低了市场的运行成本，弥补了中国非统一市场的缺陷。但本质上并未改变其商业属性，解决的仍是生产与消费的低成本匹配问题；基于互联网的零售新业态，从本质上只是缩短了零售环节，节省了交易成本。经济史研究表明，商业经济时期社会的创新能力并没有显著提升，其互通有无的本质注定不会产生"生产什么以及如何生产"这样的经济知识。因此，基于商业贸易的互联网应用，虽然可以改变产业形态，但理论上来说并不会大规模产生新的经济知识以及技术创新。但互联网与工业的结合，却在改写工业生产方式、经济知识供给方式以及技术创新的模式。美国的互联网发展及其战略规划恰恰是这个判断的一个脚注：美国互联网产业发展较早、市场规模也较大，但因为其线下商业体系发达，因此互联网商业发展并没有中国式的爆发增长态势。这从侧面证明互联网商业在本质上仍是传统商业的有益补充；但工业互联网发展却成为美国的国家战略，原因就在于在工业领域，互联网并不仅仅是一种工具。基于互联网的工业并不是传统工业的补充，而是对传统工业的升级或替代。发达国家虽然服务业占比超过工业占比，但发达国家均具有对工业技术的核心掌控能力，制造业发展对于国家创新体系仍起到非常重要的作用。

2.3 "互联网+"的本质是传统产业的在线化、数据化。

"互联网+"的本质是传统产业对互联网的深层次、全方位应用，以及互联网对传统产业的改造和重塑，而非简单的在线化和数据化传统产业。互联网的应用可以解决现有市场机制下许多解决不了的问题，如缓解信息不对称、降低交易成本；也可以通过改变生产流程，促进竞争力的提高。我国互联网在商业领域的应用已经处于世界领先水平，而互联网在工业领域的应用却大大滞后。从互联网商业到互联网工业，是从互联网应用到"互联网+"的最好诠释。互联网及信息化正在带来新一轮科技革命。中国当前处在抓住和引领产业革命前沿的最佳机遇期，抓住这次机遇，对于中国经济的长远发展和创新体制建设，具有深远的意义。

三、"互联网+"的发展状况

如果以 1994 年作为中国商用互联网元年，在 2015 年之前的 20 年并没有"互联网+"概念，而 2015 年之后这个概念才被大众化传播，"互联网是先进生产力"的观点被各方广泛认同。

互联网的发展可以分成两个阶段，第一阶段是互联网作为一个独立的行业，有别于传统线下行业，互联网新经济和互联网行业的概念被多次提及就是证明。这个阶段，互联网用其在空间性和时间性上的优势，从早期的信息，到中间的娱乐游戏，到后来的商品零售，互联网的新方式取得了不错成绩。但这个阶段，互联网和线下各产业是平行存在的，互联网和线下实体的冲突不绝于耳。

2013 年后，互联网进入第二阶段，也就是"互联网＋"阶段。这一阶段是伴随智能手机和 3G/4G 的普及而发展起来的，移动互联网的发展打破了生活和工作的区隔，打破了线上和线下的界限。这一阶段，互联网逐渐脱离工具属性成为水电煤，与其他行业结合变成了底层设施。2013 年下半年以来，互联网公司更多强调线上线下的融合，之前线上线下剑拔弩张的情况得到了缓解。

互联网向"互联网＋"的演进是必然，中国互联网发展到 2013 年后网民红利几乎消磨殆尽，要获得更广阔的发展空间，可选的方向有：国际化扩充地域、更加追求极客和技术、和线下结合。其中，往线下走与实体经济结合是最好的方向。阿里巴巴和京东的成功代表着互联网＋零售在中国取得了极大成绩，"互联网＋X"因此能给市场足够大的想象空间。

第二节 "互联网＋"的六大特征

通俗地说，"互联网＋"就是"互联网＋各个传统行业"，但这并不是简单的两者相加，而是利用信息通信技术以及互联网平台，让互联网与传统行业进行深度融合，创造新的发展生态。它代表一种新的社会形态，即充分发挥互联网在社会资源配置中的优化和集成作用，将互联网的创新成果深度融合于经济、社会各领域之中，提升全社会的创新力和生产力，形成更广泛的以互联网为基础设施和实现工具的经济发展新形态。

近几年来，"互联网＋"已经改造影响了多个行业，当前大众耳熟能详的电子商务、互联网金融（ITFIN）、在线旅游、在线影视、在线房产等行业都是"互联网＋"的杰作。

全面透彻理解"互联网＋"的精髓，除了要把握它本身是什么，还有必要站在这个时代的角度去考察、去解析，研究"互联网＋"和当今这个时代之间怎样关联和匹配。"互联网＋"的六大特征值得关注。

小贴士：我国知名互联网企业对"互联网+"的理解

"互联网+"代表一种新的经济形态，即充分发挥互联网在生产要素配置中的优化和集成作用，将互联网的创新成果深度融合于经济社会各领域之中，提升实体经济的创新力和生产力，形成更广泛的以互联网为基础设施和实施工具的经济发展新形态。

以上是官方媒体对"互联网+"的正式定义，根据这一定义，我国一些知名互联网企业对此提出了自己的见解。

腾讯："互联网+"是以互联网平台为基础，利用信息通信技术与各行业的跨界融合，推动产业转型升级，并不断创造出新产品、新业务与新模式，构建连接一切的新生态。

阿里巴巴：所谓"互联网+"就是指，以互联网为主的一整套信息技术（包括移动互联网、云计算、大数据技术等）在经济、社会生活各部门的扩散应用过程。

百度："互联网+"是互联网和其他传统产业的一种结合的模式。这几年随着中国互联网网民人数的增加，现在渗透率已经接近50%。尤其是移动互联网的兴起，使得互联网在其他产业当中能够产生越来越大的影响力。我们很高兴地看到，过去一两年互联网和很多产业一旦结合的话，就变成了一个化腐朽为神奇的东西。尤其是O2O（线上到线下）领域，比如线上和线下结合。

小米：李克强总理在报告中提"互联网+"，意思就是怎么用互联网的技术手段和互联网的思维与实体经济相结合，促进实体经济转型、增值、提效。

亿欧网："互联网+"指互联网作为一种先进生产力，通过和线下融合互动，促进传统产业和传统消费转型升级的同时，助力国家提升综合国力的长远目标。

一、跨界融合

"＋"本身就是一种跨界，就是变革，就是开放，就是一种融合。敢于跨界了，创新的基础才会更坚实；融合协同了，群体智能才会实现，从研发到产业化的路径才会更垂直。融合本身也指代身份的融合，客户消费转化为投资，伙伴参与创新等等，不一而足。

融合可以提高开放度、增强适应性，就不会排斥、排异；互联网如果能够融合到每个行业里，无论对于传统行业还是互联网，应该都是一件好事。

植物嫁接往往会带来惊人的变化。据研究，影响植物嫁接成活的主要因素是接穗和砧木的亲和力，其次是嫁接的技术和嫁接后的管理。"亲和力"就是接穗和砧木在内部组织结构、生理和遗传上彼此相同或相近，能互相结合在一起的能力。亲和力高，嫁接成活率就高；反之，则成活率低。这种机理和"互联网＋X"何其相似。"＋"要求双方而不是单方的亲和力，可以看作各自的融合性、连接性、契合性、开放性、生态性。

互联网给其他产业带来冲击是必然的，而且是不可逆的。试问，互联网对于我们每一个人的影响不可谓不大吧？过去互联网相伴的 20 多年，我们是如何逐步接纳、拥抱、融入互联网的？一个行业、一家企业，最具能动性、创造性的是人；只要我们不把互联网当洪水猛兽，避之唯恐不及，又何惧会被颠覆？互联网就像曾经的蒸汽和电，它服务于工业，但不会取代工业。

融合是一种气度，一种力量，一种勇气，一种追求。融合让适者生存，融合让企业掌控能量。产业的冲击会很普遍，产业的颠覆会少有发生，产业的融合将成为流行趋势。

二、创新驱动

现在是信息经济、数据经济的时代，甚至有人称之为创客经济和连接经济。这个时代经济发展的关键驱动要素分为三大类：资源、客户、创新。在我国改革开放的前 30 多年，经济发展以资源驱动为主，客户驱动为辅，而创新驱动不足。当前，约束中国经济发展的主要原因是，生产力还未被有效解放，再结构化动能未充分释放，创新创造尚未被激活。

中国粗放的资源驱动型经济增长方式早就难以为继，必须转变到创新驱动发展这条正确的道路上来。同时，要敢于打破垄断格局与条框自我设限，破除束缚生产力发展的因素，建立可跨界、可协作、可融合的环境与条件。这正是互联网的特质，用所谓的互联网思维来求变、自我革命，也更能发挥创新的力量。

科技创新在国家发展全局中居于什么位置？2015年3月13日国务院颁布的《关于深化体制机制改革加快实施创新驱动发展战略的若干意见》旗帜鲜明地做出了回答：把科技创新摆在国家发展全局的核心位置，统筹科技体制改革和经济社会领域改革，统筹推进科技、管理、品牌、组织、商业模式创新，统筹推进军民融合创新，统筹推进引进来与走出去合作创新，实现科技创新、制度创新、开放创新的有机统一和协同发展。

政府的一些信号已经足够明确，国家现在处于向创新驱动发展转型的关键时期。中国未来是创意创新创业创造驱动型发展，发展是靠打破机制的藩篱，是靠更多的个人发挥创造精神，是靠协同创新、跨界创新、融合创新，这就是最不应被忽视的"新常态"！

把增长动力真正从要素驱动转换为创新驱动，才不会在过分依赖投入、规模扩张的老路上原地踏步。充分激发各类主体参与创新活动的积极性，建立以企业为主体、产学研用协同创新机制，让科技创新在市场的沃土中不断结出累累硕果，中国经济发展才能更有动力，行稳致远。

经济发展方式转型的风险已经部分有所释放，如出口不振、个别行业凋敝、经济增速下行等。要耐得住寂寞，容忍得了诟病，挺得过煎熬，不是一件容易的事情。会有各种力量希图拉回到过去的资源驱动型模式，会面对许许多多短期利益、政绩工程的纠结，会经受各种权贵利益集团的暗中抵制与削弱。

不仅如此，更具挑战性的在于，驱动要素本身的动能如何发现、激发、激活、放大甚至产生聚变？其能动性与创造性之间有怎样的关联？如何评估创意、创新本身的价值？怎样压缩从研发到产品化、产业化的过程，而且做出一些更生态化的安排？因此，"互联网+"被选中绝非偶然。

三、重塑结构

信息革命、全球化、互联网业已打破了原有的社会结构、经济结构、地缘结构、文化结构。权力、议事规则、话语权不断在发生变化。"互联网+"社会治理、虚拟社会治理会是很大的不同。

重塑结构从互联网时代就已经开始了。信息革命、全球化、互联网业已打破原有的社会结构、经济结构、关系结构、地缘结构、文化结构。结构被重塑的同时带来很多要素如权力、关系、连接、规则和对话方式的转变。下一章会全面梳理带来深刻影响的这些因素。

互联网变迁了关系结构，摧毁了固有身份，如用户、伙伴、股东、服务者等身份在一定条件下可以自由切换。互联网改写了地理边界，也摧毁了原有的游戏规则以及管控模式（信息传播规律完全被改写）。

互联网重新塑造了社会，在弱关系社会里重新建立契约和信任关系，这是互联网非常重要的一个方面。连接的关系里产生了新的能力、新的人际关系。"互联网+"最终描述的还是一个智能社会，大家更加高效、节能、舒适地在这个社会里生存，"互联网+"给人类社会提供了一个非常大的福利。

互联网打破了固有的边界，减弱了信息不对称性。信息的民主化、参与的民主化、创造的民主化盛行，个性化思维越来越流行。互联网让社会结构随时面对不确定性，社群、分享大行其道。接触点设计、卷进方式设计成为企业管理者的必修课，而注意力、引爆点成为商业运营和品牌传播中重点关注的要素。

互联网让组织、雇用、合作都被重新定义，互联网 ID（身份标识号码）成为个体争相追逐的目标。现实世界与虚拟世界有时候变得分裂又无缝融合，自我雇用、动态自组织、自媒体大行其道，连接的协议有时候完全由个人定义。

互联网降低了整个社会的交易成本，提升了全社会的运营效率。如购票这种原来要跑到售票点才能解决的问题，现在不到一分钟就随时随地随需可以在移动端完成。移动互联网催生了持续在线，移动终端成为人的智能器官，随时被连接。用户的需求越来越多地发生在移动互联网上，如通信的需求、信息的需求、传播的需求、娱乐的需求、购物的需求等等。

互联网可以把选择权交给用户。原来用户面对的是一个黑箱，信息完全不对称。现在，信息足够丰富，把主动性还给了人，让他们获得完全不一样的体验。个性化定制借助互联网大大流行，像海尔建立的互联工厂，就可以按照客户的个性化需求定制空调。互联网还集成了大众智慧，用户可以参与设计、参与创新、参与传播、参与内容创造，用户对于物流、菜品的评价实际上是在参与管理。互联网基于个体发端了"众"经济，众包、众筹、众创、众挖，既是社会的新结构、商业的新格局，又是生活的新方式、经济的新范式。WIKI（一种超文本系统）、开源，这些没有互联网是几乎不可能发生的事。众，既是大众，又是小众、个体；既是自己、伙伴，又是外部世界；既是标准，又是个性；既是集中，又是民主。

四、尊重人性

人性的光辉是推动科技进步、经济增长、社会进步、文化繁荣的最根本的力量，互联网的力量之强大最根本地也来源于对人性的最大限度的尊重、对人的体验的敬畏、对人的创造性发挥的重视。

人性即体验，人性即敬畏，人性即驱动，人性即方向，人性即市场，人性即需求，人性即合作。人性是连接的最小单元、最佳协议、最后逻辑；人性化是连接的归宿，是融合的起点，是存在的理由。小到一次互动，大到一个平台，都要基于人性思考、开发、设计、运营、创新和改进。

人性是检验的标尺，人性是关系的核心。重视人性、尊崇人性的机构，可以为服务增值。君不见，海底捞、外婆家为什么每天有那么多人排队，等一个小时也无悔？传统的行业、过去的服务谈转型、讲升级，最根本的出发点是不要忘记初心——基于人性！

五、开放生态

依靠创新、创意、创新驱动，同时要跨界融合、做协同，就一定要优化生态。对企业、行业应优化内部生态，并和外部生态做好对接，形成生态的融合性。更重要的是我们创新的生态，如技术和金融结合的生态，产业和研发进行连接的生态等等。

好的生态激活创造性，放大创造力，孕育创意，促进转化，带来社会价值创新；坏的环境、阻碍的规制、欠缺的生态则会扼杀创新于襁褓。

1．"开放度"决定行业、企业命运

未来的商业是无边界的世界。在这个重要前提下，衡量企业跨界能力的一个关键因素，就是开放性、生态性够不够。假如颠覆性创新在一个自我封闭的系统里进行，那么创新则很难实现。不能以开放的心态去对自己所做的跨界战略进行深刻的洞察，自然无法思考和设计新的商业模式。

只有开放才能融合，实际上这也是跨界思维的核心之一。因为在一个开放的生态系统里，跨界才能找到一些和外界其他要素之间的共通点。当然在这个基础上，还可以去寻找跨界合作的规则。未来的跨界，一定要把企业的内部生态圈延伸出去，和外部的生态系统进行协同、交互、融合，跨界的力量才能有效地推动创新。

2．创意、创新、创业，生态为上

当创意、创新被条件所困、被环境制约，创新的努力只会变成一个个悲伤的故事。创意、创新是生态的一个要素，生态既要有种子，还需要土壤、空气、水分。国家积极鼓励大众创业、万众创新的目的就是孵化培育一大批创新型小微企业，并从中成长出能够引领未来经济发展的骨干企业，形成新的产业业态和经济增长点。而达到目的的最重要条件就是创意、创新、创业的生态。构建生态既需要精心设计，又需要发挥要素的连接性和能动性；生态内外必须形成有机信息交换，而不是自我封闭的构筑；要素间交互、分享、融合、协作随时自由发生，同时还要保持独立、个性与尊重。

关于"互联网＋"，生态是非常重要的特征，而生态本身就是开放的。我们推进"互联网＋"，其中一个重要的方向就是要把过去制约创新的环节化解掉，把孤岛式创新连接起来，让研发由人性决定的市场来驱动，让创业并努力者有机会实现价值。

清除阻碍创新的因素是一个方面，另一个重要的方面就是以人为本、以市场为基础，让创新与产业化、技术与资本化、知识产权与价值化等方面符合创新中国的要求，符合发展的要求，符合社会价值创新的要求。

"互联网＋"行动计划的核心是生态计划，要重塑教育生态、创新生态、协作生态、创业生态、虚拟空间生态、资源配置和价值实现机制、价值分配规则。最亟待关注的生态包括但不限于：内在创造性激发导向的教育生态，专业教育与职业教育并重，消弭高中前与大学教育、大学教育与应用教育的鸿沟；社会价值创新导向的创意创新生态，搭建创意创新与价值创造之间的桥梁；协同创新、融合创新、价值网络再造的生态，让知识产权、人力资本和努力与可预期结果匹配。这的确将引发一场越来越深入的改革。

六、连接一切

"互联网＋"在于建设一个连接一切的生态，体现了互联网未来将如何对这个社会、世界施加影响。理解"互联网＋"，一定要把握它和"连接"之间的关系。跨界需要连接，融合需要连接，创新需要连接。连接是一种对话方式、一种存在形态，没有连接就没有"互联网＋"；连接的方式、效果、质量、机制决定了连接的广度、深度与持续性。

连接是有层次的，可连接性是有差异的，连接的价值是相差很大的，但是连接一切是"互联网＋"的目标。从连接的层次看，可以概括为三个"tion"：Connection（连接），Interaction（交互），Relationship（关系）。三层次的连接方式、连接内容与连接质量都不相同。第一层"连接"很多机构和服务都可以做到，比如 App 超市、某一个游戏、某一档节目等，短时期可以聚来很大的流量。第二层"交互"很关键，它承上启下，没有交互，就很难分流、导流，建立信任和依赖。研究者汪小帆认为，如果用一个词来概括社会物理学，那就是"交互"。最后一层是"关系"，是连接的目的、创新的驱动、商业的核心，沉淀下信任性关系是连接的归宿，是商业的阶段性目标，是社会价值创新的基础。

连接一切有一些基本要素，包括技术（如互联网技术，云计算、物联网、大数据技术等等）、场景、参与者（人、物、机构、平台、行业、系统）、协议与交互、信任等。这里，信任作为一个要素很多人未必理解或认同，但它的确是最重要的因素之一。因为互联网让信息不对称降低，连接节点的可替代性提高，只有信任是选择节点或连接器的最好判别因素，信任让"+"成立，让连接的其他要素与信息不会阻塞、迟滞，让某些节点不会被屏蔽。

欲在"互联网+"中如鱼得水，积淀信任性关系变得非常重要。那些忘记责任、生态、开放和分享的人、机构、平台，必然难塑信任。有信任，别人才愿意通过你来进行连接，或者愿意连接你，所以，失去信任几乎就相当于"失连"，未来企业的生死、成长快与慢、发展是否持续，很大程度上取决于"信任"的含金量。人也是情同此理。因此，"互联网+"会形成一种倒逼，让诚信、信任重建，这是人性推动社会进步的最好证据。

在"互联网+"背景下，过去谈的入口、门户就是指的节点，所谓船票就是指的连接器！单一的入口即便流量惊人，如果不能变成存量，不能进行导流、分流、个性化匹配，其本身价值也有限并难以持久。腾讯提出微信要做互联网的连接器，其真正的野心其实是——微信是人、物、机构在"互联网+"社会中的唯一 ID！而他们野心最大的支撑就来自经年积淀的信任性关系。

第三节　学生管理的内涵及外延

一、高校学生管理模式的概念及分类

高校学生管理是高等学校管理工作中的重要组成部分，是指高校在一定思想理论的指导下，经过长期实践而定型的开展各项学生工作的思维方法和操作方法。高校学生管理的基本含义是：高等学校通过非学术性事务和课外活动对学生施加教育影响，以规范、指导和服务学生；丰富学生校园生活，促进学生发展成才的组织活动。

高校学生管理是高校对学生在校内外的学习和活动进行计划、组织、协调、控制的总称，它是高校管理者组织指导学生，按照教育方针所规定的教育标准，有目的、有计划、有组织地对学生进行各种教育、管理和服务，使学生在德、智、体、美几方面都得到发展，成为中国特色社会主义现代化事业的建设者和接班人的过程。学生管理工作是一项系统工程，它的具体内容包括众多方面，概括地说，它是以德育为主导，以智育为核心，以学风为重点，以党建带动全面工作。具体地讲，它涵盖了学生的学习、生活、思想政治教育，规范学生的日常行为、扶贫解困、就业指导等等诸多方面。

高校学生管理的内容多种多样，从学生活动形式上可归纳为学生思想品德管理、党团组织管理、学习管理、生活管理、学生自我管理、班级管理以及行政管理、教育评价管理等。

二、高校学生管理模式的发展阶段

1. 学生工作体制的建立阶段（建国初期—20世纪70年代末）

建国初期，学生工作的内容主要是突出政治，组织学生学习国内外形势及党的路线方针政策。这一时期，学生工作者称为"学生政治思想工作者"。在组织结构上，校领导中有一人负责政治思想工作，党、团组织及行政领导负责学生的全面发展，在各系中有专人负责学生工作。学生管理者的主要任务是：负责学生在校期间的政治思想教育工作，组织党、团活动，监督学习纪律，评定并发放人民助学金及国家补助补贴。

在新中国成立以后的17年中，高校学生工作的主要特点是：（1）学生工作的内容以学生党团活动为主，突出政治，其工作由校党委组织部、宣传部和校团委承担。（2）学生工作没有独立的地位，也没有设置专门的机构，它只是作为学校政治工作的一部分而存在。（3）招生和毕业生分配工作分别由教务处和人事处负责。

2. 学生工作体制的恢复与调整阶段（改革开放初期—20世纪80年代末）

1977年恢复高考制度后，为了适应新的高等教育目标，贯彻德、智、体全面发展的教育方针，培养坚持社会主义又红又专道路、具有专业知识的人才，高校相继在70年代末80年代初设置了专门机构负责学生思想政治工作，有的高校称之为"党委青年部"，有的高校称之为"党委学生部"。学生部成立后，专门负责全校学生思想政治工作，组织实施对学生进行党的方针政策、形势任务和思想品德的教育；分析学生的思想动态，研究学生思想政治教育的对策，负责配合校党委组织部做好学生入党积极分子的培养教育工作，指导团委和学生会的工作。

80年代以后，随着招生规模的扩大和向正规化管理方向的发展，一些新的学生行政事务工作应运而生。各高校在不断加强学生思想政治工作的同时，部分高校成立了学生处，负责学生行政管理工作。80年代末，多数高校将原党委学生部与学生处（学生科）合并，成立了学生工作部（处），实现了二元结构向一元结构的转变。在此基础上，高校陆续将与学生切身利益密切相关的毕业生分配工作划归到学生工作部（处），设立了毕业生分配办公室，使毕业生分配与毕业生教育长期脱节的情况基本得到解决，通过把住出口关，对于规范学生行为、促进教育管理起到了一定的作用。

3.学生工作步入新的发展阶段（20世纪90年代后—21世纪初）

90年代，随着招生就业制度改革，要求学生缴费上学，这就要求建立合理的学生助学体系和毕业生的自主择业体系，要求结合改革发展中出现的新情况、新问题，注意发挥引导、服务和保证作用，学生工作也因此要在结合渗透上下功夫.学生工作的职能进一步由管好管住，向服务、渗透转变。对此，各高校分别成立了独立的或不独立的就业指导中心、勤工助学中心（办公室）、心理咨询中心等，一方面引进竞争机制，促进学生自立、自强意识：另一方面完善服务体系，化解学生在成才、就业及生活等方面的矛盾，有的高校将招生划归到学生工作处；有的高校将学生宿舍管理划归到学生处管理，而后又划归到其他部门（采取后勤社会化），有的高校成立了学生工作指导委员会；有的高校实行学生工作处与相关部门"合署办公"等等。

进入二十一世纪，随着我国社会主义市场经济体制的建立和不断完善，面对高等教育开始进入"大众化"阶段的现实，高校学生工作的内涵不断丰富，步入新的发展阶段，并不断形成了现阶段的学生工作模式：

国内多数高校的学生工作采取学校、院系二级管理模式，院系在学校的领导和宏观指导下开展工作。校党委、校行政均设分管学生工作的校党委副书记、副校长。校党委职能部门中设立学生工作部，校行政职能部门中设立学生工作处，实行合署办公。有的高校将党委武装部也与学生工作部（处）合署办公。校内各教学院（系）通常设分管学生工作的党总支副书记兼副院长（系主任），领导本院系学生工作办公室及辅导员开展工作。一般按学生年级配备辅导员（年级主任），各班级由业务教师担任班主任配合辅导员的工作。学校设立以主管校领导为主任的学生工作指导委员会，负责协调处理全校学生工作的重大问题，其办公室设在学生工作部（处）并由学生工作部（处）长兼任办公室主任，便于协调学校党政对学生工作部（处）的领导。学生工作不仅包括对大学生进行思想政治教育及学生日常管理工作，还包含就业指导、助学扶贫（包括国家助学贷款）、心理健康教育、成长成才咨询、"两课"教学辅助等诸多工作和内容。许多高校在校学生工作部（处）下设立了一些学生服务与管理机构，如大学生助学办公室、大学生心理咨询中心、毕业生就业指导与服务中心、大学生活动中心等等。

在这个时期，高校的学生工作队伍也逐步形成了专、精的专职人员和较多的兼职人员组成的人员结构，并按照相对独立的德育教师系列或教育管理系列评聘专业技术职务。随着国家对高校毕业生工作的高度重视，近几年，有些高校将毕业生就业中心，作为机关职能部门直接在主管学生工作的校党委副书记兼副校长的领导下开展工作。

三、高校学生管理模式的载体研究

高等学校面临三大任务，即：人才培养、科学研究和社会服务。人才培养因而成为高校学生工作的一个主要目标。人才培养包括思想政治教育和素质能力教育两方面的重要内容。高校学生工作面临的问题复杂多样，要得以有效展开和推进，必须寻找和依托合适载体并有效运用。

1.何谓高校学生管理工作的载体

载体最初的定义是一个化学名词，是指能够贮存、携带其他物体的事物。现在的载体一词则被广泛地运用到了各个学术领域。对于高校学生管理工作而言，载体主要是承载和传递思想政治教育和素质教育的媒介。

2.高校学生工作载体的分类

高校学生工作的载体包括很多内容，并随着社会的发展变化而不断创新，大致划分如下：

（1）理论学习型的载体：包括课程班、课堂教育、思想政治教育课、会议等；它们的共同特点是对大学生的成才培养提供理论基础，通过交互式的学习，掌握思想政治教育及素质教育的一些基本原则和理论。

（2）主题活动型的载体：学生社团、党团活动、校园文化创建、社区活动、各类社会实践、军训、首日教育等；它们的主要特点是依托外在不同的活动内容，将教育的理念的精髓贯彻其中，通过广大青年学子喜闻乐见的形式进行有效传输，从而达到人才培养的目的。

（3）信息网络型的载体：网络BBS、各类即时通工具、电话、博客、电子邮件等；这类载体的共同特点是充分利用信息社会、新兴网络的便利条件，占领教育的新领地。

（4）"点对点"型的载体：心理辅导、谈话谈心、家访等；此类型载体的主要特点是针对性强，获得的信息较为准确和完整，有助于解决学生工作中的重点问题和难点问题，有助于根据学生个体的差异采取差异化的教育方法。

3.高校学生工作载体的时机选择

高校学生工作载体的选择应遵循有利于解决学生工作中的问题，有利于学生工作的长远发展，有利于完成人才的培养的原则。

（1）因高校学生工作的对象不同而异

高校学生工作的对象主要就是大学生，而当代的大学生具有不同类型的特点，分层、分类教育作用显得格外突出。差异化的个体要求我们提供个体的解决方案，这在一定程度上对工作载体的选择也提出了更高的要求。

A.了解工作对象的特点：当代大学生思想政治状况的主流积极、健康、向上。他们热爱党，热爱祖国，热爱社会主义，坚决拥护党的路线方针政策，但也不同程度地存在政治信仰迷茫、理想信念模糊、价值取向扭曲、社会责任感缺乏、心理素质欠佳等问题。而具体到不同的高校中，大学生的状况也不尽相同，这就要求我们必须充分掌握工作对象的特点，研究面向不同工作对象的不同应用规律，选择教育载体。

B.把握工作对象的诉求：在实际工作中，我们必须掌握工作对象的需求，既要掌握群体性的需求，又要了解个体性的需求，进而选择相应的工作载体，在事态的不同的阶段，或不同的事态过程中，工作对象的诉求也会有相应的调整和变化，我们一方面需要重视和尊重这种变化，并相应地调整载体运用和选择，另外对不尽合理的诉求，需要加以控制和引导。

（2）因高校学生工作的侧重不同而异

高校学生工作的总目标是人才的培养，但具体到不同的阶段，有不同的任务，在工作中的重点便有所不同，而对待学生的教育是常态的，因此要求我们在不同的侧重工作范围下选择适当的工作载体，完成对学生的常态教育。

A.明确学生工作阶段性任务：学生工作进程中面临不同的阶段，或在某件工作的过程中，任务会因变化有所调整，重点任务也不尽相同，载体选择必须具有针对性，且以服务于不同的工作任务为目的。在学生工作的特定阶段，载体所负担的意义和承载的功能会有相应的变化，适机选择工作载体和运作方式有助于各阶段任务的完成。

B.保持学生工作的整体连贯性：学生工作是一个有机整体，具有系统性和连续性，这也要求相应开展工作的载体间要保持有机协调和连贯性。这种协调性一方面需要人为地加以合理选择和充分运用，另外也要服从于学生工作整体属性和特点，背离这种统一协调性的载体运作只能使工作背道而驰。

（3）因高校学生工作的时效不同而异

无论从教育的内容上看，教育的效果上看，还是从教育对象的发展情况上看，高校学生工作都具有典型的时效性。因此选择适当的工作载体有助于在有效的时间或有限的时间内完成学生工作。

A. 整合优化学生工作的效率：学生工作过程中要注意把握不同的时间节点，在时效阶段内通过工作载体的变换与应用，完成学生工作。在不同的时效作用下，应充分利用已有的、可行的工作载体，深入挖掘和充分整合学生工作中的各种可用资源，提高运行效率，实现工作效果的最大化。

B. 找准学生工作中的黄金切入点：要重视学生工作中有效时机的掌握，根据时间和形势的变化，做出充分的判断，寻找适当的时机介入有效的工作载体，进而全面推进学生工作。值得注意的是学生工作中的黄金切入点是动态而非静态的，是随着进间的推移，工作形势的发展而不断变化的。

（4）因高校学生工作的环境不同而异

这里指的环境不是狭义上的实体建筑等学校环境，而是软性环境，例如：学校的规章制度、社会的宏观政策、学生思想动态的变化波动等。这些工作环境上的变化是个人无法控制和左右的，因此如何选择工作载体以适应环境及环境的变化就显得尤为重要。

A. 保持工作中的大局观：学生工作在本质上必须紧紧把握主流的社会价值，紧扣时代的主旋律，在工作背景上受政治、经济、文化和社会发展的影响很深，这就要求学生工作必须保持大局观，站得高，看得远，有利于统一筹划工作。在载体的运用中要充实更多、更新的理论及实践成果。

B. 工作中以"不变"应"万变"：外在环境的变化因素固然难以控制，但学生工作仍需坚持"以我为主"的工作方式，这主要源于学生工作的根本任务和主要目标即人才的培养没有发生变化。在此情况下，面对纷繁的外界变化，学生工作一方面要继续探索新的工作载体，另外也需要在工作的形式、方法和内容上与时俱进。

4. 高校学生工作载体的运用方式

高校学生工作载体的运用方式没有固定套路，没有统一模式，只要站在较高的思想高度，统一认识即可，所谓条条大路通罗马，有效运用高校学生工作的载体，可以行之有效、事半功倍地完成工作。

（1）"连贯持续"式的运用

一方面，教育无时不在，无处不在，这也为载体的持续使用提供了可能性，另一方面，载体的连贯持续使用也有助于工作更快更好更有效地完成。

A. "连贯持续"式的运用条件：载体较为成熟，具有类似性，随时间推移，变化不大的情况下可反复使用者较为实用，如运用理论学习型的课堂教育、主题活动型的军训等。

B.“连贯持续”式操作方式：在相当长一段时间形成一种固定模式或以制度化的方式固定下来，在学生工作中不断使用。如在年级中成立年级管理委员会，在班级管理中建立固定班会制度和不定期班委会制度就是对群体学生管理和教育的一种有效模式。通过这种模式下的持续工作，年级管理委员会成为各个班级之间沟通的一个桥梁，也成为反映问题的一个总出口，可以有效解决各个班级间信息不畅，各自为政的局面。同时，在这种情况下，班会也可以被更加有效地利用来进行各类文件、时事政治等的学习。不定期的班委会制度由于机动性强，应变能力强，利于解决各类突发事宜，最终有利于班级工作的整体开展和有效推进。

（2）“组合拳”式的运用

“组合拳”是拳击运动中的一个术语，其本意是不同拳法的一个组合。在学生工作的载体运用中，通常要运用不同的载体组合来完成一件或一段时期内的工作。

A.“组合拳”式的运用条件：单一载体效果不佳，多种载体具备操作条件，在相对固定的时间和阶段内要求学生工作绩效时较为实用，如运用理论学习型和主题活动型相结合等。

B.“组合拳”式操作方式：充分利用各种载体的优点和长处，在某一特定情况或固定阶段下，依据工作完成的最大效率和效果的要求，而不断组合各类工作载体，组合的方式依据载体的选择不同而异。如在对学生进行诚实守信的专项教育中，可以有效组合理论学习型、主题活动型和“点对点”型的载体来进行工作。首先可以通过班会来进行学习讨论，并在思想政治教育课上进行专题理论阐释，同时开展以“诚信”为主题的演讲或小品比赛，考前“诚信”签名活动等，让更多的诚信观点形象化地深入人心。在诚信教育中，对个别同学还应采取谈话谈心的方式，让他们认识到“不诚信”的危害，督促他们诚实守信，避免因小失大。

（3）“全覆盖”式的运用

“全覆盖”一方面是针对工作对象而言，另外则是指尽量使用更多的载体，并不断寻找一切可能的载体来运用于学生工作之中，使之更加完善。

A.“全覆盖”式的运用条件：学生工作内容较多，涉及面较广，常规性工作、日常管理性的工作或按部就班型的工作为主时较多采用，如考虑到一段时间内的工作时，综合考虑多项工作载体。

B.“全覆盖”式操作方式：利用各种载体的不同特点和特性，针对性地完成整体工作的特定部分，从而在全局中有效推进整体工作的完成。如在学年的工作计划中，既要考虑学年工作中不同学期的阶段性，又要考虑各项工作的持续性，同时要保证各项常规工作的顺利完成，并择机推出特色亮点的工作，还要防范危机和突发事件，这其中不仅包括年级、班级这些整体面上的工作，还包括具体到每一位学生个体的工作，因此非常繁杂，必须有的放矢，未雨绸缪，在工作中充分利用各种载体，开展相应的工作，消除学生工作过程中的盲点，实现学生工作的全覆盖。

（4）"重点突击"式的运用

在工作中要善于运用自己所擅长的，事实证明行之有效的载体方式，作为重点工具，使其在关键时刻发挥作用，达到预期的效果。

A. "重点突击"式的运用条件：学生工作的时间有限，工作的要求较高，任务较重，面对突发性事件或个体面临较为严重的问题等情况下使用较为频繁。

B. "重点突击"式操作方式：高效、合理地选择载体，刚柔并济地运用载体，在有限的时间和规定的阶段内实现学生工作的目标。

各种载体的运用方式不是唯一的，也非一成不变的，是随着形势和要求的不同而不断变化的。高校的学生工作任重而道远，在培养人才这个中心任务的指导下，整合利用各类有益的工作载体，并不断探索学生工作的新载体，针对实际工作中所面临的各类问题，不断开创高校学生工作载体新的运用方式，真正实现学生思想政治教育和素质能力教育的双提高。

第二章 高校既有学生管理模式的分析

第一节　大学生人格化管理模式

一、人格化管理模式的基本定义

所谓人格化管理就是在管理过程中充分注意人性要素，以充分挖掘人的潜能为己任的管理模式。

人格化管理是一种"以人为本"的管理方法，就是从管理的指导思想到具体的管理原则和方法，都是从人出发，以人为核心的管理：它的实质在于充分尊重和理解被管理者的个性和创造才能，充分调动他们的主动性、积极性、创造性，并使其更好地投入工作中去，更有效地实现组织目的。至于其具体内容，可以包含很多要素，如对人的尊重，充分地激励，给人提供各种成长与发展机会。

同一所大学的学生往往有着一定的共性。例如，清华大学的学生务实严谨、北京大学的学生浪漫民主，很多大学的学生因其大学的底蕴等方面的不同，形成了不同的"学校人格化"。同一班的学生也会有一定的共性，呈现出各个班级不同的风貌，形成不同的"班级人格化"。这种状况也出现在大学宿舍里，形成"宿舍人格化"。大学校园还存在其他很多方面的人格化，这些"人格"都是从心理学角度定义的，指的是这一类人的内涵。这一系列的人格化与大学生能否顺利步入社会，积极参与竞争，收获事业、生活有很大关系。

二、人格化管理模式的重要意义

综合各国对于新时期人才的要求，我们可以发现，现代的人才需要更多的能力和素质，肩负了更多的使命。例如，要具有良好的社会责任感，要树立明确可行的生活目标，要具有学习能力和创新能力，要具有不断适应时代需求的能力等。上述一系列能力的培养都需要一种现代的、注重学生内涵培养的管理模式。人格化的管理模式注重对大学生内涵的培养，巩固、发扬已形成的良好的内涵，革除不好的甚至是劣质的品质，开创新的精神，这对于大学生的成长、对于大学文化的繁荣都有重要意义。

三、"学校人格化"管理的具体实施

"学校人格化"的管理工作要从以下几个方面实施：

（1）强化规章制度的管理。

（2）确保良好的学习环境和学习氛围。

（3）形成良好的精神风貌。

"学校人格化"管理属于学生管理的高级层面，掌握着整体的动态，起着统筹、规划、指导的宏观作用。这类管理要从领导层面出发，在学校的基础设施、师资力量、学术建设等方面投入更多的人力、物力、财力。制订相关的工作计划，树立长远目标，要务实求真，不可急功近利只图表面功夫。

四、班级、宿舍人格化的具体实施

班级、宿舍作为学校管理的基层单位，起着非常重要的基础作用。基层人格化要从以下三个方面努力。

1. 教师、辅导员等教育工作者发挥人格魅力

对学生尤其是新生而言，教师、辅导员等教育工作者代表了权威，在他们心中形成了一种特殊的地位。学生对他们崇拜的教师、辅导员会特别地尊敬并存在模仿的现象。辅导员是"班级人格化"管理的组织者、策划者、调控者和实施者，教师则是管理最主要的辅助者，这两者在"班级人格化"管理中发挥着重要作用。因此辅导员要树立良好的工作态度、生活态度和办事作风，以便更好地感染学生；教师要有严谨的治学态度，感染学生树立良好的学习态度和工作态度。教师和辅导员要给学生树立榜样，促使"班级人格化"向良好的方向发展。

2. 个别学生发挥人格力量

在一个班级中，总会有在领导方面有突出能力的学生，这些学生的人格力量影响着"班级人格化"。个别学生人格力量的发挥会引导、带动其他学生，对"班级人格化"起到调动作用。但个别学生的人格力量又有积极、消极之分，积极的人格力量会对班级和其他学生起积极作用；反之，会带来消极的影响。因此，学生人格力量的发挥需要辅导员的控制，辅导员要把握尺度，引导、鼓励积极人格力量的传播，化解消极人格带来的不良影响。

3. "宿舍人格化"管理要注重细节

辅导员要选那些热心、负责任、宽容大度、积极为同学办事的学生担任宿舍长，用他们的能力管理宿舍，用他们行动感染宿舍的其他学生；还要建立良好的宿舍环境，搞好宿舍卫生，形成和谐的舍友关系，创建多彩的宿舍文化等。"宿舍人格化"的形成为其他方面的人格化奠定基础，为学生的生活创造良好环境。

第二节　制度化管理模式

一、高校的制度化管理及其局限性

首先，什么是制度化管理？制度化管理是指以科学的规章制度对人们的行为进行管束的机制。它主要依靠外在的科学理性来进行管理。制度化管理是与机器生产时代一起产生的，在高校的制度化管理中，学校订立了严密的规章制度以约束学生的行为，让学生减少了思想行为的散漫性、无纪律性，从而营造了一种公开透明的环境，这可以保证课堂教学的有序进行。

其次，制度化管理是以教学为核心的，它倾向于把课堂的教学过程设计成一架精确的机器，在管理的过程中，只讲究理性和秩序，而很少考虑人的因素，因此它存在着很明显的局限性。第一，高校的制度化管理，是一种冷冰冰的建立在"外物"上面的管理体系，它没有人情味，它通过一整套的规章制度规定限制了学生的思想和行为，从而削弱了学生学习的主动积极性。第二，每个学生都是独一无二的个体，尤其是大学生们朝气蓬勃、个性明显，然而在制度化的管理中，制度的"刚"性忽略了每个学生不同的个性需求，致使每个学生的个性得不到应有的尊重。原本管理就应该因时、因地、因人而采用比较灵活的方法，但如果采用制度化管理就很难做到这一点。

最终，制度化管理一定程度束缚了当代学生的思维，压抑了学生的创新精神。

二、高校人性化管理的实质及弱点

什么是人性化管理？人性化管理强调在高校的管理中把人这一要素放在第一位，学校一切的管理活动应该围绕着调动人的积极性、创造性展开。教师在教学授课的过程中应该尊重学生、爱护学生，让学生的潜能得到最大程度的发挥。

美国著名心理学家马斯洛认为：人类有五种层次的需要：生理需要、安全需要、社交需要、尊重需要和自我实现的需要，他认为作为一个文明人，所追求的终极目标就是自身价值的实现。而人性化管理的理念也是基于此。但是，我国不少高校的管理者在管理过程中孤立片面地理解了这一概念，从而使学生变得缺少了制度的约束，这样就暴露了一些人性中固有的弱点，比如懒惰、自私、虚荣等等。基于这种现象，本文认为应该把制度化管理和人性化管理有机结合起来，确保学生的健康成长。

三、制度化管理和人性化管理结合，进行有效管理

制度是维系高校学生正常地生活学习的基本规范，理解制度化管理和人性化管理要注意两个方面：一是制度对所有学生都一视同仁，所有学生都要遵守学校的规章制度；二是在学校制度的严格要求下，对学生的基本权利有一定的保障作用，对学生的积极创造性也有激励作用，也就是说学生的权利要靠制度来做保障。制度的两大功能就是建立在对人性优点和弱点的把握之上的。一方面，它保障了人性中优点的发扬，另一方面，它也约束着人性中弱点的泛滥。通常情况下，学生更在意制度的约束管教功能而忽略了制度的保障保护功能。这也不难理解，因为制度的硬性约束是以规章制度等表现在外面的，而约束人性的动物性、弱点等都是隐性的，不容易被察觉，这也是学生常常以为学校的制度化管理缺乏人情味的主要原因。

高校在制定学校的相关管理制度时应该向全校教职员工争取意见，在制定制度的过程中，学校领导应呼吁广大教职员工积极参与，以确保制度制定后能代表着广大师生的意愿，更好地服务于教学活动。具体表现在，在学校重大的制度制定之前，负责该事项的校领导干部征求师生意见，而后收集整理，然后再开始拟定制度的草稿，随后在教职工大会上展开充分的讨论，根据讨论后的结果对草案进行修改整理。这样制定出来的制度才容易得到教职员工的认可，也体现了学校的人性化管理，让制度化和人性化管理很好地结合在了一起。

正如再好的千里马如果没有遇见伯乐，那么就将被埋没在众多资质平庸的马之中一样，如果一套科学合理的管理制度，在贯彻执行中出现了偏差，那也就不能发挥它原本的很好的作用。

针对我国现阶段学校管理中存在的制度执行力不行的现象，我们要拿起人性化管理这个武器。在管理过程中，管理者要做到以身作则，严格要求自己，其身正，不令则行；其身不正，虽令不从。人都是有感情的动物，学生看到了教师的高风亮节之后，自然会追随教师的脚步，也向美好的方向发展。

综上所述，制度化管理与人性化管理二者并不是互相对立的，二者是相辅相成的。制度化管理不能完全否定人性化管理，制度的建立也要以人性本质作为依据。并且，在高校管理实践中，制度化管理和人性化管理互相配合，更有利于为学生创造一个良好的外部环境。而21世纪，人才是最重要的生产力，只要把制度化管理和人性化管理高效和谐地统一起来，才能为我国的现代化建设培养出更优秀的人才。人性化管理的实质就是更高层次的制度化管理。只有在人性化管理原则的前提下，高校进行严格的制度化管理才能取得良好的效果。制度化和人性化在高校的管

理过程中是一对既对立又统一的结合体，制度化有一定的刚性，而人性化有一定的柔性，俗话说得好：太刚易折，太柔易懦，在高校的管理时间上，应该刚柔并济，方能取得满意的成果。

第三节　温情化管理模式

一、温情化管理的理念

学生管理工作者的管理理念对一个学生来讲是非常重要的。班主任要树立正确的班级管理理念，坚持以学生为本，在学生面前树立师者风范，但同时又和学生结交为朋友，拉近距离。在学生犯错的时候，不能一味地严厉，要给予适当的宽容，在学生取得成绩的时候要毫不吝啬地给予鼓励和表扬。让温情的味道贯穿整个班级管理工作之中，让学生从班主任身上首先看到温情。

二、温情化的管理模式

温情化的管理模式要注重以下几个要素，即亲情化、友情化、温情化、随机化、制度化。

1.亲情化是幸福的渊源

大部分学生认为，家庭幸福是自己最大的幸福。家庭是亲情的所在，学生重视家庭，那么班主任在进行班级管理的时候，把家庭中的亲情融入管理之中，采用亲情化的管理模式。对待班级的学生像对待家里人一样，不用一种外人的眼光看待学生的事情，而是用一种自己家里人的事情的态度去对待，让学生在班级中感受到家的温暖，感受到家人的亲情无处不在。同样，班主任也要引导学生树立班级是一个大家庭的概念，同学之间是兄弟姐妹，师生之间就像是父母之间，让亲情在整个班级中贯穿。

2.友情化是幸福的扩展

友情化管理模式。友情是一个人亲情之外的另一种非常重要的感情寄托，和学生结为朋友，增进距离，同时也引导学生树立正确的朋友观。在某些人眼中，师生之间的地位往往处于一个对立面，尤其是班主任和班级学生。采取友情化管理模式的第一步：班主任和班级学生要结为朋友。这样班主任可以知道学生现在的兴趣爱好，了解他们对待事物的看法，探知他们的心里所想，便于班主任对于班级的管理。友情化管理模式的第二步：引导学生树立正确的朋友观。班主任要让班级学生明确什么样的朋友才是真正的朋友，明确朋友的真谛所在。朋友是在你最需要的时候陪在你身边，在你不需要任何言语的时候给你默默的帮助，会在意你的一些细微的变化等。友情虽然不及亲情来得那么血浓于水，但也是非常长久的。一个人拥有真正的友情会感觉到非常幸福。

3. 温情化是幸福的内涵

温情是一种温顺体贴的情谊。温情式的管理模式主要是调动人的内在作用。班主任对于班级的学生应该采取温情化管理模式。对待不同类型的学生都温顺体贴，让学生感受到班主任在班级一视同仁，没有任何的偏袒，非常公平公正，不会说让学生因为自己学习成绩差，而以为班主任看不起自己，因为自己非常调皮，而以为班主任讨厌自己。这样，班主任在学生心目中的地位就会加深一步，从而让学生感到在这个班级，拥有这样的班主任非常幸福。

4. 随机化是幸福的催化剂

随机化的管理模式也就是在管理之中随意性比较强，没有任何规则可以遵循，这在班级管理之中体现为学生兴趣发展的随机化。班主任应该采取随机化的管理模式，对不同学生的兴趣爱好给予鼓励和支持，而不是在其之上强加一些东西，甚至是要求统一化。学生在班级之中，能够把自己的兴趣爱好、特长表现出来，对于其本身也是一种鼓励，学生内心中也会感到非常骄傲和自豪，幸福之感油然而生。

5. 制度化是幸福的方圆

制度化的管理模式就是按照已经知道好的规则来推动班级的管理。"不以规矩，不成方圆"。做任何事情都要有一个规则或者是准则来要求自己，约束自己。班规对于一个班级来讲是必不可少的，身为这个班级的一分子，遵守班级纪律是非常重要的。班级的管理，不能说只有亲情、友情、温情，甚至是随意性的管理，要以一定的规章制度作为前提。要求大家在一定的方圆之内体会亲情、友情、温情的含义，做到自己的兴趣爱好随机性地发展。如果少了一些规矩，幸福似乎就少了一些章法。

三、温情化的管理方法

1. 语言关怀

语言是一个非常深奥的东西，是一门艺术。作为人与人之间交流的一种媒介，我们不仅要注意说话的内容，还要注意说话的语气。班主任在和学生进行交流的时候，要通过自己的语言，体现出对于学生的关怀，多一些鼓励性的话语，少一些讽刺挖苦的言语；多一些赏识性的话语，少一些批评的言语；多一些尊重的话语，少一些霸道的言语；多一些关怀的话语，少一些蔑视的言语，给学生充分的肯定，使学生感到喜悦，感到幸福。

2.行为关怀

如果说语言是一门艺术，那么行为则是另外一门艺术。行为是我们脚踏实地地把我们的一些想法展现给他人的一种媒介。班主任在管理班级学生时的行为关怀，形式多种多样。幸福说简单很简单，说难也很难。作为一名班主任，从学生的幸福感需要出发，采取温情化的管理，提高学生的幸福指数，让难事变成易事，让易事变得更简单。

第三章 "互联网＋"时代对高校学生管理模式的影响

第一节　对高校环境的影响

近年来，互联网在我国得到了迅速的普及和发展，对大学师生的学习生活乃至思想观念都产生着广泛和深刻的影响。对于学生管理，一方面，互联网的普及和发展为高校学生管理工作提供了很好的发展创新的机遇；另一方面，互联网的普及和发展也带来了一些新的问题，对学生管理工作形成了极大的冲击和挑战。在这种形势下，系统分析互联网所带来的机遇和挑战，探讨应用互联网开展学生管理工作，具有鲜明的现实和理论意义。

一、互联网为高校学生管理工作创造了新的机遇

目前我国高等教育存在的诸如高等教育大众化、个性化、终身化、实用化等等问题，都有望借助网络的普及而得以改变。具体说来，这些问题解决的可能性主要体现在：

（1）网络将激发学生学习兴趣和好奇心，增强学习主动性从而促使学生"自学自教自用"的能力得到很大提高；同时也可以帮助教师及时更新教学内容，提高教学水平，改进教学方法。这样，很好地发挥了"教与学"的有效性。

（2）网络高等教育的出现打破了传统教育的时间和空间限制，使得高等教育的大众化和终身化成为可能。

（3）互联网的普及和发展使得个性化教育、按需学习成为可能。

（4）教学模式将从"教师'教'——学生'学'"的模式向"学生'自学、自教、互教'为主——教师引导为主，教授为辅"的模式发展。

高校学生管理工作作为高校教育的重要组成部分，也必然受到高等教育模式转变而带来的影响。近些年来，学生管理工作面临诸多困境：管理方式方法单调老套不具创新性；管理内容枯燥陈旧、理论脱离实际的现象突出；学校管理与社会管理脱节，管理社会化问题等等。简言之，这些问题也寄希望于能借助互联网而得到解决。

同传统的学生管理工作相比较，应用互联网开展学生管理工作，为学生管理工作的开展提供了巨大的空间，其表现为：

（1）拓宽和丰富了学生管理工作的内容。

（2）促进了学生管理工作方式方法的转变。

（3）开辟了学生管理工作的新途径。

（4）创造了高校学生管理工作的新环境。

可以说，学生管理工作利用网络是适应社会发展的需要，也是学生管理工作自身多样性、综合性和时代性等特征所决定的。

二、互联网给高校学生管理工作带来新的挑战

在对高校大学生进行管理的过程中，互联网着实给学生管理带来了不可忽视的挑战，其主要表现为：

1.对大学生政治观、价值观的影响

不可否认，网络以现代化的形式和手段将德育的内容具体化、生动形象化，对大学生学习政治理论、培养坚定正确的政治观和价值观，起了积极的推动作用。但是，网络对大学生的政治观、价值观也带来了消极负面的影响。

在互联网时代，青少年学生虽然知识丰富、爱国热情和社会责任感高，但由于其经验和阅历有限，对国情、世情体察不深，对网上出现的一些社会现象认识不深或片面，容易被西方宣传的思想渗透而西化。

2.对大学生道德观、法制观的影响

学生管理工作的重要任务是提高大学生的道德文明程度，培养大学生的良好的道德品质和法制观念，提倡职业道德和恋爱婚姻家庭美德。而网络的应用为高校德育理论与实际的结合起到了促进作用，也深化了大学生的道德观和法制观，但是，网络带来的问题也不容忽视。

（1）社会责任弱化。互联网制造出来的虚拟社会为大学生群体提供了极大的自由度，这种虚拟环境往往会使他们忘记自己的社会角色和社会责任，从而做出一些不道德甚至违法的事情。

（2）道德冷漠。如今无数大学生沉迷于聊天交友及各种电子游戏，大大减少了与他人进行可视性、亲和感的人际交往，这样容易使其对他人和社会的幸福漠不关心，失去幸福感知。另外，虚拟社会的非人性特点，也易使大学生的人性受到影响。

（3）恋爱婚姻游戏化。带有游戏性色彩的网恋在大学生中盛行已久，接着又出现网上同居、网婚等，在虚拟社会如此，那回到现实社会呢？

3.对大学生心理健康的影响

网络对大学生心理健康的影响主要表现为因痴迷上网而带来的一系列心理问题，如网瘾。网瘾与其说是一种生理问题不如说是心理问题，属于一种强迫症。

三、网络环境下对高校学生管理工作创新和发展的一些思考

高校的学生管理工作由学生、管理者、管理内容方法及管理环境 4 个方面共同构成，同时，在互联网时代的大环境下，学生管理工作也受网络法律法规的健全完善程度影响，所以网络环境下学生管理工作的创新和发展也需要从这几方面来寻求突破。

1. 转化观念，提高管理者自身素质

一方面，管理者要意识到网络的强大功能，树立网络为学生管理服务的指导思想。另一方面，管理者要提高自身的信息素质，加强对互联网的理论研究，以理论促进管理实践。

2. 加强宣传，嘉奖和惩训并举

对于榜样要鼓励嘉奖，对于反面例子要适当批评和惩罚，吸取经验教训。

基于学生管理是"家庭——学校——社会"为一体的系统工程，所以榜样宣传要以学生和教师个人为中心，要以学校为阵地而逐渐向紧密相关的家庭和社会渗透，从而达到合力最强，管理实效性最大化。

3. 丰富和创新内容、发挥受管理者的积极主动性

首先，学生管理工作内容的选取要注意实效性和针对性，引导学生参与其中；其次，要注意尽量把管理制度同现实生活联系起来，调动学生的积极主动性，达到强化效果；最后，在具体内容上要加强网络道德和法制教育模块的建设。

4. 创新实施学生管理的形式和手段

长远地讲，要积极探索网络环境下学生管理的新机制，建立学生思想信息"收集——整合——调整和干预"的网络调研体系；同时，要善于运用多媒体工具甚至开发管理软件来使管理手段现代化、科学化等。

第二节 对高校大学生的影响

一、生活影响

1. 闲暇时间利用的变化

参与调查的学生中，有52%的学生选择在周末空闲时间上网。无论在网吧还是学校电子阅览室，每到周末那里的生意异常火爆！

2.食宿时间及质量的变化

学生们经常出去通宵，影响了他们的食宿。而在通宵的过程中，就靠吃一点泡面喝一点矿泉水维持一夜的活动，这不仅影响了学生的学业，同时也危害了学生的身体。

3.网络游戏对大学生的影响

（1）益处，网络游戏是对紧张学习的一种自我调节和放松。面对现在学生繁忙的学习环境和就业的压力，适当地玩游戏放松一下是一种可取的调节手段。例如某些益智类的游戏，它可以锻炼人的思维和应变能力。

（2）危害网络游戏能够使人沉迷于其中，进而就可能"玩物丧志"。沉迷"网游"，它会扭曲一个人的心智。

4.网络加剧了大学生的攀比与浪费

随着电子商务的普及，网购已经成为大学生购物的重要方式，虽然这种购物方式为人们的生活带来了方便，但是也无形中增长了大学生的攀比意识和浪费行为。由于网上购物所采用的付款方式是电子付款，如通过支付宝、"余额宝"付款或通过银行卡转账等等，这种不以实物货币作为交换的购物方式很容易让学生对金钱没有太大概念，在花钱时"大手大脚"。因为在用实物货币进行交换的过程中，大多数同学会考虑节省，也会在付款的过程中体会到父母挣钱的艰辛，还会有一个讨价还价的过程，让每一分钱花得有价值。但是，网络环境下，物美价廉的商品总是很容易激起大学生的购物欲望，而且不需要使用现金，当购物欲望很强时，支付宝、银行卡上的货币在学生眼里，也许只是一个数字而已，转账付款的过程中也很难想到父母挣钱的艰辛。而且当网购上瘾时，必然会买一些重复的、不必要的商品，从而造成一定程度上的浪费，特别是那些对服饰感兴趣的同学，往往会在着装打扮上比较注重，花较多的钱在衣服的采购上，这也会造成同学间相互攀比的现象。

二、学习影响

1.网络为大学生开通了一个广阔的信息渠道

计算机网络的逐步普及，使得大学生能够从各种网络上获得千变万化的时代信息和人文科技知识，汲取各种知识营养，来发展和壮大自我。如在调查问卷中，学生对"你觉得网络使你的生活……"的回答：开阔眼界，增长知识占52%；有更多的事可做，更充实占27%；浪费不少时间占7%。这一结果表明了网络对大学生的文化素质的提升有很大的作用。

2.网络为大学生的学习打开了方便之门

如今网络上资源共享越来越多，信息的传播、文化的交流只在瞬息之间。网络的开放性和方便性、内容的多样性和广泛性，为大学生提供了一个广阔的学习空间，大大拓宽了大学生的求知途径，有助于大学生开阔视野、促进学业；网络可以为大学生提供一种自由、轻松、没有压力的学习环境，有助于大学生培养和发挥创新能力；网络是一个广阔空间，存在着许多新鲜和未知的事物，有助于开发大学生的潜力。方便大学生查阅资料，解决学习上的难题。在"你认为网上有你所需要的学习资料吗？"的问卷中，回答：有很多的占75%；有一些的占25%；没有人认为没有。在"当你学习上遇到困难，寻求帮助的途径"的问卷中：找同学商量占33%；上网求助占63%；自己独立解决占4%。这一结果表明网络对大学生的学习有着积极的作用。

三、心理影响

1.网络改变了大学生在工作和生活中的人际关系及生活方式

大学生在网上公开、坦白地发表观点意见，要求平等对话，对大学生工作者的权威性提出挑战，使思想政治工作的效果往往不能达到预期。同时，上网使大学生容易形成一种以自我为中心的生存方式，集体意识淡薄，个人自由主义思潮泛滥。

2.信息垃圾弱化大学生的思想道德意识

有关专家调查，网上信息47%与色情有关，六成左右的大学生在网上无意中接触到黄色信息。还有一些非法组织或个人也在网上发布扰乱政治经济的黑色信息，蛊惑大学生。这种信息垃圾将弱化大学生思想道德意识，污染大学生心灵，误导大学生行为。

3.对于大学生"三观"形成构成潜在威胁

大学生很容易在网络上接触到资本主义的宣传论调、文化思想等，思想处于极度矛盾、混乱中，其人生观、价值观极易发生倾斜，从而滋生全盘西化、享乐主义、拜金主义、崇洋媚外等不良思潮。

四、价值观影响

不可否认，网络以现代化的形式和手段将学生管理的内容具体化、生动形象化，对大学生学习政治理论、培养坚定正确的政治观和价值观，起了积极的推动作用。但是，网络对大学生的政治观、价值观也带来了消极负面的影响。

在互联网时代，青少年学生虽然知识丰富、爱国热情和社会责任感高，但由于其经验和阅历有限，对国情、世情体察不深，对网上出现的一些社会现象认识不深或片面，容易被西方宣传的思想渗透而西化。

学生管理工作的重要任务是提高大学生的道德文明程度，培养大学生的良好的道德品质和法制观念，提倡职业道德和恋爱婚姻家庭美德。而网络的应用为高校德育理论与实际的结合起到了促进作用，也深化了大学生的道德观和法制观，但是，网络带来的问题也不容忽视。

1. 社会责任弱化

互联网制造出来的虚拟社会为大学生群体提供了极大的自由度，这种虚拟环境往往会使他们忘记自己的社会角色和社会责任，从而做出一些不道德甚至违法的事情。

2. 道德冷漠

如今无数大学生沉迷于聊天交友及各种电子游戏，大大减少了与他人进行可视性、亲和感的人际交往，这样容易使其对他人和社会的幸福漠不关心，失去幸福感知。另外，虚拟社会的非人性特点，也易使大学生的人性受到影响。

3. 恋爱婚姻游戏化

带有游戏性色彩的网恋在大学生中盛行已久，接着又出现网上同居、网婚等，在虚拟社会如此，那回到现实社会呢？

第三节　对高校学生管理工作者的影响

一、管理模式的影响

1. 传统模式的改变给管理工作带来难度

现在的电视、电台、网络等媒体对学生生活的影响，无形中改变了学生的认知和价值观的走向，信息多元化，价值观多元化，给辅导员工作造成很大的不利影响。这些媒体的出现改变了原有的管理教学模式，学生可以比以往更快捷地获取信息，这些信息良莠参半，学生辨识能力差，新的环境改变了原有的管理模式，辅导员的管理地位也受到了威胁，为了更好地进行思想政治教育，辅导员们就应该准备好新的姿态面对新的挑战。

辅导员应该以网络为工作，学习网络工具的应用，加强学生的思想品德建设。随着学生对网络的掌握越来越熟练，学生的自主性也在变强，所以教师要利用网络这条渠道，帮助学生建立正确的"三观"。

2.学生管理工作的主体地位受到威胁

大学生的上网时间不断增加，网络已经成为生活中的一部分，学生受到网络影响越来越深刻。网络的多元化影响着同学们思维方式的多元化，所以，思想教育的主体地位受到了威胁。因为网络普及的迅速，浩瀚的信息资料虽然开阔了学生的视野，但是信息鱼龙混杂，同时有不健康的信息在流传。所以教师要有及时进入网络管理工作的角色准备，教师的思想教育在网络的威胁下，不占主体地位，被学生们忽视。

3.学生个体行为的改变

互联网克服了地域、时间的约束，虽然人们的信息交流变多，但这其中还掺杂着许多不良的信息，误导学生的思维方式。虚假信息充斥在网络上，辅导员不能完全过滤虚假信息，很多会影响学生的个体行为，那些已被感染的同学，就在健康成长中埋下了隐患。青年在培养自己信念的同时受到了网络的冲击，个人对网络信息的把控显得薄弱。因为网络社会存在道德失格，个人形式受到网络虚拟的洗礼。大学生还未接触社会，对网络道德和法制观念显得意识不强，所以辅导员应该做到维护网络的安全控制。要注意学生的网络依赖，通过网络对学生进行心理辅导的措施。

二、管理工作者素质的影响

网络已经成为人们工作、学习、生活不可或缺的一部分，当今世界，网络已经成为西方国家对我国意识形态进行文化侵略和渗透的重要途径。面对复杂的国际政治局势，面对快速发展的网络科技，面对思想日益复杂的受教育者，高校学生管理工作者的政治素质、电脑技术、能力水平正面临严峻的考验。

首先，管理者必须要跟上时代，如果孤陋寡闻，不善于捕捉网上各种各样的思想信息，去伪存真，有的放矢，就会使学生管理工作的有效性大打折扣。

其次，校学生管理工作者如果自己没有坚定的政治信念、没有对共产主义的崇高信仰，就很容易在形形色色的网络文化中丢失自己，误导学生。

最后，如果没有熟练的电脑技术，不善于借助最新的软件工具，必然无法满足大学生接受思想政治教育的需要。思想政治教育工作者作为服务学生健康成长的导师，也是学生学习的榜样，在此情况下，必然会面临能力与素质方面的挑战，所以只有不断地学习、提高认识、提升能力，才能成为一名合格的思想政治教育工作者。

　　在当今网络发达的环境下，如果想借助新媒体工具开展工作传播信息，还需要学生管理工作者具备一定的网络应用能力，因此高校应该在有条件的前提下，在一定程度上对学生管理工作人员进行电脑及网络建设等技能的培训，或者作为高校学生管理工作者，在学校没有培训之前，自己也要抽时间主动充电学习，都说"活到老学到老"，作为教师的我们也要积极为学生的学习树立榜样，只有管理人员具备了相关的网络能力，才能在日常的工作中发挥好网络优势，才能真正做到提高管理工作效率。

第四章 "互联网+"时代创新高校学生管理模式的重要性

第一节 互联网＋纳入国家行动计划

一、我国将推进教育信息化纳入国家"互联网＋行动计划"

2015 年 3 月 5 日，李克强总理在政府报告中提出："制定'互联网＋'行动计划，推动互联网、云计算、大数据、物联网等与现代制造业结合，促进电子商务、工业互联网和互联网金融健康发展，引导互联网企业拓展国际市场。"

我国将推进教育信息化纳入国家"互联网＋行动计划"，启动国家"互联网＋教育行动计划"，大力推动互联网、云计算、大数据、物联网与教育相结合，这既可全面推进国家教育信息化进程，又可创造世界上最大的教育信息化服务市场。

教育信息化已成为当今世界各国提升教育发展水平的重大战略举措。

（1）教育信息化正在深刻地改变着人类社会的教育理念和教育形态。线上教育与线下教育相结合、移动学习与固定学习相结合、集体学习与个体学习相结合、独立学习与团队学习相结合、知识学习与能力培养相结合，正在成为现实，由此，教育信息化已成为引领教育理念和教育模式深刻革命的引擎。

（2）教育信息化正在成为促进教育公平、提高教育质量的有效手段。世界各国普遍把教育信息化作为缩小数字教育差距、实现优质教育资源共享、促进教育均衡发展的战略选择。

（3）教育信息化已成为创造泛在学习环境、构建学习型社会的必由之路。教育信息化为人们的移动学习、终身学习提供了可能。

（4）教育信息化正在成为解放教育生产力、提高教育评价和管理效能的重大技术手段。

随着大数据、云计算、互联网、物联网技术在教育中的运用，特别是在线教育、翻转课堂、微课程等以网络信息技术应用为支撑的新的教育模式在中小学教育的大量运用，教育界正在迎来教育信息技术革命的新时代。传统的手工作坊式的教育，正如现代信息技术在工业制造业领域的应用带来的智能工厂的出现，一种新的教育形态——智能教育正在向我们走来。智能教育就是要用现代信息技术和人工智能技术武装教育，最大限度地提高整个教育的智能化水平。可以说，我们已经看到了云技术、大数据、互联网、物联网技术和人工智能技术在学生学习、教师教学以及教育教学评价、管理等方面全面应用的光明前景，看到了用技术改变教育的现实可能。

党的十八大提出"四化"同步发展战略,把信息化上升为国家战略。习近平总书记强调"没有网络安全就没有国家安全,没有信息化就没有现代化"。"以教育信息化带动教育现代化"是推进我国教育事业改革与发展的重大战略选择,是深化教育领域综合改革的重要组成部分。进入新世纪以来,国家在推进教育信息化方面采取了一系列重大战略举措,国家《教育规划纲要》和国家教育信息化"十二五"规划,做出了大力推进"三通两平台建设"的国家教育信息化战略。"三通"即"宽带网络校校通,优质资源班班通,网络学习空间人人通","两平台"即建设教育资源公共服务平台和教育管理公共服务平台。2014年,教育部等五部门又出台了《构建利用信息化手段扩大优质教育资源覆盖面有效机制的实施方案》(以下简称《方案》),对如何推进"三通""两平台"建设做出了具体的战略部署。大力推进教育信息化有两大关键,一是电信运营商提供的网络带宽建设,即国家教育信息化战略所规划的"三通",只有实现了"三通",教师和学生才能享受教育信息化服务;二是网络运营商提供的以硬件服务器为支撑的课程资源平台和管理平台。

二、即将启动的国家"互联网+教育行动计划"

1. 带宽建设要从国家战略层面,整合中国移动、中国电信、中国联通带宽资源,打破相互分割,实现互联互通。

2. 平台建设从国家到地方要整合统筹课程资源建设平台和教育管理服务平台。管理平台既要服务于各级政府和教育行政部门的教育管理,也要服务于教师、学生的教育教学活动,服务于学校和教师的教育教学评价,如果教育管理与课程资源服务平台分割,既会不利于教育管理者、学校、教师、学生的使用平台,更会不利于教育管理、教育教学与教育教学评价大数据的形成。

3. 平台建设要坚持两条腿走路,要坚持政府公共服务平台建设与企业的市场化服务相互补充、相互协调、相互竞争保持平台建设与服务的活力。

4. 把县级教育公共服务平台建设纳入国家教育信息化战略。在云计算、大数据、互联网技术支持下,教育信息化不能再走"校校建平台、校校开发软件"的老路,应该走集成化、集约化的新型教育信息化平台建设模式。否则,不但造成极大的建设资金浪费,而且大大增加运营和日常管理成本。因此,必须尽快改变以校为本的教育信息资源配置战略,走向以县域、市域、省域乃至整个国家互联互通的教育信息化公共资源配置战略。在这里,要确立县级教育公共服务平台建设的主体地位,强化县级公共服务平台建设。这是国家教育信息化公共服务体系的关键。因为我国教育管理体制是"以县为主"的,县级政府是我国教育管理的基本行政单位,是统筹国家和地方教育资源为师生教育教学服务的基本单位，只有强化县级教育公共服务平台建设，并实现与市、省、国家平台的互联互通，才能更好地利用国家公共教育资源为县域教育改革和发展服务，又能满足本地教育改革和发展的需要，同时，实现本地资源与县外域教育资源的共享。

国家应从战略高度确立县级教育公共服务平台建设在国家教育信息化中的基础性战略地位，尽快启动县级教育公共服务平台建设工程。县级教育公共服务平台进行集中研发、应用与管理，各种教育信息化软件在县级平台集约研发与集成安装，学校作为县级教育公共服务平台的一个用户，只需要通过宽带接入，配备计算机终端，方便学校师生和管理者应用即可。

5.学校是教育信息化管理和课程资源服务平台应用与资源建设的主体。学校是教育信息化的主体，一方面，是教育信息化公共服务的应用主体，另一方面，又是课程资源与管理评价资源建设的主体，即在教育信息化的应用中生成新的资源。

第二节　高校发展的需要

一、构建和谐校园的迫切需要

1.网络文化与和谐校园

网络越来越成为我们生活的一部分，网络文化已经成为一种流行文化。网络媒介因而具有了丰富的文化内涵。"文化"这一概念拥有多种定义，其中之一是：文化是一种特殊的生活方式的描述。这种描述的范围不仅仅包括艺术、思想等经典范畴，而且还包括一些日常生活行为中的某些意义和价值。既然文化是一种生活方式，网络文化也就是互联网所形成的一种生活方式。由于这种生活方式以网络互联为基础，以获取信息为目的，因此网络文化一般也可以定义为：网络文化是一种不分国界、不分地区，建立在"互联网＋"基础上的信息文化。

对和谐社会的倡导与研究，已有大批深入的、权威的文献。知识经济时代，教育不仅是推动社会经济发展的重要动力，还是促进和谐社会建设的重要力量。和谐校园，主要是指以内外沟通良好、各种关系顺畅，和而不同、协调发展为核心的一种教育理念。实现这一理念，必须关注学生的和谐发展。和谐的校园文化既是构建和谐校园的基本目标与内涵，又是构建和谐校园的基本途径与模式。和谐校园的本质属性是文化和谐。建设和谐的校园文化不能无视网络文化的影响。

网络对青少年的影响，已有多项研究成果，戒除网瘾是一个社会话题；网络文化对和谐社会建设的影响，已引起人们的很大关注，有的省份还举办了"网络文化节"。网络文化对和谐校园建设的影响，也已引起人们的关注。中央《关于进一步加强和改进大学生思想政治教育的意见》中提出，我们应该主动占领网络思想政治教育的新阵地，就是一个重要标志。但关于网络文化对构建和谐校园的效应，较为全面和深入的分析文章还较为少见。

随着网络的发展和网民的增多，被网络化已经成为一种不可避免的现实。这是一个分析问题的前提。没有这个前提，谈网络文化对构建和谐校园的效应就没有多大意义。根据对不同年级、男女比例、文理科比例基本相当的 300 名在校大学生的调查，其中认为网络文化对和谐校园建设"有"影响力的占到 74%（认为影响"大"的占到 40%）。从中学已接触网络的占到 86%，现在每周上网两次以上者占 53%，对网络文化表示熟悉和了解的占 76%。在"网络文化影响和谐校园建设具体实例"的列举中，同学们的举例广泛而全面。这些说明人们被网络化已经成为一种不可避免的现实。网络的普及性和吸引力是造成这种现实的基础和条件。

2. 网络文化对构建和谐校园的正面效应

人们之所以被心甘情愿地网络化，自有其充分的理由和必要的原因。这些理由和原因，应该有相当一部分是积极的、合理的，或者说符合人们对真善美的需求的。

（1）网络能够满足学生多方面的需求。构建和谐校园，要研究学生，学生是和谐校园建设的主体；谈网络文化对构建和谐校园的影响，也要研究学生，研究网络对学生自身和谐发展的效应。在我们的问卷调查中，很多同学反映，网络让他们的生活变得多姿多彩，缓解了自身压力，但也承认可能增加学生管理的难度。与社会群体比较，在校学生可能更相信科技的力量，更愿意追逐时尚和新潮，更增多广泛交往的意愿，更需要获取知识信息。而这几点，网络都能满足学生们的期望和要求。计算机和网络是高科技、时尚新潮的代名词。学生们作为网络主体会不断从技术和技巧两方面强化自身的网络素养，如不断使用新的软件加快链接速度和提高搜索效率，不断提高打字速度，等等。网络的应用五花八门，而其最大的用途和优势是能够共享信息和快速传递信息。这正符合学生更多、更快获取信息、交流沟通的需要。

（2）网络可以成为学生的信息库和资料库。网络能够处理大量的、内容丰富的信息资源。这些信息分门别类地存放在页面上，浏览者可以根据自己的兴趣和需要使用超级链接选择阅读。网络最大的优点在于它拥有无比丰富的信息，就像一本百科全书，学生在阅读纸质文献的同时，还可以将网络作为自己的资料库和信息库。电子文献，有查阅迅捷、方便的优势，但也要警惕它真假莫辨的庞杂和错误，也要警惕由于过分依赖网络而产生的惰性。

（3）网络使教学手段和教学方法的革新成为可能。各种网上学校已大为发展，大量的课程学习可以借助网络来实现，有限的教育资源得到了更为合理、高效的使用，更多的人得以享有更多更好的教育；终身学习变得不再困难；学生的学习兴趣和效率有可能得到提高；科研人员的联系大大加强，获取相关信息更加便捷，科研中的重复和无用劳动因而减少。多媒体教学和网络教学平台的开通，在许多学校已不是新鲜事。师生之间可以通过校园网进行交流，网上选课、网上答疑、网上评教、校园贴吧、博客交流、电子图书都是网络开辟的新天地。

（4）网络对人们的思维方式和世界观有积极影响。麦克卢汉说："媒介是人的延伸。"网络介入人的生活，网络意识同时就会渗入到人的身心，影响人们的思维和行为方式。学生处在世界观、人生观、价值观进一步成型的时期，在这一时期网络的影响不可小视。从积极的和正面的方面来讲，网络可以帮助人们，尤其是青年学生树立起先进的理念：科学、民主、张扬个性的理念，开放、自由、平等、和谐、奉献的理念，地球村的理念，等等。网络本身是科技发展的产物，是人类的重大科技发明，凝结着也彰显着人类的智慧。网络是一个开放的空间也是一个自由的空间，文化的壁垒正以前所未有的速度被打破。文化透过电缆、光纤、服务器和计算机终端等有形的物体向世界各地发散，快速而便捷地在全球范围内流动。好的网络文学艺术作品是实施美育的大课堂，科学和先进的思想是学生们的又一个"导师"，网络为学生开阔视野、提高素质、发掘潜能提供了平台和基地。随着 E-mail、BBS、USENET、MUD、IRC、OICQ 等软件的出现和进一步完善，网络文化的交互性得到了更大的体现。不少学生在聊天或网上讨论中，锻炼了认识问题、分析问题、解决问题的能力，他们的聪明才智，他们的创造性在此得到了充分展现与发挥。在理论上，网络空间的每个人、每一台计算机都可以成为一个广播站、电视台或出版社。从这个意义上说，网络体现了最自由、灵活、开放的信息交流方式。任何一个网络人地位都是平等的，他们可以与世界各地任何联网的人联络，自由地访问各种信息资源，自主参与不同主题的 BBS、USENET、电子论坛、博客、播客的讨论、写作和传播。

3. 网络文化对构建和谐校园的负面效应

互联网是一把双刃剑。色情、暴力和低俗信息的污染，大量占用时间、金钱，网迷容易沉湎在虚拟世界等是显而易见的弊病。略加归纳，网络对青少年的负面影响大致有以下几点：

（1）认知和道德意识方面。网络信息驳杂，让人应接不暇，易于导致青少年缺乏逻辑性和严密性，知识面只有广度而缺乏深度。网络可充分发挥用户主观能动性，网上交流可以不受现实生活中道德准则和社会规范的约束，颓废、消极的情绪、缺乏诚信的言行充斥网络，网络虚拟环境可能使得青少年道德约束放松，道德修养降低。

（2）身心健康方面。长时间面对计算机屏幕，可能导致青少年生理机能失调、神经系统正常节律被破坏。过度使用互联网容易引发心理障碍。青少年极富好奇心但自我监控能力不强，长期上网容易导致网络迷恋、网络冷漠、网络孤僻、网络焦虑，造成心理错位或行动失调。卡内基梅隆大学及匹兹堡大学研究表明，过度使用互联网者往往具有下列人格特点：喜欢独处、敏感、不服从社会规范等，会导致孤独和抑郁的增加，人际关系冷漠、厌世，心理幸福感降低。

（3）强势文化和文化霸权主义渗透方面。网络打破了国家、民族的界限，强势文化的话语霸权却依然存在，西方文化汹涌而来，这给学校德育工作提出了严峻的挑战。如何吸取外来文化的精华，剔除其糟粕，任重道远。

（4）青少年网络违法犯罪方面。在日益严重的计算机网络犯罪案件中，网络犯罪有逐渐低龄化的趋势。网络犯罪的种类也在增多，如网络窃密、制作传播网络病毒（高技术）污染、网上盗窃（诈骗）、网上色情（恐怖）、网上赌博（洗钱）、网上侵犯隐私权、网上报复（盯梢、诽谤、恐吓）等等。美国为保护儿童的身心健康免受成人网站的毒害，从1996年通过法律对成人网站进行限制。法国对网络色情课以重罪，从严从重处罚利用网络手段腐蚀青少年的犯罪行为。我国的网络监督和网络立法工作也已有序展开。网络媒体是一方面，上网者自身的"免疫力"也是重要的一方面，而双方都需要自律和他律。

面对网络带来的负面影响，因噎废食和坐视不管都是缺少理智的，而必须通过各种手段和方法，尽可能地将不利影响降到最低。学校、家庭、社会全方位共同努力和协作，坚持正面思想引导、利用高新技术手段监管和法律制裁并举的综合措施，标本兼治，有效遏制网络文化失范，使网络文化对和谐校园建设的正面、积极影响最大化。

二、因材施教的推行

与教育史源远流长相比，互联网的历史是短暂的。人类教育的历史几乎与人类的五千年文明史相当，互联网的历史却只有短短20多年，它的出现、普及、应用都与教育密切相关。自2012年后，网络教育业逐渐升温，投资并购不断，百度、阿里巴巴、腾讯纷纷涉足，都把网络教育视为巨大商机。

从发展机遇而言，首先，互联网技术为提高人才培养质量创造了条件。以"慕课""翻转课堂""微课程"等为代表的基于互联网的教学模式，突破了学习者的学习时间和空间的局限性，有利于学习者共享课程资源，进行个性化的线上学习。同时，也为探索线上教学和线下教育相融合，促进学生的自主学习和合作学习，改革传统的教学方式和手段创造了条件。其次，互联网技术为拓展优质教育资源开拓了新路径。利用互联网技术多元而便捷地获取教学资源的特点，可以把有限的投入集中到优质线上课程的建设上，并通过建立共享机制进行优质教学资源的均衡配置，以效率促公平，促进优质教育均衡发展，推进学习型社会建设。第三，在线课程联盟的构建为提升教育国际化水平搭建了新平台。以 Coursera、EdX 等为代表的在线课程联盟的发展，加速了国际化课程、教材和课件的跨国流动与共享，也必然伴随着先进教学理念、现代教学方式和教学管理模式的跨国传播与融合，从而为优质教学资源共享与国际拓展、变革教育教学方式、改善学校国际形象搭建了新平台。

为促进互联网教学的发展和人才培养质量提升，高等学校要主动应对互联网教学带来的挑战。

1.更新传统的教育教学观念

要突破"千校一面""万人一面"的培养模式的禁锢，建立富有时代内涵的人才观、多样化的质量观和现代的教学观；遵循教育教学规律和人才成长规律，践行"因材施教"的教育理念，探索多样化和个性化培养。

2.改革传统的教学方式

利用"慕课""微课程"等线上课程资源，可以实现学习过程的"翻转"：将学生接收知识的环节从课堂讲授转移到课前线上自学；而在课堂上则通过教师组织引导、师生互动和生生合作，将学生课前个性化学习到的知识融会贯通，实现知识内化的部分功能。要改革传统的课堂教学模式，引导学生自主学习、合作学习、探究式学习；探索线上线下教学相结合，共享优质教学资源，彰显教学水平和特色，改善学习效果和效率。

3.促进教师的职业生涯发展

学习过程的翻转，导致了教师角色从知识的传授者转变为学生的学习伙伴。要优化教学评价标准，加强教师培训，提高教师运用现代信息技术的能力，激励教师研发网上课程，参与线上教学；同时鼓励学生参与线上自主学习。

4.创新教学管理体制

加强系统研究和顶层设计，创新教学管理体制和学生管理机制，调整教学组织形式乃至教室布局；完善教学质量监控和保证体系，重视学生学习效果跟踪和评价机制的建设，强化评价结果反馈和改进机制。

5.高等学校要推进"互联网教学"良性发展

（1）加强联结与互动。互联网教学模式的基本特征是联结和互动，有关部门要加强统筹规划，避免重复建设和分散建设，实现优质教学资源共建共享；要引导学校改革课堂教学模式，更好地实现师生互动、生生互动、人机互动，改善学习效果。

（2）完善学习监督和效果评价机制。要优化学习评价标准和评价方式，重视大数据技术的应用，实现教学及其管理平台的数据交换和共享，及时评价和反馈线上学习效果；要改善教师的线上教学水平，提高学生线上学习的主动性、自律性和选课完成率。

（3）探索和完善互联网教学的运行机制。要厘清线上教学的公益性与营利性的关系，优化"慕课""微课程"等课程联盟或协作组织的运营模式，筹集线上教学经费。要研究线上课程标准与认证方法，探索学分转换、学分互认、学分银行等机制。普通高校、开放大学、在线课程联盟或协作组织以及互联网教育产业，要协同探索，优势互补。

（4）跳出互联网教学发展的误区。教育的终级目标是培养全面发展的人。学校的办学传统、校园文化和校风学风，对学生成长成才具有潜移默化的熏陶和催化作用，对学生综合素质的养成，包括社会发展性、人际关系和公共关系、团队精神等素养和能力的养成至关重要。因此，课程教学不等于学校教育，互联网教学不能完全取代学校教育。要倡导严谨求实的态度，避免炒作概念、片面夸大作用，把重点放在优化网络教学环境、提高在线开放课程质量、共建共享优质教学资源、线上线下教学相互融合、改善学习效果和学习效率上。

三、有效利用高校资源

首先，要解决教学资源不均衡的问题，加速实现各种优质教育资源的集成共享。要充分利用信息技术，积极进行混合式教学的探索和实验，建立高校之间优质数字化资源共建共享机制。国家精品视频公开课程和精品资源共享课程，向高校免费开放。大规模在线开放课程建设、教学资源平台建设等，可以扩大优质教育资源受益面，使高校学生能够参加国内外著名大学网络课程的学习；精品资源共享课、视频公开课等，可以提升一大批中青年教师教学水平。

其次，要建立以学生为中心的新型教学模式，强调学生主动性、学习灵活性和教师的辅助性。大数据背景下，以互联网信息技术为核心的各类教学模式和学习方式不断呈现，如微课、慕课、翻转课堂等。在"互联网＋"的背景下，教育已不是传统的线性模式，而是非线性、模块化、可定制的，学生可根据自身的需求、兴趣选择学习内容。对高校而言，这就需要利用互联技术、大数据技术整合不同资源，开展启发式、探究式、讨论式、参与式教学，建立起以学为中心的教学模式。

再者，要推动高校相关专业建设，加快培养互联网领域专业人才。把互联网技术、物联网技术、云计算、大数据、数字制造技术、智能制造技术等相关知识纳入高校的公共基础课教学，提高大学生的互联网知识水平。在高校或企业建立涵盖 3D 打印技术、智能家居技术、可穿戴技术、智能制造技术、物联网技术的"创客中心"或"创客平台"，引导大学生开展创新创业实践活动，从而实现创新与创业相结合、线上与线下相结合。

对高等教育而言，"互联网＋"是最优选项和必由之路，但还需要诸多的保障措施。首先，高校信息化建设的投入需安排专项资金。其次，教师信息化教学素养和意识需要与"互联网＋"语境相符合，要通过网络研修等多种方式进行提升。最后，对信息化教育绩效的评估和考核应保持常态化，各高校要专门制定本校的信息化发展规划，并定期进行评估和反馈。

第五章 "互联网+"时代给高校学生管理模式带来的挑战及成因

第一节 挑 战

一、管理观念有待更新

大学生管理工作是高校管理工作中的一个重要组成部分，它是维护学校正常教育教学秩序、保证大学生健康成长的基础性工作，是提高人才培养质量的重要保证。近年来随着招生规模的不断扩大和后勤社会化改革的不断深入，高校学生管理工作正面临着许多新情况、新问题。面对新形势，高校学生工作者必须创新学生管理，确立"学生至上""质量至上"和"服务至上"的管理新理念，通过强化学生管理，提高学生的成才率和就业率。

1.高校学生管理理念创新的现实必要性

随着我国高等教育的大众化及高等教育改革的不断深化，高校学生管理工作面临许多新情况。

（1）学生素质状况的多样性。按国家规划，高等教育实现由"精英化教育"向"大众化教育"的转变。连续几年的高校扩招，使得越来越多的不同年龄层次、不同社会阅历、不同价值追求的人都有机会进入高等学府进修、学习，在校生数量的急剧增长、学生年龄的多层次性，使得大学生的素质状况呈现多样性，这给学生管理加大了工作量，增强了工作难度。

（2）学生价值观念的多元性。当前的高等教育在强调国家需要的同时，更趋向于人的个体需求与发展。随着改革开放的不断深入，学生对各种思想、文化的接受和选择有了更广阔的空间，社会上的各种思想和价值观念必然对当代大学生产生巨大的影响，当代大学生价值观念呈现出多元性。

（3）大学生个体需求的务实性。随着高校收费制度的改革，学生原有的那种受教育者的观念正在逐步淡化，他们在接受学校教育的过程中主体意识进一步增强，在一定程度上将自己视为高等教育的投资者和消费者，将自己视为与学校处于平等地位的法律主体，他们不仅追求高等教育在未来社会生活中的价值和高等教育的学术价值，而且重视高等教育的直接消费价值和高等教育的条件与环境价值。大学生的需求以及与高校关系的变化，更加说明了他们已不再是精英教育阶段那种单纯受教育者，其个体需求呈现务实性。

（4）现代大学的多校区性。自1992年以来，国家对高等学校的结构、布局及管理体制进行了调整，许多高校都有两个以上的校区，办学地点较为分散。多校区办学已成为我国现代大学发展的重要形式。

学生工作面临的这些新情况，对传统的学生管理理念形成了挑战。显然，精英教育阶段那种过分追求意志统一和学生绝对服从而导致的重教育轻指导、重管理轻服务，只把学生视为接受教育和管理的对象而不把学生当作服务主体，只强调学校权利而忽视学生权利的管理理念，制约了学生个性的发展，影响了学生综合素质的提高。同时，我国多校区大学的管理现状还存在着许多不适应之处，突出表现在许多教育管理人员仍沿袭传统的单一模式和习惯，这给高校的学生管理工作带来了困难。因此，21世纪的高校学生管理首先必须对管理理念进行创新，并把这种理念创新既当作高等教育大众化条件下学校管理现代化的内容，又当作学校管理现代化的逻辑起点。

2.高校学生管理理念创新的主要内容

针对传统的学生管理出现的新情况，学生工作者要迎难而上，认真探索，奋力作为，努力对学生管理工作进行创新，坚持以人为本，确立学生至上理念。

（1）做到为师爱生，树立学生主体的办学思想。学校以学生为本，没有学生就没有学校的一切。高校的学生工作不能仅仅停留在"管学生"上，也不能仅仅停留在维持秩序上，而应以学生为主体，把学生的需要当作第一需要，把学生的情绪当作第一信号，把学生是否满意当作检验学生工作的第一标准，本着对学生高度负责的精神，努力探索高校学生管理工作新思路、新制度、新措施，既对学生做到严格要求，又要做到善于引导，潜移默化。

（2）适应新的形势，加强学生管理制度建设。在学生管理实践中，学生工作者越来越感觉到当前的学生管理制度与国家法律之间存在着明显的冲突，学生的正当权益得不到保障。随着我国依法治国战略的实施，高校依法治校已成为高等教育改革与发展的根本要求。因此，高校要及时清理不合时宜的规章制度，做到学校内部管理规定与国家的法律、法规相统一。要依据国家宪法、高等教育法等法律，结合学校自身特点对学生管理制度进行全面修订。修订过程中要坚持以人为本，为促进学生的全面发展和个性发展营造宽松的环境和空间。管理方法上要以教育为主，处罚为辅，以学生利益为根本。管理制度建设将极大推动高校学生工作的改革和发展，加快管理工作的制度化、规范化和科学化建设步伐。

（3）转变思想观念，坚持育人为本的管理理念。学生管理工作作为人才培养的重要环节，高校应当确立以人为本的理念。"以人为本"就是坚持人的自然属性、社会属性和精神属性的辩证统一，这是学生工作者应树立的一种哲学理念。育人为本，是以人为本思想在学生管理工作中的具体化，是学生工作的根本出发点，这一理念是当前学生工作的必然选择。育人是教育的第一使命，提高学生的综合素质是学生工作的终极目标。因此高校学生工作者要把学生管理工作切实放到培养高素质人才这一价值目标上来，从学生的内在需要出发，引导学生树立远大的理想，养成良好的生活习惯，培养科学的学习方法，掌握过硬的专业技能，激发学生的内在动力，努力帮助学生形成正确的需要层次与结构。

3. 加强学风建设，确立质量至上理念

加强学风建设既是推进素质教育的客观要求，也是保证教育质量的重要前提。学风建设不仅仅是一个教学问题，它还是一项系统工程，需要思想教育工作、教学工作和管理工作等方面密切配合，齐抓共管。加强学风建设是一项长期任务，只有坚持不懈地抓紧抓实，才能收到实效。

（1）加强学风建设，激励学生成才。学风的好坏与一个学校学生管理水平的高低有直接的关系。加强学风建设必须通过对学生的思想教育和管理来实现，要采用各种教育管理形式、方法，引导学生明确学习的目的，端正学习态度，改进学习方法，提高学习效率，增强成才意识，树立献身科学、爱国成才、报效祖国的远大理想。可从新生入学开始，就强化学生的思想教育和严格学生管理，并通过扎实有效的活动、科学规范的管理，逐步提高学生的学习成绩与综合素质。

（2）重视教风建设，深化教书育人。优良的教风是促进学风建设的前提和保证，师德建设是优良教风的基础，高校要加强师德教育，注重对青年教师的培养。教师是教学活动的组织者、学生管理活动的实施者、提高学生综合素质的引导者，所有教师都应做到为人师表，以自己的人格力量和科学精神感染熏陶学生。广大教师应牢记教书育人的宗旨，自觉成为学风建设的指导者和实践者，在讲授专业知识时更要引导学生树立科学的世界观和方法论，掌握科学的学习方法。学校可建立学生公开评议、评选最满意教师制度，加大奖励和宣传力度。通过重视教风建设，带动学风建设，确保学生培养的质量。

（3）规范教学秩序，严格学生管理。规范的教学秩序是保障人才培养质量的重要环节。高校要强化学生考勤制度，既可通过任课教师严抓课堂教学纪律、严格考勤和检查作业，也可由班级指定学生专职考勤员进行考勤，同时还可以通过对学生住宿情况的检查进行考勤，以此确保学校正常的教学、管理秩序。系部要根据检查结果及时进行综合分析处理，防止意外事件的发生。此外，还要重点关注个别因迷恋于上网、玩游戏、谈恋爱等荒废学业的学生，建立和完善谈话预警制度，定期与学生家长取得联系，让家长及时了解学生信息。通过建立规范的教学秩序，通过

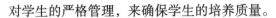

对学生的严格管理，来确保学生的培养质量。

4.落实三大主题，确立服务至上理念

教育、管理、服务是学生工作的三大主题。传统的学生工作大多以管理为主，教育、服务功能较弱化，学生工作一直停留在较低水平。新形势下，高校需对三者之间的结合方式和它们各自的内涵重新审视和定位。为此，学生工作者要转变思想观念，转换工作职能，加强服务实践，自觉为学生做好服务工作，确立服务至上的理念。

（1）发挥教育在学生管理中的作用。江泽民同志指出，教育是一个系统工程，不仅要加强对学生的文化知识教育，而且要切实加强对学生的思想政治教育、品德教育、纪律教育、法制教育等等。这就对教育的内涵做了比较全面的界定。而对于高校学生教育内涵来说，就是要进行以创新教育为核心、思想政治教育为基础的全面成才教育。强化教育，一方面要突出学生的主体地位，尊重学生个性的张扬与优化，同时要打破统一思想、统一标准、统一布局的模式，注重教育的针对性和层次性。结合这一目标，学校可开展如新生入学教育、"基础文明月"教育、"诚信教育"等系列主题活动。教育的内容、形式、方法要能很好地适应形势发展和学生成才的需要。

（2）提高学生管理的科学化水平。学生管理必须从传统的依靠本本上的制度和手中的权力来管理的模式中解脱出来，在"以人为本"理念的指引下，健全管理制度，改进工作方法，注重人性化管理。管理制度不仅是管理的基础和依据，同时从文化的高度来看它也是一种导向。在科学管理的内涵中，制度作为一种文化，其导向作用应该得到充分发挥。学生管理制度建设，就是要发挥制度本身的正面引导和反面惩戒作用，通过动机激励、过程磨砺和利益驱使来激发学生成才的内在动力，从而使学生明确是非，权衡利弊，正确规范自身行为，正确选择、调整自身在学习和生活中的需要结构。此外，科学管理还包括管理的内容要从点上的管理到全面的深层次管理；管理的手段要变直接管理为主到宏观与导向管理为主；管理的主体从学生工作人员为主到以学生自我管理与约束为主等。

（3）突出服务在学生工作中的地位。由于多年来，我们一直重管理、轻服务，因而在学生工作中引入服务的理念是一种进步。从当前高等教育的发展形势来看，学生工作中必须突出服务的地位，构建起全方位的学生成才服务体系，为学生的成长成才创造各种有利条件。市场经济的建立和高等教育大众化的发展，使高等教育成为一种消费，大学生越来越成为特殊的教育消费者。作为消费者，学生有权利要求高质量的教育，学校也更加有义务为学生提供优质服务。因此，能否为学生提供优质服务，最大限度地促进受教育者的身心素质的发展，已经成为高等学校学生管理理念创新的鲜明特点之一。高校要坚持服务至上的学生工作理念，建立符合市场经济发展要求的学生工作服务机制，为学生提供全方位的服务，可根据学生的不同需要、不同情况而采取不同的服务方式和方法。

4.高校学生管理创新理念的落实途径

（1）树立全员育人意识，构建以人为本的管理模式。随着教育现代化的发展和教育改革的不断深入，以人为本的学生管理将最终取代传统的学生管理，学生至上、质量至上和服务至上的理念将深入人心，这是学生管理改革和发展的必然趋势。在深化教育改革中，最重要的就是真正确立学生的主体地位。只有真正做到把学生作为教育、教学和管理的主体，充分尊重学生的主体性，以人为本的学生管理体制的构建才会水到渠成。此外，学生管理工作是全方位的，涉及方方面面，因此不能将这项工作单纯看成学生工作者的任务。教育创新要求全员育人，学生管理工作不仅是学生工作者的责任，也是全校教职员工的责任。当前学生工作管理职能的发挥应把对学生的管理与全员育人的职能的发挥联系起来，要在全校教职工中树立"全员育人"的思想观念，形成全员育人的良好局面，并牢固树立"没有学生，就没有高校的一切"的思想认识，真正将"一切为了学生，为了一切学生，为了学生的一切"落到实处。

（2）加强学工管理队伍建设，改进大学生管理工作。一支精干、稳定的专业化的学生工作队伍，是做好学生管理工作的关键。学生管理工作的教育属性决定了高校学生工作专业化的需要，从目前我国高校学生工作人员的组成结构来看，多数是本校各个专业的毕业生改行从事学生工作的，对学生管理工作积极性不高，而且大多数没有进行过专业的训练，专业化程度较低。因此高校要结合教学、人事制度等改革，对学工队伍加强培训和培养，从人员编制、专业培训、职称待遇等方面入手，主动关心学工队伍的建设，提高他们的待遇，从而切实解决学生工作人员不安心、非专业的问题，让学生工作人员安居乐业，守岗敬业，乐于奉献，把学生教育和管理作为自己潜心研究的学问、立志从事的职业和为之奉献的事业，自觉把学生管理创新理念与学生管理工作相结合，做到理论联系实际。可以说加强学工队伍建设是实现学生管理创新理念落实的根本。此外，高校还应重视党员、学生干部以及班主任队伍建设等。高校在加强队伍建设的同时，还应不断改进工作方法，要充分发挥学生的自我教育、自我管理和自我服务的"三自"功能，充分发挥学生骨干和学生党员的先锋模范作用，充分发挥学生的主体性和创造性。

（3）结合全面素质教育阶段目标，落实学生管理创新理念。高校的教育任务是为培养人才和提高劳动者素质打好基础。实施学生素质教育工程以培养学生的思想政治素质为核心，以培养创新精神和实践能力为重点，普遍提高学生的人文素养和科学素质。它有利于形成学生自觉参与全面素质教育的积极导向，有利于动员全校师生员工服务于学生全面素质教育，有利于增强学生就业和自主创业的意识和能力。各年级学生在不同阶段有不同的教育目标：一年级对新生重点抓基础教育、适应性教育、品德行为教育和养成教育；二年级对学生重点进行文化素质教育、专业教育和成才教育；三、四年级对学生进行职业道德、就业与创业教育。在不同的阶段对学生的教育培养过程中，学生管理工作者要牢固确立学生至上、质量至上和服务至上理念，并把学生管理创新理念自觉运用到学生教育活动中去，发挥学生主体作用，提高学工队伍的管理、服务水平，全面提高学生综合素质，为学生成人成才创造良好的条件，确保高校学生的最终培养质量。

二、管理体制不完备

在信息化社会的影响下，中国高等教育有三个方面的转变：第一，高等教育由精英教育转为大众教育。第二，单一教育转为多元教育。课堂教学不再是高校舞台上唯一的主角。全面素质教育的开展让环节、实践、创业、实习、心理、体育等多种教学方式呈现。第三，"封闭式"校园转为开放校园。在互联网飞速发展的今天，数字校园成为学生最重要的第二课堂，为学生提供了更加广阔的网络学习和社交空间。

教育和社会背景的变化必将带来学生的变化，新时代的学生呈现三个新的特点：首先，活动不再局限于课堂，学生开始积极地参与课堂以外的各种各样的活动，例如创业、社会活动、实习等；其次，学习不再局限于书本，学生开始活跃于各种网络在线课堂，热衷于电子化知识的学习；最后，思想不再局限于被管理，学生开始有自己的主见和主张，崇尚个性，追求自我的实现。正是由于新时代学生的这些新特点，让我们的学生管理工作面临前所未有的挑战。

高校学生管理工作主要包括学业、安全、评价、服务、教育五个方面。目前学生管理中存在的顽疾很多。学业方面：某学生上课率低，是否因为厌学？还是另有他因？安全方面：某个学生失联，怎么找寻？怎么从前期的在校情况找出端倪？服务方面：管理者很多精力要应付学生的各类办事项目，何时能网上办事，并简化流程？如何能针对性地提供服务？评价方面：各类助奖学金、评优，如何准确地选取最匹配的人选？教育方面：如何有针对性地对学生提供思想政治和心理教育？以上均为一些具体问题，对这些具体问题进行总结，目前的高校学生管理工作呈现如下三个特点。

第一，被动管理。由于管理者缺乏有效途径获取每个学生的实时情况，无法对学生主动关怀。常常是在异常发生后，管理者才去善后。这种亡羊补牢的方式让学生受到伤害，也让管理者每日疲于应付，身心疲惫却得不到学生和学校的认可。

第二，群体管理。当前管理主要以班级为单位进行集体统一管理，开班会、班级活动等都是最主要的方式。但是在这个信息爆炸的时代，文化价值观多元化趋势日益增强，每个学生价值观、性格、兴趣爱好都千差万别，"一刀切"的群体管理方式已经漏洞百出。

第三，粗放管理。当前管理重在管理学生上课情况和人身安全，常常采用点名、手工填表等粗放管理方式。而当今学生的校园和社交生活多姿多彩，学生思想活跃，个人意识增强，价值观容易受到社会影响，粗放管理方式不能发现学生的细微变化。现实中常常由于细微的忽视而酿成大错。

诸多学生管理方面的陈旧观念有待更新。在管理方面，各大高校已经采用加强辅导员队伍建设、引入心理辅导等多种办法来提升学生管理工作。在技术方面，当今互联网技术正渗透到各行各业，学生管理工作者需要思考怎么利用互联网技术帮助提高管理水平，让管理和技术有机结合，寻找提高学生管理工作水平的方法。

三、管理模式单一化

当前，高校学生管理工作手段和方式单一化是大部分高校普遍面临的一个非常重要的问题。这种单一化的模式不仅仅会影响到学生管理工作的质量和效率，而且对于管理水平的提高是极为不利的。一些高校采取的被动式和单向度的学生管理工作模式与现阶段在校生理解认知方式存在一定偏差，管理工作效果并不理想。

高校学生管理模式是高校在一定的管理理念的指引下，对学生不同的需求，基于不同的条件，朝着既定的人才培养目标和管理目标所做出的一种路径选择。从文献资料来看，国际国内对高校学生管理模式的研究较多，在实践中较有影响力的有柔性学生管理模式、学长制学生管理模式、主导服务型学生管理模式、班导制学生管理模式等。

1.柔性学生管理模式是相对于刚性管理模式而言，是指管理者在研究人们的行为规律和心理特征的基础上，在深入了解被管理者的前提下，采用非强制性的方式，对被管理者的心理及行为规律由他律转化为自律，由组织管理转化为自觉管理的一种人格化管理的新模式。

2.学长制作为一种学生自主管理模式，是以辅助管理的角色介入，其要义在于通过精选高年级中优秀学生，以平等、博爱精神与新生实现良性互动，从而增进团结互助精神，加强纵向管理、横向交流的教育管理目的。

3.主导服务型学生管理模式主要是以学生为主体,以服务学生成长成才为工作目标,以完善服务体系和构建服务平台为基础,以提高服务能力和服务水平为重点,以规范健全服务制度为保障,通过建立健全科学的服务体系、规范的服务制度、高效的服务方式、专业的服务队伍,促进学生管理中教育、管理、服务的有机结合与和谐发展,以培养造就身心健康、全面发展、有个性并富有创新创业能力的高素质人才。

4.班导制学生管理模式是指辅导员、班主任、班主任助理、就业导师四位一体的管理模式。

以上四类传统学生管理模式在不同的历史时期和不同的学校都发挥了应有的作用,但随着高等教育逐步进入内涵式发展阶段,国家、社会、家庭对学生管理工作高质量育人效用的期待,这些传统学生管理模式的弊端日益显露出来,单就应用型人才成长需要和成才特点来看,主要体现在以下几个方面。

首先,高校学生组织机构既定的规章制度规定学生管理只能"按规定办""按通知要求做",各学生管理部门只能干好自己分内的事,对需要即时处理但不属于自己管辖范围的问题爱莫能助。因此,程式化的学生管理模式效率较低、应变能力较弱。

其次,管理工作的预设对象大多是学生整体,如男生、女生,评优的学生、违纪的学生等,很难顾及学生个体。学生个体参与学生管理工作主体地位不突出,学生个性化需要得不到满足,有针对性的育人措施得不到充分发挥,学生管理效益较低。

最后,学生管理队伍缺乏专业化训练。院系党总支正副书记、团总支正副书记、班主任、辅导员等教师系列的学生管理工作人员对学生的生活、学习、安全、就业、心理健康、思想政治教育等工作都是一把抓,往往头疼医头,脚痛医脚,上边一有工作任务下达就集体冲上去,缺乏具体分工和相互配合,只追求任务的完成、问题的解决,很难给学生提供建设性的意见和预期性的指导,因此学生管理工作人员职业化、专业化水平较低。

四、管理的经费紧张

为保证学生管理工作的顺利开展,高校一般以在校本科、专科、研究生人数为标准,由财务处把学生管理经费和助困经费(统称为学生工作经费)直接划拨到各学院,各学院设专户管理。

但是,各高校学生管理工作普遍面临活动经费紧张的实际问题,每个学期的经费数额比较小,基本不能或是仅仅能够满足学生管理活动的需求,没有办法从工作发展和建设的角度制定经费使用预算。长此以往，将对学生管理工作的开展带来阻碍，甚至会影响到学生管理工作发展中长期计划的制订和实施。

五、管理人员不充足

长期以来，很多高校往往将目光更多地投向师资和基础设施建设上，忽视了辅导员、专职班主任等学生管理力量的整合和补充，造成学生管理工作者不配套、素质参差不齐。具体表现在：① 辅导员、专职班主任数量严重不足，达不到教育部要求的学生管理人员与学生 1：120—1：150 的比例。② 辅导员、专职班主任培训少，缺乏进修和再提高的平台和机会，对新形势认识不深，对新的学生管理理念和方法了解和掌握不足，限制了学生管理人员思想水平和专业素养的提高。③ 学生管理工作者人员构成复杂，一些在其他岗位被优化出来的人员竟被安置到学生管理岗位。

就目前的情况分析，我国绝大多数的高校在学生管理方面都存在严重的错误，尤其是学生辅导员的数量不足，再加上学生对学生管理的工作任务比较琐碎、繁多，导致辅导员没有更多的时间和精力处理学生的思想工作。目前，绝大多数高校的辅导员都比较年轻，对高校学生管理方面的经验不足。因此，辅导员任务繁重、学生管理经验不足将直接造成我国高校在学生管理方面具有一定的局限性，更不能个性化地满足学生的需求。高校学生管理工作内容庞杂，事务琐细，其各项工作最后都要落到辅导员身上，导致学生辅导员很难应付，从而直接导致管理工作过于表面化，流于形式，很难对学生的日常行为、生活学习等方面进行管理。

高校学生管理工作者的整体素质关系到学生管理的效果和学生健康、和谐发展。高校首先应做好学生管理岗位人员聘任的优选，从入口处把握学生管理工作者的素质，吸纳德才兼备的年轻干部和优秀毕业生加入学生管理队伍。其次应结合学生管理工作职业发展规律创新辅导员、专职班主任队伍的建设，以专业化、职业化培训促进学生管理工作者的业务素质提升。第三应将提供脱产学习、进修、深造的平台和机会作为学生管理工作者素质提高的重要渠道，不断改善学生管理人员的知识结构和专业水平，把新思想、新知识、新信息传递给学生。第四应建立公平、合理的奖励机制，提高学生管理工作者的待遇，吸引更多优秀人才充实到学生管理工作队伍。

高校学生管理工作应当成立相应的职能部门，专门负责信息化的学生管理工作。信息化管理平台初步建成后，高校应当和信息技术服务公司进行协商，建立一支信息技术能力高的管理队伍，针对信息化管理工程中用到的信息技术进行培训，帮助管理人员掌握信息化管理平台的使用方法，达到熟练应用的程度。这样不仅可以提高信息化管理平台的工作效能，而且节约了管理成本。

高校应当进一步强化学生管理工作者队伍建设，以高校辅导员队伍为主体，并将专业教师、后勤服务队伍等纳入学生管理工作者队伍之中，根据职责分工确定管理工作任务目标，提高管理工作专业化水平，确保学生管理工作的科学化和制度化。

六、管理的后备力量不足

对多所高校进行的抽样调查，反映出新时期高等教育事业发展迅速，而高校辅导员队伍发展相对缓慢，面临诸多严峻的问题。体现在：

1.辅导员配备不齐，结构欠缺，素能不高

高校大学生人数激增，大学生素质参差不齐，客观上需要增加专职辅导员的人数，提高辅导员的综合素质。按教育部规定，高校专职思政队伍配备原则上不应低于1：200的师生比例。据抽样调查，广西的高校中，只有40%的高校能按1：200配备，低的甚至达1：400。配备不齐是高校普遍的现象，配备后也没有给予足够的重视。调查表统计数据显示，有近20%的学生没听说过有辅导员这一职业，23%的学生不知道辅导员是教师编制，18%的学生没见过专职辅导员。从年龄结构上来看，绝大多数高校要求辅导员年轻，基本上是从应届毕业生中选拔或由本校在读研究生兼职，很少从其他渠道选拔。由于缺乏人生经历和育人经验，工作效果欠佳。毕业于思政一级学科与心理学、教育学二级学科专业的比例为19.8%，其他专业占81.9%。辅导员基本没有经过专门培训，缺乏高校之间组织的集中学习和交流，工作效果不够理想。同时，辅导员个人素能参差不齐，由于心理素养、知识能力、技能应用能力不同导致思政工作的效果有巨大差异。

2.工作性质不明、职责不清、权利不明

目前的辅导员工作涵盖了大学生学习、思想、生活、文体、社会实践各方面。由于工作性质和工作职能的关系，其工作难以定位，往往容易与一般行政人员不分。在同各高校辅导员的座谈中发现，多数人工作的精力集中于学生的党团建设、学校的招生就业，甚至是院系的收费管理等问题上。20%的学生反映辅导员的工作侧重于纪律管理，15%的学生认为主要是收费管理。辅导员工作复杂多样，学校院系的教务、宣传、招生、就业、组织建设、宿舍管理等都分摊到辅导员身上。调查中发现学生与辅导员较少或难得一见的比例占到65%。另外，部分辅导员除了担任多个班的班主任及院系学生的全方面监管外，还担任授课工作，工作强度大，精力分散。这些使得辅导员难以继续学习提升自我能力，难以对学生的生活、学习、思想进行系统分析，难以对普遍存在的问题与个别特殊问题的有效解决。另外，在学

生中出现问题的情况下，辅导员的职权往往不明朗。辅导员座谈中了解到，辅导员被赋予的权限不明或很少，往往是起到"情况汇报者"的作用。

3. 地位低下、身份特殊，队伍不稳定

辅导员为学校的稳定与发展起了巨大作用，对学生的成长成才帮助很大，但付出了辛勤劳动并未得到学校师生的肯定。由于工作对象是学生，需要占用大量时间与他们交流沟通。但是，从学校管理层到师生，许多时候把辅导员作为"勤杂人员"看待，甚至部分高校行政管理层中有"做不好教师就改做辅导员"的认识误区。辅导员与专职教师或行政人员相比，在职称待遇、福利收入上明显偏低，在目前高校的人才评价环境中，缺乏"知识工作者"身份的认同感。国家教育部规定，专职辅导员的任期一般为 4～5 年，这种短期化的政策使学校领导和辅导员本人都把辅导员工作当作一种临时性、过渡性的工作，作为短期职业对待。大多数辅导员对自己今后发展不乐观，从个人的未来考虑，努力创造条件尽早摆脱该职业，造成整个辅导员队伍的不稳定。辅导员队伍中缺乏理论水平高、经验丰富的专家。

4. 绩效考核与激励评价体系不完善

辅导员的编制归属没有统一的标准，工作管理上分属于各院系或者学工教务、后勤、宣传等职能部门，人事管理由学校人事处安排，任用、选拔、考核、提升则由组织部负责，工作实施则受学校教务、学工、后勤及院系领导的多重安排。行为思维受制于多个部门，处于被动工作的局面。工作繁多而全面，做得多，思考得少，导致教学中影响力不如专职教师，管理中感召力不如行政人员。目前，各高校中极少有针对辅导员工作而建立专门的绩效考核与激励评价体系，即使有，也仅表现为原则性与纲领性的条文。难以将其工作定性或定量化，使得操作过程难以把握，事后难以绩效考核。另外，高校中实施的知识工作者的职称、课酬、福利等激励制度在辅导员身上没有普适性，挫伤了其工作的积极性和主动性，抑制了创造性和开拓性，削弱了事业上的成就感。

七、高校内部管理体制缺乏系统性

高校内部学生管理是各类高校领导及管理者为顺利达成高等教育培养人才培养目标，根据国家相关的教育法规政策，有计划、有目的地组织、协调校内的人、财、物、信息等方面的因素，并对这些因素进行计划、实施、监督等一系列活动。该项管理工作是学校内部管理的重要组成，在培养"四有"人才中发挥着不可替代的作用。科学有效的学习管理不但可对学生的思想品德和处事行为产生巨大影响，同时，还可通过管控、约束等方式对学生的学习和成长发展产生直接性影响，是确保高校

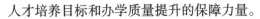

人才培养目标和办学质量提升的保障力量。

1.缺乏系统性学生管理体制

当前，有些高校存在片面追求校园建设和教学质量，而对学生管理忽视的情况。同时，学生管理体制也较为固定、单一，也就是垂直管理模式，在相关权责上不够明确，甚至抱以不出事的心态开展工作。同时，班级活动很难开展，学生参与性不强，以至于辅导员的工作量大大增加，难度也不断加大。在高校学生管理工作中，辅导员负责的工作极为烦琐，缺乏具体的量化指标，在管理目标上也不够明确，工作规范及相关制度不够完善，学生管理指导思想较为经验化、单一化，不利于管理工作质量的提升。

现阶段，有些高校在学生管理功能工作上仍存在事后管理的情况，未能对学生管理中可能出现的问题进行预测及防范。学生管理者应积极对以往学生出现过的问题进行分析，了解问题的根本原因，达到举一反三的目的，在实际工作中，应开展经常性、预防性工作，将问题的发生控制在源头。然而大多数学生管理者未能积极去了解和掌握学生的内心想法，始终处在被动状态，出现问题也只能采取事后管理模式，以至于学生问题无法得到全面、有效的解决。

2.强化高校学生管理能力的对策

（1）思政教育为本，多样化管理。从当前我国高校学生管理中存在的问题看，应做好这几方面的工作：首先，应树立"学生为本"的教育理念，营造良好的、和谐的管理氛围。应积极转变以往基于学校为中心的管理思路，充分认识到学生才是学校办学及建设发展之根本，如果失去教学对象，则学校也就没有存在的意义。学校各个部门的管理工作及各个教职人员都应建立"学生为本"的理念，这样才可确保学校日常管理工作的有序开展。其次，学生管理者需要采取多种方式和方法，帮助学生建立正确的、健康的价值观念，形成高尚品德和积极的心理。

具体而言，包括这几种方式：①通过校园文化建设及课堂教育，培养学生的正确的价值理念；②积极开展丰富多样的社团活动，丰富学生的校园生活，同时在社团活动中强健学生心理，培养学生独立实践、团队协作等方面的能力，促进学生全面发展。③强化学生心理健康教育，应充分发挥心理咨询和网络平台的作用，对学生的学习、生活、就业等给予指导，关心学生的心理变化，对于存在心理障碍的学生应及时进行疏导。

（2）健全管理体制，人性化管理。应根据当代大学生的身心特点和情感态度，重视学生的实际需要，提升管理工作的有效性。学校在制定学生管理相关的规章条例时，必须要全面考虑到学生的专业学习、校园生活等方面的特点，和学生开展面对面的座谈交流，让各项管理制度、规章、条例等能服务于学生管理，相关政策有助于保障学生利益。只有这样，才能真正实现人性化的学生管理，才能让学生感受到自己的主体地位，才能让学生更积极、更主动地参与到各项学生管理活动中，进而创建学校和学生良好互动、交流的平台，一同促进高校学生管理工作水平的提升。

此外，高校领导应对学生管理工作给予足够重视，同时应关心学生工作者，在建立和完善学生管理工作相关制度的同时，还应切实解决好学生工作者的生活、工作等问题，以提升他们工作的积极性，进而实现多元化、民主化、个性化的学生管理工作。

（3）强化预防预测，创新化管理。高校学生管理工作者应树立预防意识，要对以往发生的问题进行分析和总结，了解问题的原因，制定相应的预防措施，以免同样问题再次发生。另外，在管理工作中，应做好日常教育工作，强化学生自我管理意识，培养学生的自我管控能力。而这就需要学生管理者及时了解学生的心理和思想变化，做好预防预测工作，将问题消除在萌芽阶段。

同时，在高校教育改革的今天，应对学生管理工作模式进行创新和改进，以提升管理工作的效率和质量。一方面，应动员专业教师参与到日常学生管理中。专业教师和学生有较多的接触，对学生的想法及心理情况有更多的了解，尤其是对学生专业学习情况能随时掌握，所以要求学生工作者和专业教师保持良好的沟通，以便全面了解学生的学习情况，给予针对性的管理。另一方面，要推进学生自我管理建设，以基于学生主体性质，创建学生自我管理组织，通过勤工俭学等方式参与到实际管理工作中。来自学生自身的管理者能够更好更准确地了解学生所思所想，如此，才可更有效地解决学生问题，使学生管理工作顺利开展。

总而言之，高校学生管理是一项复杂的、系统的工作，要求管理者顺应社会和经济发展形势，做到与时俱进，在认清管理工作问题的基础上，树立"学生为本"的管理理念，重视学生自我管理能力培养，加强学生心理建设，让学生形成积极、勇敢、敢于担当的人格。同时，要积极创新和改进工作方式和方法，实现民主化、创新化学生管理，如此，必然会使高校学生管理进入新的发展阶段。

八、高校学生管理队伍具有不稳定性

教育部《普通高等学校辅导员队伍建设规定》明确指出，辅导员是高等学校教师队伍和管理队伍的重要组成部分，是开展大学生思想政治教育的骨干力量，是高校学生日常思想政治教育和管理工作的组织者、实施者和指导者。辅导员应当努力成为学生的人生导师和健康成长的知心朋友。

1.建队目标不清晰

自我国高校设立辅导员制度，辅导员便是高校学生管理工作的主要力量，正因为如此，各高校也都采取多种措施加强队伍建设，取得了一定的成效，但是还存在一定问题，如目前高校辅导员主要由专职与兼职两部分人员组成。据调查，部分专职辅导员是从本科毕业生中选拔一些成绩优秀、学生工作经验丰富的学生先做两年专职辅导员，再保送读研究生；兼职辅导员有两种模式，一种是由青年业务课教师兼职，另一种是由研究生党员或高年级本科生兼职，他们一边学习，一边从事学生管理工作。目前大多数高校辅导员是以兼职为主，配备少量的专职人员。由此可见，在学习与管理学生并存的情况下，这些辅导员管理学生的目标发生了本质性的偏移，即整个队伍的目标不清晰。

2.队伍数量没保障

据统计，目前按规定配备了专职辅导员的高校有 50%，有 34.8% 的高校未按规定配备，辅导员与学生比例最高的达 1：760。据厦门大学关于高校专职辅导员配备情况的调查：配备比例在 1：150 以下的高校占 0.9%，比例在 1：（150～250）的占 29.5%，比例在 1：（250～350）的占 26.4%，比例在 1：（350～450）的占 12.6%，比例在 1：450 以上的占 22.5%，专科学校辅导员的配备比例基本上在 1：350 以上。从中可以看出，辅导员队伍人员与学生比例失调，数量偏低，辅导员配备严重不足。

3.队伍连续性不够

为了拉近与学生间的距离，深入学生群体，更好地掌握学生的思想动态，辅导员多数为年轻人。但年轻辅导员的工作经验有限，处理事情难免欠妥当，导致思想上的浮动。大多数人把辅导员工作当成留在高校工作的过渡阶段，把能够成为专业课教师当成了发展目标。比如一些高校实行了短期的辅导员制度，专职辅导员一般的工作期限是三到四年，服务期满后有相当部分的人通过转岗从事教学、科研和其他工作，或报考研究生、学历进修而离开辅导员岗位，还有些高校的部分辅导员采用流动岗位，辅导员工作两到三年后转为攻读研究生。队伍的频繁调整和更替，造成了队伍的连续性不够，稳定性差。

4.队伍整体待遇低，心理反差大

辅导员历来是高校学生工作队伍的主要力量，是具体负责学生日常管理和教育的最基本、最主要的力量，他们虽然肩负了更多的责任，工作繁杂，事无巨细，凡与学生有关的事情都必须过问，但其地位比较低下，不仅接受学校和院系两级管理，而且各个行政部门几乎都是辅导员的领导。由于工作性质和相关规定的要求，辅导员不但没有科研项目，而且不能从事第二职业，只能获得国家和单位的分配；另外，政工人员的职称普遍较低，待遇也往往低于同期毕业的教师。党务、思想政治工作要求高，而政工人员待遇又偏低，这一高一低大反差，导致辅导员心理失衡，使他们的积极性、主动性受到严重影响。

九、高校学生管理工作模式发生了改变

在当今社会的新形势下，许多新的矛盾出现在了高校学生的管理工作中。环境、任务、内容、渠道和对象都发生了很大变化。高校如果不能适应这种变化，只是简单地重复之前的老办法，往往会适得其反。因此，我们要认清如今的紧迫形势，在高校学生管理上除旧迎新，探索更多改革的新路子。

1.高校学生管理工作的传统模式已经不能适应新形势

我国改革开放和社会主义现代化建设事业进入了一个新的发展阶段，如今的社会生活已经对高校学生工作产生了非常大的影响。虽然以往的高校学生管理工作在提高学生文化素养与培养社会人才方面取得了巨大成功，然而纵观全局，以往的高校学生工作与当今社会生活却有些脱节。我认为要培养21世纪具有良好思想道德、文化素质以及心理素质的综合性人才，除了要在课程体系、教学内容上进行改革外，最重要的还是要做好学生管理工作。

第一，在传统的文化束缚下，高校的教育和管理制度为封闭性、强制性和灌输式的教育模式。而随着东西方文化的交流，高校学生的世界观、人生观、价值观也日益发生了改变，不少学生变得眼高手低、胸无大志、心浮气躁，高校精神衰退已是不争的事实。

第二，我国"扩招"政策使得高校人数激增，导致了教育管理的难度增加，学生素质以及基础都参差不齐。学生入学后没有一个明确的奋斗目标，缺乏自律意识，最后导致学习成绩不好，并且出现各种心理疾病，这是造成高校校风日下的主要原因。

2.高校学生管理工作创新的必要性与紧迫性

制度在创新，教育在创新，技术在创新，管理在创新。一切都在随着社会的进步而创新。就高校而言，掌握学生工作的主动性，帮助学生树立正确的人生观与价值观，引导学生抵制错误的思想、腐朽的文化，这直接影响着社会主义事业的发展与进步。相信只要管理人员、各个部门与广大学生共同努力，一定能做到与时俱进，营造一个良好的环境与氛围，跟上时代的步伐。

高校，是所有大学生生长的土壤，大学生的能力、特长都会在这里得到不断

的提高与发挥。发展个性是现代教育的一个重要标志，高校的学生工作在于培养富有个性、知识能力合理、勇于创新的人，并要求学生要学会做事，学会感恩，学会做人。

高校应创新学生工作的组织模式，使学生能有一个更加宽广、更加自由的发挥空间；创新学生工作的理念，使学生更加符合当今社会的各种要求；创新学生工作的方法，使学生更加注重实际；创新学生工作的管理，使学生的思想道德品质有所提升，并且拥有坚强的意志与广泛的兴趣爱好，使学生德、智、体、美、劳全面发展。总而言之，高校学生管理工作的创新，已迫在眉睫。

3.高校学生管理工作创新的实施手段

第一，高校要建立一个强有力的管理指挥系统，提高学生干部队伍的整体素质。学生干部队伍是做好学生工作的骨干力量，是学生生活的管理者，也是学校思想与意志的传达者。因此，学生干部队伍的自身建设直接影响着学生工作体制改革的成败。我们要通过多种渠道，挑选出素质高、能力强、有爱心的人参与到这项工作中。在这个过程中，要多给予他们锻炼的机会，以助于他们能力的提高。

第二，要使学生干部队伍能适应当今形势，一定要对其进行适当的培训，采取理论学习与实践相结合的办法进行多种形式的培训，这样就可以使学生干部团队的管理能力得到提高。

第三，要对学生干部队伍成员进行严格考核，还要多与其他高校进行交流，开阔视野，交换意见，把学生管理工作放在首位，这样才能使学生管理工作水平不断得到提高。

第四，当今社会是一个信息社会。互联网已经成为人类不可或缺的一部分，而面对网络的挑战，抓紧机遇才是所有高校最应该注意的。机遇往往都是伴随着风险一同产生的，我们不能只看到互联网的负面，更要从正面去肯定互联网带来的影响。它不仅使我们的生活更加快捷与便利，而且极大地拓展了学生的业余生活与视野，使人与社会更近了一步，这为高校培养当今社会全面发展性人才做了很好的铺垫。所以我们应该把学生工作结合当今网络信息，将学生的思想政治与生活带进网络，构建良好的网络校园，从而为学生的生活与学习提供良好的帮助。

最后，高校管理工作作为一项行政工作，校规校纪以及各项规章制度在其中起着至关重要的作用。如何在国家法律的规定下，使学校各项规章制度更加人性化和具有可操作性，这就需要实施决策管理。现如今我们大力提倡依法治国，法治国家要求有法可依、有法必依、执法必严、违法必究。同样，作为以行政手段对学生实施管理活动的高校也要如此。作为管理决策者，必须制定出一套能充分表达学生意愿的、学生能充分参与其中的行政管理办法，并且按照管理规定，运用各种手段，确保学校各项工作有序进行。

总之，高校管理者还应该考虑如何保证违纪学生的权利，即救济权利。救济权利是学生的一道保护线，使学生能够切实维护自身利益。正是因为有了学生充分参与决策的管理规定，才有了学生对规章制度的充分信服，各种管理规定才能真正内化为学生自身的行为准则。完善救济权利，使学生不再处于弱势地位，有利于平衡管理者与学生之间的关系，有利于消除学生的抵抗情绪；要强调一种温和人性的管理模式，使教学管理从人的本性出发，而不是传统的刚性管理、硬性强制，民主对话将受到普遍的认同和欢迎；制度的负面效应及时消解，从而构建一个完善的高校学生管理工作服务平台。

第二节　成因分析

一、高校管理模式中现行载体的乏力

互联网技术的迅猛发展，促进了新媒体的日益普及，现在先进的媒体传播效果是新媒体载体合力的结果。"互联网＋"时代，信息的传播具有超时空性，而在学生管理工作中，高校对媒体传播的利用似乎还是有点滞后。另外，目前我国高校的学生管理工作在新媒体应用上的投入力度还是比较欠缺的，不利于新媒体时代背景下，学生管理工作的全面升级，因此，在"互联网＋"时代下学生管理工作载体的构建具有重大意义。

1. "互联网＋"时代下学生管理工作载体运行中存在的问题

（1）存在明显的条块离散与分割状态。从根本上说，学生管理工作本身是具有开放性、整体性及动态性的一个特殊生态系统。该过程并非仅仅是采用校园文化活动或者思政理论课程教学的方式就能提升管理效果。每一个学生管理工作载体力量条块分割都非常显著，且彼此配合与呼应极为匮乏，一般会表现出无序、自发等分崩离析的状态，缺乏合理的结构分布。

（2）随意应用载体与盲目跟风。尽管在现阶段高校逐渐意识到学生管理工作载体的重要地位，然而，因为在研究载体方面依旧比较落后，再加上欠缺新载体实际应用能力，对发挥载体功能产生很大影响，这些在实际应用新媒体上充分表现出来，一些学生管理工作者在向学生传授知识时比较热衷于讨论互联网中比较流行的话题或者视频，并不会深入性讲解，这就在很大程度上降低了管理效果。

（3）不够重视学生管理工作中新媒体载体的重要作用。由于新媒体的特点是快捷传播、检索方便、交互性传播等，所以逐渐受到学术界的广泛关注，并逐渐被应用于高校思政教育中，然而，很多人淡化了技术投资新媒体及更新观念，特别是新媒体技术在带给人们便利的同时也会存在很多负面影响。

2.新媒体时代下形成学生管理工作载体合力的措施及途径

（1）构建互联网教学资源中心与教学平台。就学生管理工作内容环节来说，必须对传统管理方法进行科学演绎，发挥新媒体在管理中的重要作用，同时在管理方法领域，应该对多媒体技术予以有效应用，增加管理工作的创新性与新颖化，而且要设计出完善的学习资源，而主干内容、扩展内容、辅助内容共同组成学生管理工作载体。在互联网中通过图像、文本、音频、图形及视频等方式将其凸显出来，以情趣取代枯燥，尽可能使其成为高校生自觉接受思想政治相关知识的主课堂和主阵地。

（2）创建校园特色网站，提升学生管理工作辐射力。这需要打造极具特色的校园网站，比如，在本校互联网中构建视频新闻及图片鉴赏等，能够以视觉冲击方式直观地展现出静态的建筑风格与学院风貌，对该校精神和文化进行有效传递。点击图片，可以以其超语言性与直观性对学生人生观、价值观及道德情操等产生影响，学生能够在潜移默化中受到熏陶与感染，对学生理性具有启迪作用，督促学生修身立德。

（3）利用网络优势，搭建学生管理工作新平台。对比传统的传媒，网络传媒无疑具有更加快速，更加广泛的新特点。对于这种新的网络传媒，学生管理工作者应该充分认识这些优势，让这些优势为学生管理来服务。第一，学生管理工作者应该在思想上达到这个认识，认识到利用网络媒体进行学生管理工作的必然性。根据网络传媒的特点认真思考，积极研究新型教育的工作方法，将学生管理工作方法优化。第二，利用新型网络传媒进行学生管理工作，并不是说就把传统管理方式完全摒弃，而是要将它们与新型的管理方法相结合，使学生管理方式、方法更加完善。

二、高校学生管理工作者思维的单一性与封闭性

当今社会处于快速转型期，经济全球化、信息化趋势势不可挡。特别是科技的发展、互联网的兴起，人们的思想认识、价值观念和行为方式具有多样性。大学生面对纷繁复杂的社会环境，经历各种文化激烈冲击，难免会产生心理困惑。长

期以来，高校的学生管理目标单一，一直存在着理想化倾向。在确立管理目标时，没有充分考虑整个社会的道德水平、大学生的年龄特征和接受水平等现实情况，而是"拔高"社会道德水准，试图把大学生的思想道德水平提高到理想境界，导致高校德育标准与客观现实明显脱节。学校德育课程千篇一律，统一的教育目标、单一的教育内容、模式化的教育格局，必然会削弱德育的实效。这就要求高校德育工作者不断探索新途径，研究新方法，拿出新举措，丰富和创新德育内容，以提高学生的学习兴趣和接受效果，增强学生管理工作的时代感与实效性。

三、现行高校学生管理模式陈旧

1.高校学生管理工作方式陈旧

长久以来，我国高校学生管理工作遵循传统的管理模式，工作内容只停留在基本的事务层面，管理体制古老陈旧。在对学生进行管理的过程中，学校的管理者占据主导位置，而学生处于服从学校领导管理、听从学校教师安排的位置。这对学生自身潜能的发掘造成了阻碍，同时还会导致学生处在被压迫、服从的状态，这既培养不了学生自主学习的技能，又会使学生失去学习的动力与自身的主导地位，从而对学生在未来的学习成长中造成严重的影响。因此，高校的学生管理思想要随着社会发展的形势变化适时进行改革，为现代学生的成长学习开创一片广阔的平台与天地。

2.高校学生管理工作体制落后

当前，我国大部分地区的高校学生管理模式陈旧，学生表面上服从安排，内心却充满反叛与不满，依旧会出现我行我素的行为。另外，在多元文化的冲击下，各种迥异的价值观取向、新颖的文化潮流对学生产生了不可忽视的影响，这会与学校的传统管理模式产生对立。因此，高校的管理体制必须随着社会文化的发展进行改革，从而给现代学生创造一个平等和谐的成长环境。

3.探讨高校学生管理工作的策略

（1）改革高校学生管理工作理念。在对学生进行管理的过程中，管理人员不能通过自身职权压迫学生，要积极发挥学生的独立性、创造性、自主性等优点。管理人员应该通过情感和行动对学生进行感化和引导，积极参与师生互动，与学生建立起平等友好的关系，对学生实施人性化的管理。高校学生管理者必须树立起民主和平等的管理理念，要爱护关心学生、支持认可学生、理解尊重学生，积极创造平等和谐的师生互动氛围，为构建文明、民主的高校校园营造有利环境。

（2）支持学生参与管理工作。要体现出学生自身的主体地位，就要培养学生参与高校管理的积极性，这不仅能体现出学生的群体公共利益，也可以体现出高校管理的公平性。因此，学校应当努力倡导学生积极参与学校的管理工作，引导他们学会主动承担工作中应有的责任，同时对学生在管理过程中产生的民主理念进行优化培育，树立健康的人文精神。这不仅实现了高校管理的科学化、民主化改革，而且激发了学生自身的责任感和主动性，提高了学生积极参与校园管理的能力。

（3）优化高校管理工作环境和体制。从一个学校的校园文明程度能够体现出这个学校的道德规范、办学主旨、价值理念、学校的人文思想等每个层次的校园文化涵养。青少年正处在形成良好的世界观、价值观、人生观的成长时期，思想还未成熟，而高校是丰富文化潮流的交汇之地，所以要营造良好校园文化氛围。要优化高校管理环境，就需要强化各院系之间的联系，完善校园内的学生管理体制，推动校园形成平等和谐的校风和学风。

第六章 "互联网 +"时代高校学生管理的指导思想与准则

一、坚持以学生为本的工作理念

以学生为本，第一，开展学生管理工作时，在深入调研了解学生的基础上，一切从学生的实际出发，从学生的需求和愿望出发，想学生之所想，急学生之所急，帮助学生解决成长中遇到的各种问题。第二，充分相信学生、尊重学生的主体性，重视发挥学生的自我教育、自我管理能力，在教育过程中突出教师的主导地位、学生的主体地位。

现在的大学教育似乎是同向化教育，在此基础上辅导员的引导起到了至关重要的作用。大学教育不像小学、初中、高中教育，是灵活的教育、多变的教育，有些选修课可以根据自己的兴趣来学习。在兴趣学习期间，辅导员的管理成了一项艰难的工作，但是在管理中怎样坚持以学生为本应成为辅导员在以后教学与管理中的一个中心问题。辅导员的管理不再是笼统的，没有计划的管理，而是以学生为本，所谓的以学生为本就是从学生的实际情况出发，以学生成才为主。俗话说管理就是服务，作为辅导员应该想学生所想，做学生所做。班级作为学校的重要的组织机构，其建设的好坏直接关系到学校管理的成败，影响着学校的教学素质。以学生为本成为教学的重中之重，成为走进学生内心世界的一个重要因素。学生的造反、逃课等一些不良的习惯不是因为自己淘气，而是对应试教育的一种抵抗。所以在现在的大学中，辅导员是学校与学生沟通的桥梁，是一个牵引的绳子，也就是所谓的中间人。这就在辅导员的面前提出了主题：怎样坚持以学生为本。

1.理解管理的真正含义，实现教师与学生的互通

现在的学校，老师与学生不再是朋友，有些甚至是敌人，这是因为老师与学生的距离越来越远，沟通也越来越少，老师不能真正理解学生的实际意图，而学生更不能理解老师的良苦用心。在大学，辅导员相当于初中高中的班主任，而真正实现以学生为本的教学，就是从学生实际出发。真正的互通则是心与心之间的交流，而管理则是变相的服务。影响辅导员管理的因素有很多，其中有内因和外因之分。内因是辅导员需要赢得同学的认可，例如用博学的知识来赢得学生们的钦佩，有一种不服输的劲头，让同学和你一起奋斗一起学习，可以和同学打成一片，可以和同学心与心地交流，可以成为知己，成为朋友，成为一个倾听者。这些内因都可以实现教师也就是辅导员与同学的互通。而外因也有很多，如校园环境、管理结构等因素。在种种因素下辅导员的管理或许会有一定的困难，但是只要实现了沟通，实现了理解，那管理就是一件轻而易举的事了。辅导员的管理就是预测同学可能发生的事件而去提前预防，组织同学参加各种活动，增进同学之间的关系等。沟通成就未

来，沟通促进发展。

2.注重对学生素质方面的培养

以学生为本就是从学生的实际出发，在大学期间不仅要教导学生学习知识，更应该全面培养学生的良好素质，辅导员在这方面可以多加引导、指引。现在有些大学生注重学习，往往忽视了道德理念，辅导员就应该起到引导的作用，加强学生的思想道德观念，把学生培养成全面人才。从现在的大学生自身发展状况来看，当代大学生正处在世界观、人生观、价值观形成与发展的重要时期，这个时期大学生的思想、道德心理等方面都有一定的发展。在这段时期就应有辅导员的引导与教育来培养大学生正确的三观。现在不管是在社会上还是在生活上都很注重思想道德修养的培养。思想道德是一个社会的准则，所以大学期间更应注重它的培养。

3.在教学中要以学生为本

所谓的以学生为本就是把学生作为学校教育和管理的根本，就是时时处处把学生的利益放在首位，就是从学生的立场和想法出发来开展工作。但是以学生为本绝不是对学生的一味纵容和对所有想法的大力支持，也不是抛弃师生关系最基本最底线的道德要求和行为规范，以学生为本就是孔子所说的因材施教。这或许是最简单的解释。孔子所说的因材施教就应该根据学生本身来制定学习计划，这对于现在的教学来说是有些难度的，但是这个理念我们应该延续下去。中国学生应试教育做得很好，实际操作能力十分薄弱，其想象能力也十分缺乏。在现在的实际教学中，加强学生的动手能力和思维想象能力，才能培养学生成为全面的人才。辅导员要让大学生转变学习态度。知识是一个人成功的根本，学习是为未来投资积累。学习是真正的成功之母，是一个人成才的根基。但是现在的大学生认为考上大学就成功了，上了大学就浑浑噩噩度过了四年。转变大学生的学习态度才是关键，在大学里可学习的东西很多，可以让你充实地过完大学四年。在大学四年可以给自己设置一个目标，设置近期的目标、中长期的目标及远期目标。这些目标不能过大，要有一定的可行性，当你实现近期目标时就有信心继续实现下一个目标，这样不仅你在大学期间学到了知识，同时可以让你获得个人满足感及自信心。

在教学中，老师对学生不放心，生怕漏掉某些知识，所以把所有的东西都教给同学，每个课堂都满满的，没有给同学一点时间消化，同学就像填鸭式的被灌输知识，而课下就没有了探索，变成了一味的复习、做题，连实践的时间都没有，导致恶性循环。在此老师也应该多多思考，在教学中应使用设置情景式教学法。教学的方法有很多，例如设置情景式教学、以游戏的方式教学等。这些方法在教学过程中使用的同时要注意培养同学的自主性，可以使用同学相互教学法，在实践中培养自主性，这不仅是一个新颖的教学方式，同时也可以让同学体会老师，树立课堂观念。这使同学在独立思考的同时，可以相互学习，增强学习的热情。教学是一个相长的过程，同学在准备教学的时候会查阅很多资料，经过反复琢磨总结。这样的教学是有效的，是真正以学生为本。

4.开拓、挖掘学生的潜力

总的来说，教育是以关心、关怀、关爱学生的健康成长为目的的，作为辅导员应该密切关注同学的言行、感情、心理等各个方面，只有这样正确地为同学着想，才有助于以学生为本，构建和谐校园。在日常教学中应开拓学生的潜力，辅导员应通过日常的细微小事来发现和挖掘多数同学的不同才华，这样才会使每个人受益。现在强调的是素质教育，而素质教育并不单单只是学习，而是德智体美劳全面发展，这样才是一个健全的同学。

现在的社会需要的是有能力、有思想、有内涵的年轻人，那么现在提出的以学生为本的教学，是从学生的实际出发，来使整个社会更加和谐。辅导员的引导与教育，是推动这个方针持续发展的一个重要因素，而培养学生的潜力则是推动以学生为本的另一因素。

在这个日新月异的社会，大学教育已逐步成为普及的现象，大学生在大学的生活与学习已成为家长、老师的一块心病。这不仅使老师深思，也同样使社会深思，而现在提出的以学生为本的教学理念已成为一个开拓大学教育的新理念。辅导员在管理中要实现以学生为本，不仅体现在学习中，还应在生活中的各个方面，在以学生为本的同时可以挖掘学生各方面的潜力。

二、坚持整体论、系统论思想

高校学生管理系统是大学生成长成才的非常重要的系统，它又包括两个子系统，即思想政治教育系统和管理系统。思想政治教育系统包括以下诸要素，即：校党委办公室、宣传部、学工部、团委、德育教研室、马列部、基层各院系党总支、基层党支部，还有独立的或隶属于学工部的心理咨询中心。行政管理系统有校办、教务处、学生处、保卫处、总务处、网络管理中心、各院系行政部门等要素。有的人也把大学生的教育和管理系统称为"小三线"，即划分为三个系统，即指学校的教学科研系统、行政后勤管理系统和党团系统。笔者认为分为上面两个系统较为合适，其实"小三线"主要是思想教育和管理两个方面。所有上述内容直接或间接的要素组成一个整体，形成一个以学生工作部门为主体的，相互联系，相辅相成的大学生思想政治教育和管理系统。

1.高校学生管理系统的目的性和层次性

高校学生管理系统具有鲜明的目的性，其目的就在于根据一定时期国家对人才质量的要求，按照大学生思想的特点与行为的变化的客观实际以及高等教育的规律，运用马列主义、毛泽东思想、邓小平理论和"三个代表"的理论体系，结合伦理道德和现代化的管理手段来教育和管理学生，将各种教育管理力量，包括学生干部的自身内驱力，政工干部、行政干部和教师的外在力，学校和有关部门，社会和家庭诸方面的影响力等与学生密切相关的有限时间、客观环境、各种信息、各类活动等，合理地进行组织协调，使之发挥最大的效益，促使学生德、智、体、美、劳全面发展。

系统论认为系统具有层次性，就是说系统内部的要素是相互联系、相互作用的，这种关系和作用一般显示出有序的层次，系统的性能不单单同组成它的要素的性质有关，而且同它们之间的关联形式有关。大学生的思想政治教育和管理是一个大系统，由一定的要素组成，同时这些要素又是由次一级要素组成大的子系统。例如，一所学校所辖的党委宣传部、组织部、学生部（处）、总务处、教务处、校团委以及院系办、年级、班组、团支部、班委会都有不同程度的学生思想教育和行政管理职能。它们既是大学生思想教育工作系统的组成部分，又是各自隶属的子系统，而且它们之间的关系如何是决定整个系统发挥作用的重要因素。

2.思想政治教育和管理系统的整体效应

系统论认为任何系统都有整体性和环境适应性。整体性认为，作为一个系统，首先必须明确作为一个整体所体现的功能，系统中各个子系统的功能和它们之间的相互联系都要从系统整体的角度来加以协调和控制。环境适应性则认为，任何系统与各系统都存在于一定的环境之中，它必须与外部环境产生物质交换、能量交换和信息交换。环境和系统间的相互作用表现为由环境向系统输入信息、能量和物质，经过系统转换再向环境输出新的信息、能量和物质，经过系统转换，外部环境会影响系统的结构和功能。这在现实生活中表现为环境信息对大学生产生影响，内化为其思想，反过来再外化为行为，对外界产生反映，产生行动。为保证和形成系统的整体效应，必须按照系统的整体性和环境适应性原则的要求，来处理大学生思想政治教育和管理中的问题。

3.思想政治教育和管理系统的控制和信息传输

所谓信息控制，就是德育系统中控制者作用于被控制者使其按照控制者的目的而行动的过程。也就是说思想政治教育和管理系统中的教育和管理者通过多种形式，影响作用于受教育和受管理者，使其按照该系统的目标和要求健康成长的过程。

　　在高校大学生思想政治教育和管理系统中，也可以把教育管理的主体（政工干部、教师、行政干部），看成一个子系统，把思想教育管理的客体（学生）看成另一个子系统。这两个子系统之间相互影响、相互作用，目标就是为了培养有理想、有道德、有文化、有纪律的"四有"人才；这两个相关联的子系统中，教育和管理的主体（政工干部、行政干部和教师），称为控制系统；另一个是教育管理的客体（学生），称为被控制系统。要发挥作为主体的政工干部、行政人员和教师的工作积极性，提高控制系统的工作效率。他们是进行教育和管理的主体力量，他们的一言一行对学生的思想、行为的变化都起到潜移默化的作用；教师要发挥教书育人的主导作用。要培养、锻炼和发挥客体学生自我教育、自我管理、自我塑造、自我发展的自控力。

　　大学生思想政治教育和管理系统目标的实现，也就是说整个过程的完成，其实质是一个信息过程，是信息收集、整理、加工、传输、反馈的过程，是通过教育和管理与大学生之间的信息的交流与传递而实现的，在整个信息的传递过程中，有四个基本要素，即思想政治教育与管理者（主体），受教育与受管理者（大学生客体），思想政治教育与管理，信息源和信道（传媒）。首先，主体为了实现自己的教育目标，就要有目的地从信息源中收集相关的信息，经过自己的整理加工，通过一定的信道传输给客体，与此同时，客体也以不同的途径和方式直接学习或被动地接受信息源的信息。然后，主体要收集来自客体的反馈信息，并以此来调整自己的工作，在整个信息的传输过程中，都存在着外界的干扰。这些干扰有自然性干扰和人为性干扰两种。

　　主体是信息的传递者，它的主要功能是通过多种途径和方式排除干扰，有选择有目的地向受教育者传输德育信息。信息的接受者即客体大学生，应具有很强的信息接受和转换能力，具备听、写、读、观察、分析、辨别和抗干扰能力，明确接受信息的目的，掌握科学的接收和处理信息的方法技巧，与教育者关系融洽，心灵相通。信息的传输渠道，即信道，又称传媒。是信息传播的载体，它的主要功能是将信息不失真或者较少失真地传给客体。信息反馈是现代化管理的重要一环，在高校思想政治教育和管理系统中，它是不可缺少的基本要素。要使反馈的信息准确、及时、全面、有效，就必须建立纵横交错的、主体交叉的信息反馈系统。

　　4.大学生思想政治教育和管理科学模式的构建

　　高等学校实行的是在党委领导下的校长负责制，但党政职能分开，党组织不能包揽行政事务。大学生教育和管理体制的建立也必须服从这个总原则。同时，按照系统理论中的系统原则、整体优化原则、控制力量原则、信息理论原则等，可建立一个合理的大学思想政治教育和管理体制的系统模式。

这种体制模式着重体现了以下特点：一是它体现了校（院）长全面负责、党委保证领导和监督的总原则，从组织上彻底解决了过去存在的党委负责教育，行政负责管理，管教脱节、虚实分家的两张皮的问题，实现教育和管理一体化，党政工团齐抓共管。二是这种体制的系统模式有利于统一指挥和上通下达。统一指挥是建立在明确的权利系统之上的，如果权利系统的权利是合理的，那么依靠权利系统内上下级之间的联系所形成的指挥系统就能正常运行，也就达到了便于控制的目的。三是这种体制的系统模式中，从校长到学校，从决策系统、指挥系统到执行系统的运行是灵活的，不存在多头领导和中间堵塞现象，从执行系统、指挥系统到决策系统的信息反馈系统也是畅通而有效的。

三、"三贴近"

"贴近实际，贴近生活，贴近群众"是我们党宣传思想政治工作长期实践的总结，也是我们党的传家宝。高校作为培养人才的摇篮和宣传先进思想的前沿阵地，只有紧紧围绕"三贴近"这个核心不动摇，高度重视，认真学习并贯彻落实，才能更好地做好高校学生管理工作。

始终如一地坚持以"三贴近"为指导，贴近实际，贴近生活，贴近学生，就是要进一步加强学生管理工作在学校工作中的重要地位，以学生为本，以学生为中心，促进学生的全面发展。

1.搞好学生思想政治工作要坚持以"三贴近"为根本原则

高校学生思想政治工作要贴近实际，贴近生活，贴近学生，这是对高校学生思想政治工作的全方位、多层次要求。而在实际中，高校学生思想政治工作要真正做到"三贴近"，做好"三贴近"，真正体现"三贴近"的本质要求，有几条基本原则是需要贯彻的。

第一，解放思想，实事求是，与时俱进，开拓创新的原则。解放思想，实事求是，与时俱进，是我们党的思想路线。思想政治工作要做到"三贴近"，必须在学生管理工作中始终贯彻这条思想路线，推进思想政治工作的不断创新。贴近实际、贴近生活、贴近学生，就是要求我们把实际生活，社会实践放在第一位，作为思想政治工作的真正出发点。

第二，联系学生，服务学生，求真务实，力戒虚浮的原则。所谓贴近实际，贴近生活，贴近学生，其核心就是要以服务学生为出发点，始终与学生保持密切的联系。学院藏族学生党员的组织发展工作一直是学院学生思想政治工作的重点，在对其培养和使用的过程中，学院党委号召全体学生党员和学生骨干要做好同学思想工作，善于开动脑筋，当好指导员；遵守规章制度，配合老师，当好监督员；及时了解情况，总结汇报事实，当好信息员；帮助困难同学，深入学生生活，当好服务员；帮助老师谋策，提出合理建议，当好参议员；主动打扫卫生，养成良好习惯，当好勤务员；按照要求安排，认真搞好学习，当好辅导员；解除心理恐惧，勇敢面对现实，当好咨询员；配合党组织工作，积极响应号召，当好宣传员；临危不慌不乱，沉着冷静应对，当好指挥员。充分发挥基层党组织的战斗堡垒作用和学生党员的先锋模范作用。形成了党员带预备党员、预备党员带积极分子、积极分子带普通学生的层层贴近局面。

第三，积极引导和积极适应相统一的原则。贴近，从一定意义上讲，也就是适应。我们讲的引导和适应，是积极的引导和积极的适应，也就是我们的工作，要从现实出发，从学生的利益需要出发，在这个基础上提出我们教育、引导和提高的步骤和目标，制定我们教育、引导和提高的措施和方案。

2. 贴近高校实际，从高校实际出发

第一，要从高校所承担的政治职能出发。政治职能是高校最重要的职能之一，高校要向学生传播国家和社会所倡导的主流意识形态，并坚持用党和国家的基本方针政策开展教育。因此，高校学生管理工作首先要从党和国家的基本方针政策出发，从国家和社会所倡导的主流意识形态出发。具体来说，首先要密切注意党中央所要求的当下思想政治工作的重点，贴近当下的中心任务。所以，全体学生管理工作者要定期学习党中央的政策方针，领会当下的工作重点，保证学生管理工作不脱离正确的方向，不与上级的要求相左。

第二，要从高等学校思想政治工作的现实环境出发。高等学校思想政治教育环境可分为硬环境和软环境。硬环境指高校的硬件设施，如教学楼、实验楼、图书馆、学生公寓、仪器、设备、媒体网络和各种文体设施等。从硬环境出发就是要依托学校的硬件设施，充分利用学校的有效资源开展思想政治工作。比如利用学校的媒体网络资源进行网上思想政治教育，在网上设立虚拟社区、虚拟课堂等，让学生在不受教师影响和学生群体压力的状态下说出心里话，从而把握学生的真实思想动态，有针对性地对其进行疏导。再比如利用学校的各种文体设施经常举办一些有意义的文体活动，把思想政治教育渗透其中，在潜移默化中提高学生的思想水平。软环境指校园的文化环境，包括学校的校风、学风、校训、教学思路、教学体制、文化底蕴和学校建筑布局的美学、人文思想等精神条件。校园文化对学生的影响是循序渐进和渗透性的。因此，学校的校训有无概括性、警示性，校风有无文明性，学风有无进取性，学校教学思路有无灵活性，教学体制有无开放性，学校文化底蕴有无浓厚性，学校建筑布局有无审美性等，都是高校学生思想政治工作能否有效开展的软性基础。

第三，要明确学校教育的特性，从学校教育的实际特点出发。学校教育与家庭教育和社会教育的最大不同是学校所进行的各种教育都是有组织、有计划、有步骤的，而且学校主要进行的是理论教育。这一特点决定了学校思想政治教育的方式主要是进行系统的正面理论灌输，目标是帮助处于世界观、人生观、价值观形成和逐步稳定时期的青年学生形成正确的政治观点、思想观念和道德意识，形成正确的道德判断和行为能力。因此，从学校教育的实际特点出发贴近高校实际，政治课教师首先要做好正确的正面理论灌输。列宁在《怎么办》一书中详细论证了"灌输"原理。他认为："工人本来也不可能有社会民主主义的意识。这种意识只能从外面灌输进去，各国的历史都证明：工人阶级单靠自己本身的力量，只能形成工联主义意识。"而且根据人们思想政治道德品质形成发展的规律，需要进行反复教育才能取得一定的效果。目前高校的思想政治理论课一般安排在大一和大二，以修满学分的形式结课。这种方式违背了人们思想政治道德品质形成发展需要反复教育的规律，大多数学生在拿到学分后便将教材扔到一边，头脑中的基本理论也所剩无几。等到大四毕业，除非要考研，否则没有人会再去浏览政治理论书。所以，现今的高校政治理论课教学亟须改革：整个大学阶段都应开设政治理论课，大一、大二进行基本理论教育，大三、大四要结合实际帮助学生运用所学理论分析政治现象和社会问题。只有这样，高校政治理论课才有效。也唯有如此，高校思想政治工作才能做到符合学校教育的特点，贴近高校实际。

3.贴近大学生活，从学生现实生活出发

高校学生生活可以简单分为课堂生活和课余生活。从学生管理的角度讲，如果说课堂生活主要解决学生的认知问题，那么课余生活就主要是解决如何促进学生的知行转化问题。贴近高校学生生活主要是指贴近学生的课余生活。高校学生课余生活首先集中在寝室，即宿舍生活，其次是食堂，最后是娱乐场所。

第一，要贴近学生宿舍生活。一般高校均采取流动教室的做法，各专业学生没有自己的固定教室。宿舍是高校学生经常滞留的地方，宿舍生活构成高校学生生活最重要的一部分，对高校学生思想政治品德行为的形成具有潜移默化的作用。因此，贴近高校学生生活首先需要从贴近宿舍生活入手，把思想政治工作渗透到日常的宿舍管理和宿舍文化建设中来。随着我国教育改革的推进，各高校逐渐推行宿舍管理社会化的做法，把宿舍楼交给独立运行的物业管理中心来管理。这给在宿舍开展学生思想政治工作带来了新的情况和问题。在物业中心制订宿舍管理规定的时候，高校学生处和各年级辅导员等相关高校学生思想政治工作者应参与其中，把思想政治工作的具体要求固化到宿舍管理规定中来，同时各年级的政治辅导员要协助宿舍楼长和管理员做好宿舍卫生的检查和评比工作，要在宿舍文化建设中发挥主导作用。

第二，要贴近学生食堂生活。高校学生一日三餐的时间一般在食堂里度过，食堂是除宿舍之外高校学生又一经常集中和滞留之处。思想政治工作贴近食堂生活也具有重要意义。或许是为了管理的方便，一些学校的食堂一般会有高档菜、中档菜、低档菜等有等级差别的标识语。这与我国建设和谐社会的大背景不相适应，学生生活水平（反映家庭生活条件）的差距在食堂里很明显地显露出来。如果人为地将食堂饭菜进行等级划分，这给不同生活水平的同学造成不同程度的影响，尤其会给大一新生（在按阶段划分的角度上，大一和大四学生是高校学生思想政治工作的重点对象）造成不适感，这会影响整个校园生活的和谐度。所以，贴近高校学生食堂生活，应从此类细微处抓起，利用环境对学生思想政治品德的渗透性，为学生营造积极的环境，避免消极的环境影响。

第三，要贴近学生娱乐生活。高校学生的娱乐生活丰富多彩，既有多种传统的文体娱乐活动，也有新兴的现代都市娱乐活动。传统娱乐活动一般包括跑步、打球、游泳、旅游等活动，现代都市娱乐活动一般指伴随信息时代的到来而出现的网上娱乐、歌舞厅娱乐等活动。在传统娱乐活动中，要注意进行诚信合作与公平竞争意识的渗透和培养，以适应我国逐步推进的现代民主政治建设；而在新兴的网络娱乐活动中，要注意网络道德的渗透和培养。

4.贴近学生思想，从高校学生思想实际出发

贴近学生思想就是要准确把握高校学生的思想动态。对于不同年级的学生要针对其不同的思想发展状况采取相应的思想政治教育方法，选择相应的思想政治教育内容，并灵活选择思想政治教育时机。

以大学一年级的学生为例：

大学一年级学生的思想状况一般呈现以下特点：第一，不适应感。大多数学生是第一次远离家乡来到一个陌生的城市，对新环境的生活除了欣喜和好奇之外，更多的是不适应，包括不一样的饮食习惯、语言风格和生活习俗等，尤其是与中学完全不同的学习方式。第二，挫败感。升入大学的学生，尤其是考入重点大学的学生在高中时代多是精英，他们习惯了傲视群雄，但进入大学以后，因环境和竞争对手的改变，以前的优越感便找不到了。第三，孤立感。由于来自五湖四海，彼此不

了解，加之习惯的不同，新的同学关系的建立需要一个过程，在此期间就容易感到孤独，主要表现为和高中同学、朋友和家人联系比较频繁。第四，强烈的学习动力和热情。高涨的学习热情不仅表现为课上积极讨论，也表现在课下积极参与各种社团和活动。第五，学习的盲目性。由于生活内容的多样化，很多学生一时找不到学习目标，往往以娱乐代替学习或者把精力全部用在了课外知识的学习上，这往往导致部分学生期末考试不及格。在对大一学生开展思想政治教育时，必须结合上述思想特点，有针对性地进行新环境的适应性教育、大学学习方法指导、大学生生活规划教育等，以促进大一学生尽快融入大学生活，减少各种心理问题的产生。

5. 完善对学生的管理、指导和服务，要以"三贴近"为根本宗旨

实际工作中，我们始终坚持以"三贴近"为根本宗旨开展工作。几年来，我们努力实现了就业指导工作的三个转变：即由阶段性向全程性转变、由管理型向服务型转变、由单功能向多功能转变。并在机构、人员、经费、场地等方面给予有力保障，引导学生正确认识困难与问题，解除学生心理压力，保证了学校的稳定发展和学生顺利成才；在服务上，我们提出了"心入、情入、投入"口号，想学生所想，急学生所急，切实为他们解决学习、生活、思想中的困难问题，力求把工作做深、做细、做扎实。

贴近实际、贴近生活、贴近学生，是高校学生管理工作的一条历史经验，是高校学生管理工作所应遵循的一个基本方针，也是高校学生管理工作增强针对性、实效性的根本保证。今天，在新的社会历史条件下，站在新的历史高度，从新的、更加开阔的视野来认识研究这个问题，并使这一方针以更为丰富的新内涵在高校学生管理工作实践中得以贯彻，对于高校学生管理工作适应时代要求和实践需要不断创新，具有重要的现实意义。

第七章 "互联网+"时代国外高校学生管理模式及经验借鉴

第一节　模式分析

一、美国多元扩展的高校学生管理模式

经过长期的摸索实践和调整改进，美国高校学生事务管理已经具备了明显的专业化特征，学生事务管理人员也具了有较高的专业地位和职业声望。完善的专业训练、明确的专业标准、丰富的专业内容以及众多的专业协会等构成了美国高校学生事务管理专业化的重要标志。充分认识和了解美国高校学生事务管理专业化的概况对于当前我国高校学生工作专业化建设具有一定的借鉴意义。

1.完善的专业训练

在高等教育日益国际化的今天，学生的跨国交流和海外留学已成为一种趋势和潮流。学生选择高校除了考虑所在国和地区经济、政治、文化和地理等方面的优势而外，也十分关注该校的学生事务管理工作成效和相关人员素质。因此，美国高校学生事务管理的遴选用人有着一套严格的资格准入制度和完善的专业训练体系。美国高校学生事务管理人员的聘任和提升都有着明确的要求和程序。在美国高校，申请进入学生事务管理领域的相关人员首先需要具有心理咨询、职业指导、学生事务管理、学生发展等方面的硕士学位。取得相关专业的硕士学位学历是进入美国高校学生事务管理的最基本门槛。学生事务管理人员若想取得学校中层的管理职位还必须拥有相关领域的博士学位。据美国全国学生人事管理者协会（National Association of Student Personnel Administrators，简称 NASPA）1998 年的抽样调查显示，不同类型美国高校的 1045 名学生事务管理人员中有 56% 的人员已经取得或正在攻读相关博士学位。在这些已经取得或正在攻读博士学位的人员当中，有 78.8% 的人员在中等规模（注册学生人数在 5000 至 14999 之间）的高校就读过。

为了满足高校学生事务管理的职业要求，美国高等教育为这一职业领域提供了较为完备的职前和在职专业培训。在美国，每个州都至少有一所大学开办高等教育学生行政专业，为高校学生事务管理培养专门人才。美国高等教育博士学位的培养计划也设有专门针对高校学生事务管理的培养方向。由于学生事务管理是多学科交叉的研究领域，所以美国高校学生事务人员的专业训练内容从应用管理理论到一般的社会学常识都有所涉及。在这些交叉学科当中，又以教育学、心理学、管理学

的相关专业背景为主要内容。美国的高等教育博士课程通常会提供很多专业课程供学生自由选择，将近75％的专业课程设置包括这两个方面，即学生事务管理和公共管理。其中，有三分之二的专业课程是关于学术管理或社区学院管理方面的内容。在这些专业课程当中，有近一半的课程集中于学校课程及其结构、教学和成人教育，另外1/4的课程则特别强调高等教育基础、历史以及财会管理的学科背景。此外，又有25％的课程设置是专门介绍提供关于校园规划和国际高等教育等方面的信息。美国学者 Delworth 和 Hanson（1989）认为："学生事务博士课程的核心应该是培养'一种研究能力'以及能够准确地理解和把握学生事务中的'职能定位'。这些职能定位应该包括行政事务管理者、咨询者、学生发展教育者以及校园生态系统的管理者。"此外，他们还指出专业领导力（leadership in the profession）问题也应当成为学生事务博士教育的关注焦点。针对学生事务人员的专业训练问题，美国学者 McEwen 和 Talbot（1998）则进一步指出："研究力和领导力问题是区别美国高校学生事务领域的博士学习和硕士教育的重要纬度。"同时，还特别强调了"学生事务领域博士课程的目标就是培养和发展专家型实践者或学术型实践者，同时对于某些博士课程而言还应该发展其个人的领导力以便能够担任该领域的领导职务"。由此可见，专业领导力是美国高校学生事务管理专业训练和专业培养的核心所在，同时也贯穿于美国高校学生事务专业博士学位教育的整个课程设置当中。

美国学者 Beatty 和 Stamatakos 提出的六个方面的能力要求，即理论能力、学术能力、功能能力、转化能力、环境能力以及人际关系能力。具体而言，理论能力就是指对于学生事务管理所赖以依存的历史的、哲学的以及相关理论方面的基础知识有着较深的理解；学术能力是指通过质询、评论性阐述、调查、研究和写作，提高和发展自己的学识水平；功能能力强调的是发展、保持和增强那些要以有效方式来履行所有简单的和复杂的职能所必需的技能和素养；转化能力是将学生事务管理的理论和哲学理念转化应用于实践的能力；环境能力要求的是能够很好地理解并有能力适应和形成学生事务管理所依存的各种环境；人际关系能力强调拥有能够与那些作为高等教育环境重要组成部分的主要委托人、同事和同行之间相互理解、引导、沟通并良性互动的能力。

2. 明确的专业标准

早在1939年，美国教育协会（American Council Education）发表的《学生事务管理人员的观点》就列举了美国高校学生事务管理的23点工作范围，如协助高中生填写大学志愿；提供诊断性协助，帮助学生了解自己的能力、性向和目标；透过学生的宗教、情绪、社交发展以及其他非学术性的个人或团体来帮助学生发挥其最大功效；主管学生的奖惩考察，以帮助个人得到最好的发展以及团体的利益也不会受到人为侵害等。第二次世界大战以后至 20 世纪 60 年代末这个阶段，美国高等教育达到了发展史上的"黄金时代"。在这期间，美国领先于世界各国最早跨入了大众化高等教育的门槛。同时，在高等教育进入了大众化阶段以后，几乎美国所有的高校也遭遇了一系列前所未有的管理难题和竞争压力。传统的"学院模式"已经难以适应招生规模增长所带来的种种变化，许多美国高校的内部管理陷入相当混乱的局面。美国高等教育这种"成功的危机"促使人们开始积极探索新的管理哲学和管理模式，发生了一场史称"高等教育管理革命"的变革。在这一变革过程中，美国高校学生事务首当其冲，制定相对完善并行之有效的专业标准，开始成为美国高校学生事务管理人员的关注焦点和努力方向。

1970 年，美国学者摩尔（Moore）提出了专业化的五条标准：（1）视职业为一项崇高使命；（2）需要特殊的、可持续发展的教育培训；（3）以服务为导向；（4）实践中拥有较高的自治程度；（5）从业人员拥有自己的专业组织。

这五条标准被广泛应用于美国高校学生事务管理的发展评价中，并在此基础上提出了美国高校学生事务管理自己的职业专业化标准，即：（1）从业人员对于学生事务这一职业领域必须有着强烈的认同感，忠实于它的职业理念和目标。它不应仅仅被视为个人职业生涯中的一份工作或进一步发展的跳板，而应该作为自己事业的终身追求（lifelong pursuit）；（2）具有专门的知识和技能，需要通过一定时期的严格教育才能获得；（3）以服务为导向，满足学生发展需要是学生事务领域的核心价值观，这就要求学生事务人员不断提升自己的知识结构和专业素养以满足不同学生的发展需要；（4）学生事务人员应该努力追求拥有更多的专业自治权；（5）建立完善属于自己的专业协会并要求全体学生事务人员能够积极参与其中。

在此基础上，美国全国学生人事管理者协会（National Association of Student Personnel Administrators，简称 NASPA）进一步提出了多达十八条的美国高校学生事务管理专业化的细化标准。（1）专业服务；（2）与学校的发展任务和目标一致；（3）有效管理学校资源；（4）保持良好人际关系；（5）协调好利益冲突；（6）拥有合法合理的自治权；（7）平等对待其他师生员工；（8）引导好学生行为；（9）健全信息调查机制；（10）充满职业自信；（11）加强学生情况的调研力度；（12）体现出专业水准；（13）有选择地促进专业实践；（14）发挥指导参谋功效；（15）清晰界定工作权限；（16）营造良好的大学氛围；（17）促进自身的专业发展；（18）及时评估工作绩效。

多年来，为了适应高等教育迅猛发展所带来的主客观变化，美国高校学生事务管理人员不断调整完善专业标准以便能够有效地维持自身的职业声誉。很多美国高校学生事务的专业协会和专业组织也积极提出了自己关于专业标准的清晰建议和实施方针。1994年，美国大学人事协会（American College Personnel Association，简称ACPA）提出了学生的学习是当务之急——学生事务的含义（Student Learning Imperative：Implication for Student Affairs，简称SLI），认为学生事务的任务就在于创造条件激励、鼓励学生把更多的时间和精力投身到课堂内外一切以教育为目的的活动中，并且成立以学生学习为导向的学生事务部门。此外，还特别强调了学生事务管理部门和相关人员在学生学习中扮演的重要角色。SLI的提出受到了美国高等教育界的高度关注，标志着美国高校的学生事务管理不再仅仅局限于非学术事务领域，开始出现学生事务与学术事务融合的新趋势。

随后，美国大学人事协会和全国学生人事管理者协会1998年又联合提出了学生事务有效运行的基本原则（The Principles of Good Practice for Student Affairs）。促进学生学习的完成已经成为美国高校学生事务管理人员的基本共识。围绕着这一目标，很多研究人员和相关的专业组织都提出了各自的专业标准。目前，美国高校学生事务管理普遍认同和广泛采纳的是美国学者Bryan和Mullendore提出的十条专业标准：（1）针对学生的多种需求制定合适的学习项目发展计划；（2）提高学生事务人员自身的专业发展能力；（3）利用多种手段获取、分析学生的相关统计数据；（4）发展并强化学习项目的创造性；（5）及时采纳来自学生、其他机构和职员的意见建议；（6）积极引导校园社区建设，鼓励学生参与各种选举活动；（7）加强应对各种突发事件的政治决策能力；（8）制定合理的经费预算并且能够利用多种渠道募集活动的相关经费；（9）促进学生事务人员自身对于不同环境的学习能力；（10）及时有效地评估、评价学习项目的实施效果。这十条专业标准有效促进、拓展了美国高校的校园服务以及关于学生的学习发展项目。"在过去的二十年间，学生事务的专业人士把更多的注意力放到了学生学习的发展性指导方面，并且也越来越意识到一系列关于学生服务、咨询建议、学术指导、国际教育理解、创造力培养以及毕业生人事准备项目的专业标准制定的重要性。"可以预见的是，还将会有更多的美国高校学生事务的工作内容被纳入到专业标准的制定队伍当中。事实证明，明确清晰的专业标准不但有利于美国高校学生事务人员自身素养的提升，也为美国高校学生事务的科学化、规范化建设提供了前提保障，进而提高了这一行业的职业声誉。

3.丰富的专业内容

随着招生规模的扩大和学生来源的多样化，美国高校的学生事务管理涉及了成人学生、残障学生、女性学生、外国留学生以及拥有不同肤色和来自多元文化背景的学生，甚至还包括在具有不同取向的同性恋者（LGBT）等。美国高校学生事务人员针对学生的不同情况，考虑到他们的学习类型、学习能力、学习动机以及心理——社会学特征等诸多因素，努力设置了较为合理有效的工作内容和服务项目。比如针对成人学员，学生事务人员根据其个人情况设置灵活多变的学习计划并为他们及其家庭成员安排一些社交活动以便尽快融入大学生活。针对女性和残障弱势群体，学生事务人员推动全体学员对校园弱势群体给予关注、理解以便为她们营造一个安全、和谐的心理空间和校园环境。

从整体上而言，美国高校学生事务管理的专业内容具有三个方面的功能：（1）引入功能，包括预备学院、招生、学生注册和日常记录、经济资助等基本内容；（2）融合功能，包括学生日常行为管理、纪律监察、学术咨询、健康教育、生活辅导、学生宿舍管理、餐饮服务、书店经营、学生组织管理、社团活动开展、宗教（教派）管理和服务、安全保障、医疗保健等日常内容，同时也囊括了一些特殊服务内容，如针对少数族群学员、女性学员、残障学员以及女同性恋、男同性恋、双性恋、无性恋者等特殊群体的特殊辅导和相关项目设置；（3）推介功能，包括就业指导、职业咨询、社区服务和校友事务等工作内容。需要特别补充说明的是，美国高校学生事务的专业内容并非仅仅停留在管理、服务、咨询和建议的表面层次上，事实上同样也包含了诸多用心良苦的教育引导和人格培养训练。国际高校学生事务协会2001年的报告《高校学生事务的角色》认为，学生事务和服务的提供基于一系列关键的价值观，包括个人主义、多元主义、包容、融入社区、对学生的高期望值、全球化视角、公民的职责、领导能力、符合社会道德准则以及学生自我的积极参与等。尽管这份报告代表的是全球学生事务价值观的趋势，但同时也集中体现了美国高校学生事务的价值观。有美国学者就曾提到："美国大学的'学生工作'始终贯穿着一条主线，那就是培养学生自我管理的能力。从宿舍的自我管理到自觉寻求心理咨询中心的帮助，学生心理及行为素质的提高，都有赖于学生与校方的积极配合。而每年一度的学生会选举，更是为学生提供了一个全面审视与评估校园生活质量的机会。当选的学生会干部，必须在他们的'选民'监视下实践其竞选的诺言。学生干部往往以批评校方而当选，以协助校方改进工作而完成其任期。……通过精心设计的各种'服务项目'，帮助学生通过自我管理及社团活动，提高他们的领导能力、交际能力、团队精神、合作精神以及在社会和社区中的主人翁姿态。"可见，美国高校学生事务管理的专业内容实际上是为了学生能够顺利踏入社会，扮演好未来的社会角色而做着许多看似微不足道实则必不可少的持续努力。这些努力不论对于个人，还是对于整个社会来说，都是极其重要的。

4.众多的专业协会

历史地看,美国高校学生事务管理专业协会是随着美国高等教育和学生事务专业的发展而逐渐发展的。1914年,关于学生事务职业指导的正式研究开始于哥伦比亚大学教师学院。初期成立的学生事务专业协会也仅仅局限于就一些关键性话题与公众进行沟通和对话。随着美国高校规模的扩大和专业化程度的日益提高,学生事务的专业协会开始增多,其职能范围也开始拓展。譬如,成立于1916年的美国全国女学监协会(National Association of Deans of Women,简称NADW)的最初使命就是为改善女学监的工作条件和工作地位服务。1956年,该协会更名为全国女学监和咨询者协会(National Association of Women Deans and Counselors,简称NAWDC)。1972年,该协会又更名为全国女学监、管理者和咨询者协会(National Association of Women Deans,Administrators,and Counselors,缩写NAWDAC)。为了能够更加准确地反映自身的工作范畴,该协会在1991年改为全国女性教育协会(National Association for Women in Education,缩写NAWE)。目前,该协会的主要使命转变为关注高等教育中的女性问题。

需要特别强调的是,由于大多数的美国高校学生事务专业协会仅仅是在法律上予以承认的非营利性合作实体,其日常运作管理基本上都是完全依靠内部协会成员自觉、自愿、无偿的帮助完成的。因此,各专业协会之间的竞争也是异常激烈的。目前,经过激烈竞争存活下来的专业协会都试图从一个方面或诸多层次尽力为协会成员提供专业教育和素养培训,从而提高和发展协会成员的专业技能和素质。具体来说,美国高校学生事务专业协会的职能大体上涵盖以下几个方面:帮助刚入行的新手在较短的时间内适应不太熟悉的组织文化和行政规制;努力为成员提供专业沟通的机会和交流的平台,鼓励他们就共同关心的问题交换意见并相互理解;每年定期召开一些特定议题的小组会议或学术论坛,使内部成员能有机会就专业问题进行交流和相互探讨;通过定期出版内部刊物的形式,为协会成员提供最新的专业发展信息和相关趋势;根据协会成员的意见反馈制定或调整相关的职业认证标准,进而影响相关的管理机构和社会公众等。由于美国高校学生事务的专业协会众多,日常运行也比较成熟,甚至有人说过,没有最好的专业协会,只有适合不适合你自身发展的专业协会。

据不完全统计,与美国高校学生事务管理相关的专业协会就多达数十个之多。目前,专业协会已经基本上涵盖了美国高校学生事务的所有工作职能范围。这从另一个侧面也体现出美国高校学生事务管理专业协会的成熟程度和完备程度。众多的专业协会不但有力地推动了学生事务专业理论的发展研究,而且也为每一位协会成员提供了难得的专业交流的平台和专业发展的机会。这些非营利性的专业协会团结凝聚了一大批志同道合的学生事务人员，使得他们的专业归属感不断得到强化。同时，美国高校学生事务的认证标准是由这些专业协会建立的。为了能够有效帮助相关机构评估、研究、评价和推进美国高校学生事务的发展，由23个专业协会组成的协会联盟即美国高等教育标准发展理事会（Council for the Advancement of Standards in Higher Education，简称 CASHE）就专门出版公布了《CAS 标准和方针（CAS Standards and Guidelines）》。基本上，每一个美国高校学生事务专业协会组织都公开出版或发行一种主要的刊物。比如说，美国高校学生事务专业协会组织美国高等院校人事协会（ACPA）拥有《高等院校学生人事杂志》，全国学生人事管理协会（NASPA）出版的是《全国学生人事管理者协会会刊》。美国高校学生事务众多的专业协会组织和相关专业协会组织出版发行的专业刊物已经成为美国高校学生事务专业化的显著标志和积极推动力量。在某种程度上，我们甚至可以认为这些众多的专业协会事实上已经并将持续发挥着其独特的"蝴蝶效应"，以自己看似微乎其微的力量推动着美国高校学生事务专业化的整个历史进程。这种"蝴蝶效应"也受到了国际高等教育界的广泛关注。越来越多的国家和地区也组建了相关的高校学生事务专业协会，各国和各地区专业协会之间的交流与合作日益频繁和密切。因此，在某种程度上可以说，建立并完善相关的专业协会已经成为世界范围内高校学生事务发展与变革的显性潮流和必然趋势。

5. 几点启示

由于各国国情不同，各校校情多样，因而其高校学生管理模式也有自己的个情。但是，透过对美国高校学生事务管理专业化概况的解读，我们不难发现其中拥有一些共性的东西。

首先，应给予我国高校学生工作恰当的评价。国内有一种观点认为学生管理在高等教育可有可无，甚至主观臆断西方大学几乎没有学生管理人员。其实，高校学生事务管理一直就是美国高等教育不可或缺的重要组成部分。当然，美国高校学生事务从其诞生的那一天起就经受着人们对它在高等教育地位的种种争议，甚至一度有人主张将其废除。美国高校学生事务管理的生存危机在20世纪50年代前后，即美国高等教育迈进大众化阶段的门槛之时达到了一个新的高度。为了应对高等教育大众化带来的影响，美国高校学生事务管理走上了专业化的发展道路。美国高校学生事务管理专业化的发展经历向我们表明：在高等教育进入大众化阶段之后，学校的管理将更多地完全依赖于受过专门训练的人才，管理人员将从专业教师中完全分离出来，学校的管理工作也开始由全日制的专职管理专家来担任。就目前我国而言，高等教育大众化带来的共性问题也已经逐渐显现出来。从这个角度来说，美国高校学生事务管理专业化的发展经验与我国目前高校学生工作专业化的发展有着极大的相似性。同时需要特别指出的是，虽然国外高校尤其是美国高校学生事务管理的专业化早已开始并且也取得了相当多的发展经验，但在借鉴这些国外高校学生事务管理经验的过程中，我们不能过于美化、神化它们。在这里，同样以美国高校为例。20世纪90年代美国政府为了打击校园吸毒和暴力行为，对那些携带武器或毒品（和某些药品）的学生作停学或退学处理。这就是美国校园所谓的"零容忍"规定。2007年4月，发生在美国弗吉尼亚理工大学造成数十人伤亡的恶性校园枪击事件就从一个侧面反映了美国高校学生事务管理发展中存在的严重问题。由此可见，每家都有一本难念的经，每个国家也有着自己特殊的情况。透过对美国高校学生事务管理专业化概况的了解和借鉴，不但有助于我们更加客观地评价我国高校学生工作的发展现状，而且也更加坚定了我国高校学生工作走专业化发展道路的信心和勇气。

其次，应准确把握国外高校学生事务管理的基本内涵。国内有学者主张用美国学生事务管理的方式完全取代我国目前的高校学生工作。笔者并不认同这一观点。诚然，美国高校在世界高等教育中享有盛誉，但这并不意味着其学生事务管理就完美无瑕。我们需要借鉴的不是所谓时髦的"话语"，要深入把握其发展脉络，走自己的发展道路。其实，不论是美国高校学生事务管理还是我国的高校学生工作，在很大程度上都是属于思想文化的范畴。思想文化不同于纯粹的经济和科技发展，它有民族、价值观的差异性，可以借鉴但绝对不可完全复制或照搬。所谓思想文化"共同适用的统一发展模式是不存在的。近几十年的经验充分表明，任何发展模式都不是普遍适用的，也不能推广，无论从地域还是从时间上将都不能推广"。我国高等教育的发展历史也一再证明，任何模式的照搬、套搬都是行不通的。目前，美国高校的"学生发展"理念和实践模式在很大程度上也就是要求学生事务管理人员由传统的纯粹管理者、服务者向教育者角色转化，尤其是要承担学生品格教育的任务。特别需要值得一提的是，2006年3月，美国全国学生人事管理者协会（National Association of Student Personnel Administrators，简称NASPA）举办的2006年学年会议就特邀美国国务卿赖斯作为大会的主题发言人。由此可见，西方高校学生事务人员同样承载着国家意识的教育任务，并非有人凭空想象的那样与政治毫无瓜葛，只不过他们用更为专业的方式掩盖了意识形态的教育内容。这种做法也应该成为我国高校学生工作专业化的重要借鉴内容。国内部分学者打着"学生自治、学生自主"的旗号主张我国高校学生工作放弃思想教育转而学习西方所谓的"纯粹管理"，显然这是对西方高等教育管理认识的不足。因而，我国高校学生工作不能只是承担其日常的管理职责，更应该理直气壮地扮演好其教育的角色。

最后，应始终保持开放心态和革新意识。美国高校学生事务管理从其诞生的那一天起就倍受争议。但美国高校学生事务管理事业愈挫愈坚，愈发充满活力。这是因为，美国高校学生事务管理凭借其革新意识与美国的现代化进程和高等教育发展一起成长壮大，逐渐确立了自己不可替代的地位。美国高校学生事务管理人员凭借其开放心态和革新意识，把握住了社会变迁脉络和高等教育发展趋势，以自身实力向世人证明高校学生事务管理不是去留的问题，而是如何更好发展的问题。当前，随着我国社会转型，高等教育同样处于变革时期。但不管如何变化，我们都应该始终保持开放的心态和革新的意识。

二、日本共识式的高校学生管理模式

日本高等教育在全球教育体系中占据着重要地位，其国内高校的学生事务管理工作也颇具特色，并形成了相对完善、成熟的体系。

1.日本高校学生事务管理的组织结构

在日本，学生事务管理一般被称为"学生支援"或"学生生活支援"。在国家层面，具体负责实施国家层面的各项学生支援业务。而在各大高校内部，则设立学生部（学生处），配有专职的人员，面向全校学生服务。日本东京农工大学学生事务管理结构具有代表性，可以通过其组织架构对学生部进行了解。

同时，作为内外事务混合型模式的典型代表，其学生事务管理工作是由校内和校外两部分组成的——学生部以及消费生活协调组织等群众组织。

2.日本高校学生事务管理的主要职能

相较于欧美其他国家，日本的高校自行设置学生管理机构，学生管理机构由校内和校外两部分组成，两者职责不一，呈现互补关系。其中，学生部是"在校园生活中，对学生个人或团体活动提供各种服务，以促使学生形成丰富人格，达到自主发展的管理组织"，对学生的服务涵盖了职业指导、健康管理等。校外部分指的主要是消费生活协调组织（即"生协"）等群众组织，该部分承担学生的食宿等生活后勤服务。政府对高校的后勤服务部门实行免税或低税政策进行支持。通过校内外相互补充的方式，日本高校实现了高校学生事务管理组织的三种重要功能。

而就具体的工作职能而言，为学生提供日常生活与学习有关的各种资讯，是日本高校学生事务的工作之一，并且具有重要地位。2007年，日本专门以独立行政法人日本学生支援机构的名义发表了《关于充实大学学生资讯的策略》，针对开展学生咨询的重要性、咨询体系的建立等方面提出了相关构想。而进入到21世纪后，由于毕业生就业问题日益突出，日本高校的学生支援部门也对此做出了回应，表示要加大对学生就业方面的援助力度。以日本东京农工大学为例，其在大学部之下除设置了一般意义上的学生服务事务处外，还另外增设了专门的职业中心事务处。其中设置的毕业生就业支援事务组主要就是应对毕业生就业危机。日本高校学生事务管理的职能体现着规范与服务的双重特色，学生部在为学生提供服务的同时，也注重教育和规范的渗透。例如制定规则对学生校园集会等活动进行规范和引导。

3. 日本高校学生事务管理的队伍建设

日本高校从学生事务管理工作的专业化发展角度出发，在工作人员的选拔、流动及培训等方面建立了专门的工作流程和规范，以确保工作人员的职业水准。

（1）从业人员准入。在日本，从事高校学生事务管理工作的人员基本要求本科以上学历。各个学校根据各自的实际情况建立了非常规范的考试制度和参照标准。例如在招聘笔试中，只有笔试和面试均通过者才有可能进入学生事务管理队伍。具体情况根据学校性质的不同而会有所区别。国立大学或者公立大学的招聘程序就要复杂得多。求职者在通过地区性统一考试之后，才有资格参加心仪大学自身举行的考试，两次考试均通过者才算应聘成功。

（2）从业人员培训。对于新从业人员，一般在上岗前，会有一个集中研修期，相当于我国的岗前培训。培训的时间每个学校不尽相同，例如，早稻田大学为期是两个月，而东京大学是三个月。从业人员被正式招聘后，日本高校会对他们进行定期的培训，并制订了详细的文件规范与制度保障。鉴于日本培训注重体系的完整性特点，在不同的阶段，培训会有不同的要求。由此可见日本在培训方面的系统性以及专业性特点。

（3）从业人员流动。在日本，各个大学会以正式用工的形式雇用从业人员。大学内从事学生事务管理的人员，和其他应届毕业生相比，由于起薪基本一致，只要通过个人努力，福利待遇将会随着年龄资历等稳步得到提高。正因为如此，所以其从业人员对于自身的发展道路以及个人前景较为明晰。另一方面，日本学生事务管理的从业人员一旦进入到管理队伍中，即使有轮岗制度的存在，也很难流动至学校的其他体系中。基本上算是一种体制内的流动。因此，管理队伍相对而言较为稳定。而这一点对于学生工作的连续性和稳定性是会产生较大影响的。日本学生管理队伍的稳定性从另一方面也促进了其专业化建设以及管理工作的推进。

4. 日本高校学生事务管理的特点与启示

在高等教育规模扩大的时代背景下，学生事务管理的专业化发展是日本高校的必然选择。专业化的学生事务管理从业人员，为日本高校培养全面发展的高素质人才提供了很好的师资保障，而与此同时，日本高校对工作人员的高质量要求和规范性管理，为学生事务管理的高质量服务提供了条件。

（1）坚持以"学生为中心"。虽然日本在学生事务管理中并没有旗帜鲜明地提出自己所秉承的工作理念，但通过分析，不难看出，以学生为中心就是其最核心的理念之一，也是日本开展学生工作的直接指导思想。日本高校成立学生部的主要目的就是为学生的发展提供各种服务，就是期望通过为学生个人或团体活动所提供的各种服务，从而促进人才的全面发展。另外，日本高校学生事务管理非正常重视对学生的日常生活和学习进行咨询指导，2007年日本专门以独立行政法人日本学生支援机构的名义发表了《关于充实大学学生资讯的策略》，将高校学生咨询工作提到了极其重要的位置，其中对咨询老师提出了严格要求。

这不仅体现了学生在学生事务管理工作中的重要地位，而且赋予了学生群体实际权利，使学生的主体作用得到凸显。

（2）垂直管理的组织模式。为了便于进行学生管理和服务，日本高校一般都设有专门的事务局（处）。事务局内设有专门的大厅，由总服务台和分区域办公桌组成。事务局用于服务和管理所有学生（包括本科生、研究生），其工作内容包括入学、教学、日常事务、就业辅导、就业资讯、勤工俭学信息与指导等所有工作。院系一般不再开设学生事务工作部门。但是每个院系在事务局大厅都有一块办公区域，以区域办公桌的形式实现，用以处理学生事务。

（3）支援与教育并存的职能特点。日本高校的学生部在为学生生活提供各种便利和服务的同时，也发挥着对学生进行教育和规范的双重作用。突出发挥以支援为主并实施配套的教育活动，是日本学生事务管理的一大特色。在日本的学生事务管理中，教育的前提基础是支援工作，并成为支援工作的有力臂膀，二者形成互助，共同发挥功效。例如，就业支援中就开设有相关的职业课程，以及提供各类职业指导，不定期举办资格讲座等。这种支援与教育的相互结合方式是学生支援工作高效率完成的极佳保障。

（4）专业化和职业化的工作队伍。在日本，高校学生事务管理工作是一种专业化程度较高的职业。对于从业人员的准入、考核、培训、薪酬、工作职责、职业发展方向等都有明确的规定。从这个层面来说，有较高的福利待遇。正是这种队伍建设的职业化和专业化，奠定了日本高校学生事务管理工作高质量、高效率、高水平发展的基础。

三、英国高校学生管理模式中社会工作理念的融入

1. 社会工作的理念及工作方法

（1）社会工作的内涵。社会工作是指社会（政府和群众团体）以物质、精神和服务等方式对那些因外部、自身和结构性原因不能依靠自己的力量进入正常的社会生活的个人与群体提供帮助，使他们恢复社会生活能力，改善社会互动关系，提高社会生活质量，从而促进社会的良性运行和协调发展。该定义明确指出了社会工作的宗旨就是为有需要的人提供服务，帮助有需要的人实现其需求或解决某种问题。这种服务或帮助绝非一般意义上的施舍或怜悯，而是建立在一定价值观与助人理念基础上的专业服务，是社会工作经过长期发展，逐渐根植于社会工作者内心的价值观，这也是社会工作区别于其他助人工作的根本点。

国际社会工作者协会指出，"社会工作价值观的基础是建立在尊重人人平等，尊重人的尊严和尊重人的价值基础之上的，社会工作的实践一直强调满足人类的基本需要，发挥个人的潜能。"亦即，社会工作价值是社会工作专业或社会工作者基于社会公平、平等、和谐、公正的理想和人类基本需求的满足等而奉行的一套基本理念、态度及行为准则的总称。由此可以引申出社会工作的价值观或基本理念至少包括平等、尊重、发展、以人为本、助人自助等原则。

（2）社会工作的工作方法。在实际工作中，社会工作建立起了一套独特的专业工作方法，来帮助社会有需要的人解决各种问题。这套工作方法通常由个案工作、小组工作、社区工作等三种组成，实践中，这三种方法不是相互独立的，而是有机联系、自成一体的。其理由在于，任何一个个体与社会都是紧密联系在一起的，个体的问题也必然与社会联系在一起。因此，在解决其问题时，不能只就其问题的解决而终止，而必须放大到解决与其问题产生的各个层面上，包括个人、家庭、社会等方面，这也是社会工作在助人方面能取得较大成效的重要原因之一。

2. 英国高校学生事务管理工作的理念与模式

英国高校学生事务管理经历了从牧师关怀式的导师制到建立为学生服务的专业部门等过程，如今，英国高校学生事务管理以尊重学生、以学生为本等工作理念以及高度职业化、专业化和个性化为特色，受到了世界上许多国家的推崇。

（1）英国高校学生事务管理的理念

A. 以学生为本。英国高等教育坚守"以学生为中心""以学生为本"的办学理念与宗旨，致力于在各种层面上整合资源，通过营造宽松的校园自然、人文环境以及提供各种有效的服务等，来积极引导和促进学生的全面发展，进而实现自我发

展、自我提升的目标。近年来，国内许多学者前往英国高校考察，学习其先进的学生事务管理经验，其中，受到国内学者极为推崇的高校当属英国里汀大学。该校学生事务部下设 14 个处，分别是住宿处、就业指导处、心理及咨询服务处、考试办公室、学部办公室、国际事务处、学生信息集成系统发展与支撑处、学生事务部办公室、招生与学校联络处、学生注册办公室、学生财务支持办公室、残疾人事务办公室、扩大高等教育参与办公室和音乐处。这些部门的设计充分遵循"以人为本"的理念，所有部门之间相互联系、资源共享，实现了"一站式的服务"，大大提高了工作效率。整个工作程序简单、自然、通畅，学生得到学生事务服务就像到图书馆借一本书一样。

B.尊重学生。英国高校学生事务部门把学生作为独立的成年个体，充分尊重学生独立的人格、个性和权益，将学生视为有效开展学生事务工作的重要合作者或伙伴，确信学生自我教育在自我发展能力素质培养中的重要性。学校非常重视发挥学生的主体作用，主动倾听学生的声音，搜集学生意见，通过从学生反馈的意见中发现工作中存在的不足之处，并且将学生评价纳入其管理（服务）评价体系中。英国许多大学的章程明确规定，在学校的领导管理机构，如理事会、校务委员会、学术评议会等各级委员会都要设立学生代表席位，校学生会主席每个月要跟大学校长面谈，还要跟各个学院的关键人物面谈。比如，学生对某一事件存在不满，则在处理这一事件的过程中必须有学生代表参加，以保证学生的民主及权益得到充分实现，从而也使得这些机构在保障学生的权利方面发挥实质性的作用。

C.助人自助。英国高校非常重视学生的自我管理能力培养，确信学生具有这方面的能力以及素质。为了实现这方面的能力，学校创造了各种各样机会，提供给学生施展才能的平台，比如学校的决策、管理及其他各个层级都鼓励学生参与。这种自我管理和服务的形式主要通过学生会来实现，学生会的独立地位充分表明学校重视学生参与学校管理与民主自治，让学生在自我管理和自我服务中增强适应社会的能力。学生会有自己的报纸、广播、社团、俱乐部，并且经营各类商店、酒吧、咖啡馆、魔术吧、托儿所，为学生勤工俭学提供了很多机会。除此之外，还有自己的咨询专家、校车、基金，等等，自主组织民主集会。

通过提供这些方面的帮助，学生在实践中逐渐提升了自身的管理能力与解决问题的能力，最终实现助人自助的目的。

（2）英国高校学生事务管理中社会工作模式的嵌入

A.个案工作模式。为了达到更好的工作成效，英国高校学生事务管理工作中常常引入个案工作的模式，特别是在学生心理咨询服务、就业指导服务等工作中，设置了专门的机构,这些机构隶属学生事务工作部。机构中的工作人员一般都获得了相关的职业资格证书,通过了严格的行业认证,这些人员主要由心理咨询师、学习顾问、朋辈辅导顾问、心理健康顾问、国际学生事务顾问、负责协调的行政人员、项目官员等构成。大多数工作人员以全职为主,另有兼职人员及临时聘用为辅。这些专业的工作人员主要为在校本科生、硕士研究生、博士研究生提供一对一的咨询与治疗、朋辈辅导、一对一的国际学生辅导、学习辅导、就业指导服务与咨询、心理健康服务、团体心理辅导,等等。

通过个案工作的方式,帮助各层次的学生解决诸如人际交往、学业困难、社会适应、心理调适、生涯规划等问题,效果极为显著。

B. 小组工作模式。除了个案工作外,目前,工作坊的形式在英国高校学生事务管理工作中已经变得越来越流行。一般而言,工作坊是以一名在某个领域富有经验的主讲人为核心,10~20名左右的组员在该名主讲人的指导之下,通过活动、讨论与交流等多种方式,共同探讨某个话题,并就该问题提出解决方案,同时相互帮助,共同解决该问题。比如,在英国高校的心理咨询服务中心,每年在新生入学后均会为其提供多个工作坊,涉及包括如何管理时间、如何有效阅读、如何有效做课堂笔记、如何写论文、如何做好口头陈述、如何为考试做好准备,等等,从而帮助新生尽快适应大学学习与生活。除此之外,工作坊还涉及为教师和学校管理层负责人进行减压、为海外留学生提供心理咨询服务、帮助具有诵读困难、运动障碍、计算障碍和其他特殊学习困难的学生建立学习的信心等。实际上,工作坊就是小组工作模式中的一种方法,这种工作方法已被广泛应用于社会各领域,对帮助具有某一共同问题或困难的群体,促使其相互间密切联系、共同克服困难方面具有其他工作方式难以企及的优势。

C. 社区工作模式。英国高校学生事务的工作架构主要由三部分构成,亦即学生事务工作主体集中在学校,学院以个人导师制为必要补充,全国行业协会提供信息与资源的支持,这三个层次的机构间相互合作,形成了一个有效的工作架构体系。其中,学校、学院则以提供具体的服务为主,也就是说,其学生事务工作主要局限于微观领域与中观领域,全国行业协会以及社会其他方面的工作则是宏观领域的帮助,比如,提供信息和整合资源,为高校学生事务工作提供社会支持等。以英国高校招生委员会为例,这个与教育部没有任何行政、经济关系的民间机构,负责管理整个英国高校的本科生招生工作。他们为所有国内外申请入学的学生和所有高校提供服务,靠学生的申请费和大学的录取费为收入,不从政府拿一分钱,却能将整个英国高等教育招生的事情管理得井井有条。这点与社区工作的模式是一致的,社区工作就是致力于在整个社会层面，整合各种资源，构建良好的社会支持系统，促进社会共同关注，并共同解决问题。同样，高校不是完全的象牙塔，必须走出社会，与社会的方方面面发生这样那样的联系，这必然涉及社会资源、信息等方面的问题。因此，高校学生事务工作想要顺利有效地开展，同样需要社会各方面的支持，这就要求其转变工作模式，充分利用社会各种资源。

3. 启发

综上所述，英国高校学生事务工作的理念与模式无不与社会工作的理念与方法一一吻合，社会工作是一种完全以人为本的工作模式。英国高校巧妙地将社会工作的理念与工作方法嵌入学生事务工作中，从而使该项工作取得了卓越成效，并受到世界上许多国家的推崇与借鉴。

（1）转变学生事务管理工作理念。新形势下的大学生具有比较鲜明的个性以及逆反的心理特征，这就要求学生事务管理工作必须适应形势的变化，积极转变传统的工作理念。因为学生事务管理工作的主要对象是具有思想、有个性的广大学生，这就要求在工作中必须坚持"以学生为本"的工作理念，要充分尊重学生、平等对待每一位学生。积极引导学生树立自强、自立、自信的坚定信念，相信学生有能力处理好各种困难，并帮助其学会解决问题的方法，在遇到困难时能自我解决、自我管理和自我服务，实现"助人自助"的目的。同时，也要包容其不足并帮助其进一步完善，从而促使其实现个人的全面发展、提升自我。

（2）建立新型的学生事务管理工作模式。英国高校学生事务工作的实践证明，将社会工作模式引入高校学生事务管理工作中是完全可行的，且是具有较高工作成效的。高校学生事务管理工作不是独立于高校众多事务之外，也非游离于整个社会，而是与高校其他事务和社会的方方面面紧密联系在一起的。除了用各种条条框框的管理制度进行"法治"之外，更需建立多元化、全方位的工作机制，这样才能保证学生事务管理工作的有效运行。实际工作中，可以积极地将社会工作模式嵌入到学生事务管理工作中，运用个案工作、小组工作以及社区工作等方法，帮助学生、学校解决各种问题，最终建立"法治"与"人治"相结合的工作机制，实现学生事务管理工作又好又快发展。

（3）加强学生事务管理工作专业队伍建设。目前，高校学生事务管理工作队伍以思想政治教育专业的人才为主，其他专业的人才，尤其是社会工作专业人才较少，极不利于学生事务管理工作的开展。实际上，以人为工作对象的学生事务管理工作，更需要由多元化的人才结构组成，这样才能保证不同思想、不同理念、不同工作模式的相互融合、相互弥补，在工作中不断产生思想的火花与碰撞。更为重要的是，不同专业领域的人才，能给学生事务管理工作带来活力和生机。社会工作者秉承"以人为本""助人自助"等工作理念，同时具备了较强的心理咨询与辅导技巧以及专业的助人技巧和方法，对充实高校学生事务管理工作队伍而言，无愧为最佳的专业人选。因此，今后应进一步加强高校学生事务管理工作专业队伍建设，积极引入社会工作专业人才队伍，并建立健全的人事管理制度，确保高校学生事务管理工作专业队伍的专业化与职业化。

四、德国外部事务型的高校学生管理模式

德国十分重视学生自主管理在高校管理中发挥的作用，而且其强调一体化的资源共享管理模式，这种自由开放的管理理念和校园文化对我国高校的学生事务管理工作具有一定的启示。

德国高校的学生事务管理由两套系统和人员组成，分别为学术事务管理和学生事务管理体系，两大体系共同保证了大学的各项事务运作。

1.德国高校学生事务管理的理念

在德国，高等教育是以文化国家观为基础的，国家作为高等学校的创立者，需为学校的运营和发展提供必要的组织和经费保障，但是在学术事务方面，高校享有充分的自由，国家不能从行政角度干预高校的学术事务。

德国近代著名教育家洪堡早在19世纪就提出了"教与学的自由""研究与教学的统一"的高校发展原则，为今后很长一段时间高等学校的发展指明了方向，也明确了科学研究作为高校重要任务和高校学术自由的理念。大学教师在开展教学的同时，逐渐开始关注自由的科学研究，并将学术研究作为自己的重心工作。在这样的背景下，学生事务就开始逐渐从学术事务中分离出来。特别是一战之后，德国开始推崇建设研究型大学，学校的任务主要为科学研究和知识的传授，而对学生事务管理则以参与为主，各类由政府主导、社会承担的大学生服务机构日渐兴起。此后，这类机构一直承担着大学生非学术方面的各类事务。

2.德国高校学生事务管理的机构组成

在德国，负责大学生非学术事务管理的机构是德国大学生服务中心（Deutsches Studentenwerk），这是一个全国性的组织协会。目前，该协会在德国全国有近62个分中心，约有1.6万名员工。德国大学生服务中心的管理主张"一城一中心"，每个机构不止服务一所学校，而是负责一个城市内所有大学生的学生事务工作，所有的分中心服从"全德大学生服务中心"的统筹管理。该机构实行市场化的企业运作模式，其经费一方面由运营收入组成，一方面政府和社会也会对其进行补贴和资助。

该中心的主要任务就是为学生提供食宿服务、勤工助学和资助服务、心理和职业发展咨询服务等。中心覆盖了大部分的学生日常生活事务管理，一方面可以让学校从日常的管理事务中脱离出来，更加关注学生教学和科学研究；另一方面，可以整合社会资源，提高管理和服务的效率。由于中心按照市场化的运作模式经营，中心往往都可以获得一定的经济效益，也减轻了国家补贴教育的财政负担。

德国大学生服务中心的最高决策机构为董事会，董事会由学生代表、教师代表、校长代表、中心代表和社会知名人士组成，其主要任务是在其成员中选出合适的人物担任中心的管理委员会成员。管理委员会相当于中心的执行委员会，其主要职责是审核中心的章程、决定中心的重大事项，通过中心总经理的任命以及批准总经理提名的各部门负责人人选，并且有权质询和审议总经理的年度工作报告等。中心总经理是中心的最高行政长官，对管理委员会负责，下设人事、食宿、基建维修、勤工助学等机构部门，负责中心的日常运营。

3. 德国高校学生事务管理的职能和内容

德国高校大学生事务管理职责和内容主要包含以下几方面：

促进教育。受联邦政府委托，德国各大学生服务中心每年根据"联邦教育促进法"，向学生支付一定数额的贷学金和困难补助并设立特困基金，此外中心还要负责宣传"联邦教育促进法"并受理学生的申请。

心理咨询。在心理咨询方面，德国大学生服务中心主要做两方面的工作，一方面是日常咨询，另一方面是举办一些心理健康调适方面的讲座或是沙龙。与中国工作模式不同，他们不是"主动出击"而是"守株待兔"。他们会将咨询的时间以及讲座的内容通过网络或是宣传单放置在学生经常进出的食堂、教室门前。他们认为学生已经是年满18岁的成年人，有需求时会主动寻求帮助的，而且精彩的讲座和沙龙都是要收费的，当然费用对于学生是有优惠的。对于来咨询的学生，咨询老师只对其个人负责，不会去联系学生的父母，如果有严重问题会联系相关医院。

就业指导。德国高校开展就业指导善于充分利用各种社会资源，通过德国大学生服务中心进行整合，形成一个高效、规范的社会化指导体系。其中，政府在这个指导体系中起到主体作用，在政府职能部门中专门设大学就业协调组，利用社会资源和学校资源开设就业指导课程，帮助学生设计职业生涯、规划职业发展等。其次还组织社会力量开展招聘会或发布招聘广告，让学生充分了解就业信息，并指导学生根据其特点和工作岗位的需求应聘到相应岗位。

食宿管理。德国大学生宿舍都由大学生服务中心进行统一经营，中心还可以向学生推荐、联系其他渠道的住房。另外各大中心均设有学生食堂和咖啡厅，大部分的大学生选择在这里就餐。为大学生活动提供文体活动场所。绝大多数服务中心向大学生活动提供集体文体活动场所，场所的日常租借管理由学生组织自主管理，并在经费方面给予一定的支持。

高校也会单独成立学生职业生涯服务机构（Career Service），这个不属于大学生服务中心的职责范畴，而是属于大学直接管理，相关咨询工作也会与大学生服务中心进行合作。学生职业生涯服务机构已经成为连接学校与社会的桥梁，为学生提供就业上的多种指导和咨询服务。学生职业生涯服务机构会针对每个学生的价值观、职业技能、职业期望等方面进行评估，根据评估结果判断该生的个性、能力等特点，然后以此为依据提供涉及职业市场信息、学生个人职业定位、择业准则，面试技巧，求职培训及职业规划咨询等方面的服务，对学生进行就业辅导与长期的职业规划。

学校在每年开展招生咨询的时候，就会辅导学生根据自身的兴趣和特长进行相应的专业选择；新生入学后，学校会开设专门的课程，对学生进行职业生涯评估和设计；在学生毕业前期，学校还会开展相应的综合素质训练和职业能力培训课程，以指导学生尽快适应新岗位的需求。

在德国高校，大部分的学生从入学、职业规划、就业准备、职业定位等环节，都会接受到学校各种类型的职业培训和咨询服务。

学校开展的职业生涯规划的服务形式主要包含专家讲座、一对一咨询、心理素质测评、模拟实验、举办招聘会等。当然，这些活动并不强求学生参加，学生会根据自身的发展需要有选择地参加一些他们认为对自身发展有利的项目。这些培训项目有很强的针对性，比如一次针对演讲能力培训的项目，培训老师在讲解之后，会用数码摄像机将同学们每个人的演讲记录下来，现场分析，用这样一个生动的方式达到很好的效果。同样，这样一个Workshop通过学生的签名是可以用来计算学分的。

除了设立职业生涯服务机构外，德国部分高校还开设有职业咨询学专业，培养专业的职业咨询师，部分高校甚至还建立了职业咨询学科硕士点，足以看出德国高校对大学生职业发展咨询的重视。

4.德国高校学生事务管理的特色

学生积极参与学生事务的管理和决策，提倡学生自主管理，是德国学生事务管理模式的组织特色。

在学习方面，由于德国高校对毕业时间没有明确的规定，也不限制学生必须在几年内毕业，所以学生在课程选择和毕业时间管理方面都是自我负责的，而且学生还参与到专业的咨询机构中，由高年级学生向新生提供咨询和信息，指导低年级学生开展选课和课程规划等工作。同时德国课堂也强调师生互动，很多课程都是参与式的学习，而不是简单的老师灌输、学生接受等传统形式。

在生活方面，学生在学生事务管理机构中担任一定的职务，让学生通过参与到行政管理机构的形式实现自治管理。比如德国大学生服务中心15名董事会代表中有7名学生，下属机构中更是有近一半的职务是学生担任，任何有关学生事务的决策都需征得学生代表的同意。

德国高校大学生自主管理另一种形式是各类学生团体组织，其中规模最大也最具影响力的学生组织就是每所大学的学生议会。在德国，大学学生议会是完全独立的学生组织，拥有绝对的自主权，与学校的关系也是完全平等的。学生议会经常组织各类学生活动，也积极参加学校管理和社会活动。学生议会的议员每年由学生代表民主选举产生，议会的主要工作就是维护学生的权益，比如在对抗学校收取学费的过程中，学生议会就发挥了很大的作用，他们采用法律手段进行抗议，最终成功地让政府降低了学费收取标准。

除了学生议会外，诸如学生社团、外国学生会等学生团体组织也深入到学校管理的各个领域和层次，在大学管理方面发挥了积极的作用。

5. 启示

我国高校学生工作在促进学生全面发展的人才培养工作中发挥着重要作用。然而，随着社会经济的快速发展，我国高等教育也加速发展，高校实行后勤市场化、学分制、国际化等管理制度，以及就业方式从国家分配向双向自主择业的转变，使得学生面临着来自学校、家庭和社会多方面的压力。在这样的背景下，现行学生事务的管理理念与方式都面临着新的挑战与机遇，而德国学生事务管理可以为我国学生事务管理提供有益借鉴和启示。

（1）树立以学生为本、以服务促发展的管理理念。长期以来，我国高校学生事务管理队伍擅长对学生的组织管理和集体把控，但是以学生为中心的今天，不得不承认我国高校的学生事务管理队伍的服务能力和职业化程度仍有所欠缺。我国学生事务管理应以"学生发展理论"为依据，树立"以学生为本""以服务促发展"的理念，在前沿理论指导下更新工作理念。

（2）改善管理结构，提高学生事务管理效率。我国高校学生事务管理（学生工作）实行的是党委领导下的党政共管体制，这样的管理体制有利于提高学生工作在学校整体工作中的地位，也容易实现学生管理的全覆盖，但是由于是双重负责，容易因为多重领导造成管理资源的浪费，降低管理服务的效率。我国学生事务管理可根据自身特点，吸取德国经验，在仍设置两级管理机构的条件下，以垂直条状式管理为主构建学生事务管理体制，以促进工作效能的提高。

（3）提高学生在学校事务管理决策中的影响。目前我国校一级学生工作委员会主要由各部门党政领导组成，做出的决策有较大的局限性。发挥学生的自主管理能力，提高学生自主参与学校有关学生事务决策和管理的影响力，有利于增强学生的社会责任感，提高学生参与民主办学的意识，也更容易让学校管理者能在第一时间了解到学生的真实需求，使得学校的决策能真正让学生受益。

五、法国外部型学生事务管理组织模式

从高校学生事务管理与社会的关系、组织结构来看，法国高校学生事务管理模式因其高度社会化的特征成为外部型学生事务管理模式的典型代表。其学生本位、高度专门化的特点值得我国学生事务管理在科学转型过程中积极借鉴。法国高校学生事务工作强调以服务学生、实现学生个性化成长为核心的管理理念，以促进学生成长成才为管理目标，构建了围绕学生的一系列的相关服务项目。与此同时，法国高校学生事务管理的机构高度社会化与专门化，其设置和权限划分只在学校一级进行，针对"提供服务"的不同项目分划学生事务，分成若干相应的职能部门，处理特定的工作，提供特定的服务，分工合理，职责明确。

1.法国高校学生事务管理模式的形成背景

法国是个典型的中央集权制国家。法国高等教育受到本国政治文化和行政体制的影响，形成了一种独特的集权化与多样化共存的结构。这使得法国的中央政府对高等教育拥有管理、决策的权力，并通过计划、立法、拨款、监督等手段直接调控高等教育活动。经过中央集权与大学自治长期此消彼长的矛盾斗争后，法国确立了真正自治的大学，这对后来的高校学生事务的发展带来了关键性的影响。法国通过立法来保证高校享有充分的自由，国家不能从行政角度干预高校的学术事务，这为大学教师从事教学和科学研究提供了保障。因此，法国的大学仅仅从事教学和学术的活动。

基于法国大学管理体制的特点，学生事务逐步从高校事务中分离出来，不再由大学承担。作为教学和科研机构，大学的功能仅仅在于学术活动的界限内，其他的非学术活动，特别是学生事务则由社会化的服务机构来承担，仅在高校成立了作为在校学生与这些社会性服务机构间进行沟通和协调的学生事务管理联络办公室。于是，便形成了非常具有法国特色的外部型学生事务管理组织模式。由大学负责教学和科研，社会化机构承担学生事务为方式的法国高校学生管理，其积极意义在于

高校可以更加专注于教学与科研活动，免除了高校自身学生后勤服务的负担和责任，还在于社会化机构对大学生生活进行集中管理提高了工作效率，而且社会化机构的经费与全部经营活动受财政部与高等教育部的双重监管，财务制度更加严格规范。

2. 法国高校学生事务管理的机构组成及职能

在法国，根据国家立法的规定，学生事务管理是由教育部直接领导下的专门化的行政机构——全国大学生事务服务中心（Centre National des Oeuvres Universitaires et Scolaires，简称"CNOUS"）来负责，它成立于 1955 年，隶属于法国教育部，其行政委员会的成员由教育部长直接任命，属于有独立法人资格和经费自主权的公立机构，总部设在巴黎。它在各地方的分支机构——大区大学及学校事务管理中心（Centre Régional des Oeuvres Universitaires et Scolaires，简称"CROUS"）为各大学提供直接服务，管理上由克努斯（CNOUS）领导，定期向其汇报工作。

全国大学生事务服务中心（CNOUS）与各地区、城市的分支机构（CROUS）相互之间存在直接的隶属关系，仅在各个高校设立联络点。同时，有与学区划分相对应的 28 个地区性学生事务服务中心、16 个地方性学生事务服务中心及 40 多个分支机构，约有 1.2 万工作人员服务于全国 200 万学生。这些组织均属于非营利性的机构，管理经费除了自行筹集之外，还包括政府的资助和社会的集资。

在法国大学生事务服务中心（CNOUS）里，最高决策机构是行政管理委员会，委员会包括国家公务员、学生代表、员工代表、高等教育机构的校长或主任、地区代表、社区代表等，其主要任务是负责中心管理层人员的遴选、重大事项的决策、年度执行情况的审议和下一年度工作计划的制定等。中心主任代表中心签约，监督中心的服务，准备行政委员会的工作，并做决策；一个高级经理负责协助主任，监督管理单位的负责人，协调中心的行政管理。中心还下设人事、食宿、就业服务等机构部门，负责中心的日常运营。

3. 法国高校学生事务管理的职能

全国大学生事务服务中心（CNOUS）服务范围和内容大致包括两大方面：后勤服务与社会福利。

后勤服务。法国高校的后勤事务主要是由社会团体和企业来承担的，主要包括住宿和餐饮。法国大学一般不为学生提供住宿，而是由大学生事务服务中心统一经营，或者推荐、联系其他渠道的住房。目前法国学生事务服务中心能够为 15 万学生提供住宿，在 150 个城市拥有居所。在餐饮方面，中心在 150 个城市开设了

500多家餐厅，另外还有加盟餐馆300多家，学生凭学生证在这些餐厅就餐，可以享受到国家通过中心提供的伙食补贴。

社会福利服务。大学生事务服务中心为学生提供的社会福利服务内容比较多，具体包括：

第一，奖学金的发放。在法国，政府为大学生提供的奖学金都是通过中心来发放的；

第二，提供包括学业、生活、心理等方面的咨询。中心下设的咨询机构一方面是开展日常的咨询工作，另一方面是举办相关知识的讲座和沙龙，学生可以根据自己的需要自由选择参加。与我国工作模式不同，他们的工作是采用"窗口式"方式为学生提供咨询和服务，鼓励学生主动寻求相关服务和帮助。对于来寻求咨询的学生，咨询老师只对其个人负责，不会与学生家长沟通，如果存在严重心理问题的学生则直接联系相关医院就诊。

第三，就业服务。大学生事务服务中心的就业服务体系高效、规范和社会化。中心通过整合社会资源为学生提供就业服务，一方面利用社会资源和学习资源开设专业化的就业指导，帮助学生规划职业生涯；另一方面还为学生提供就业信息，并指导学生确定就业方向、就业岗位。

第四，提供社会保险和经济资助。大学生事务服务中心专门聘用了社会福利人员为学生提供各种社会保险，并为经济有困难的学生提供一定的经济援助。

大学生事务服务中心的工作基本上覆盖了学生日常生活事务管理，一方面可以把学生的日常管理事务从高校脱离出来，更加关注学生的教学和科学研究；另一方面由于社会化的运作机制及学生导向的服务原则，大大提高了管理和服务的水平和效率。同时，中心有独立经营自主权，财政上自负盈亏，完全按照市场规律运作，这不仅可以获得一定的经济效益，还可以使高校省去为提供服务所需的人力成本。

4.法国高校学生事务管理模式的特色

（1）机构保障法制化。在法国，法律依据一直是学生事务管理的显著特点，学生事务管理是通过立法来确定管理机构的。1955年，法国政府以法令的形式重组了大学生社会服务部门，并确立了国家与大学区学生事务管理中心，具有公立行政机构的地位。1987年至1996年的十年里，法国政府先后七次出台或者修订了大学生社会服务的相关的法律法规，这些法律法规对中心职能、组织结构、财务运转、人员待遇、代表构成等都做了详细的规定，为中心的发展提供了法律保障。同时，法律法规也明确了政府对中心的监管机制，例如财务要接受财政部和教育部的双重监督，财政监督员可以随时进行检查。

（2）学生服务社会化。全国大学生服务中心针对学生的各种服务是由社会团体和企业来承担的，财政上实行自负盈亏，这样，服务质量和效率成为能否立足和发展的关键，因此中心有一支业务素质强、专业化的服务队伍是提高工作效率和服务满意效果的保障。对学生而言，享受社会化的服务，会比由学校垄断下的服务更具竞争力，而且，学生必须走出校门，才能获得各种服务，无形中加强了学生与社会的联系，使学生能够较早地接触社会与认识社会，培养他们的社会认知和自我生存能力。

（3）学生参与制度化。学生参与是为了体现师生共同治理、民主管理、追求师生的共同利益及实现学生的合法权利。在学生事务管理中坚持学生参与的原则主要体现在以下两方面：一方面，学生在各级学生事务管理服务机构中担任一定的职务，让学生通过参与行政管理机构的形式实现自我管理。例如全国大学生服务中心的行政管理委员会中就有7名学生代表，下属机构中近一半的职务由学生担任，有关学生事务的决定都需要征得学生群体的同意。另外一方面，各类的学生组织和团体都是学生自发组织的，这些学生组织除了经常组织各类学生活动，还积极参加学校管理和社会活动，在大学管理方面发挥了积极的作用。由于学生的广泛参与，既增强了学生的社会责任感，培养了学生自我权益保护意识、主动意识，也使得学生事务服务机构能够持续地关注学生的利益与要求。

4. 对我国高校学生工作的启示

我国高校学生工作作为高校人才培养的重要组成部分，在促进学生成长成才过程中发挥了重要的作用。随着高等教育大众化、国际化进程的不断深入，学生工作已经从关注学生政治思想发展到学生的全面发展，传统学生工作的内涵和外延都发生了较大的变化。在强化思想政治教育工作的基础上，学习和借鉴法国的学生事务管理模式对我们有一定的启示。

（1）加强我国高校学生事务管理的人本化建设是基础。高校学生事务管理人本化是指学生事务管理应以学生为本，在教育、管理、服务活动中要围绕帮助和促进学生成长成才来开展，尊重学生个性发展，为学生提供成长成才的环境，实现学生的全面发展。坚持"以人为本，以学生为主体"的学生事务管理理念，就是要把人的自我发展和自我完善作为学生事务管理目标的有机组成部分，在管理过程中，要坚持人本位与社会本位的统一，全心全意为所有学生服务。要实现高校学生事务管理人本化必须树立"以学生为中心，以服务为本位"的新理念，在工作中凸显学生的主体性作用，确立参加学生主体性发展的管理模式。

（2）加强我国高校学生事务管理的法治化建设是根本。高校学生事务管理法治化就是要建立健全高校学生事务管理制度，做到有法可依，能够用法律法规和有关管理制度来调整相关主体之间的权利义务，在管理过程中体现法律的公平与正义，使高校学生事务管理处于依法治理的状态中。法国高校学生事务管理的一个显著特点就是法治化管理，法国不仅有完整的高等教育基本法，而且有专门的高校学生事务管理方面的法律法规，制订了明确的工作规范及完备的规章制度。在我国，高校学生事务管理法治化就是要把高校学生事务管理纳入法治化的轨道，消除过去高校学生事务管理行政化过多的人治行为和随意化倾向，达到依法治理高校学生事务的状态，以尊重和保护学生权益，创造有利于学生发展的环境。

（3）加强我国高校学生事务管理的专业化建设是目标。高校学生事务管理专业化是高等教育发展的趋势，也是职业发展的需要，更是实现师生发展目标的需要。高校学生事务管理专业化就是强调在实现管理程序、管理手段、管理方式等的专业化过程。法国高校学生事务管理机构独立设置，履行各自相应职能，为学生提供专业化的服务。我国高校学生事务管理要不断细化工作内容，拓展职能领域，建立集教育、管理、咨询和服务一体化的工作体系，促进学生的成长成才。同时，还要从制度上、体制上予以明确和推动，建立完善的学生事务管理专业化的制度，使我国高校学生事务管理逐步实现专业化的目标。

第二节　国外高校学生管理模式的经验借鉴

1.高校学生柔性管理的含义及特征

柔性管理是在研究人们心理和行为规律的基础上采用非强制方式，在人们心目中产生一种潜在的说服力，从而把组织意志变为人们自觉的行动。

高校学生的柔性管理是在研究学生心理和行为规律的基础上，通过沟通与心理疏导等方式，在学生心中产生潜在的说服力，从而把组织意志变为学生的自觉行动的管理。柔性管理是相对刚性管理而言的，柔性管理主要采用沟通、激励、暗示、引导等非刚性的工作方式。柔性管理具有如下特征：

（1）基于人本。以人为本体现在大学生柔性管理中。即：处处以学生为出发点和中心，学生是管理活动的主体，是管理活动的动力和核心，学生管理需要打破传统的以"要求"和"制度"为中心的管理模式，树立以学生为中心的管理思想，尊重学生，充分调动学生的积极性和能动性，一切管理均是为了更好地促进学生的发展。

（2）内部驱动。柔性管理主要不是依靠强制性的权力、规范和制度去引导和约束学生，而是通过沟通与疏导来发掘学生内心深入的需求，从而使得学生的主动性、积极性和创造精神自觉地发挥出来，具有明显的内部驱动性。

（3）适应广泛。高校学生管理工作的对象是思想活跃的大学生，人与人之间的思想都不尽相同，即使同一个学生，不同时期也会具有不同的思想，这就注定了柔性学生管理很难有放之四海而皆准的统一方法，没有统一的组织结构，而是要根据环境、人员的不同而有不同的处理方法。

2.我国学生柔性管理的不足及实施的必要性

我国高校学生管理脱胎于思想政治工作，教育功能在相当长一段时间内占据着主导地位，一直主要采用"刚性管理"模式，采用"说教式"和"管教式"两种模式对学生进行管理。随着时间的推移，政治色彩逐渐淡化，管理与服务功能逐渐显露：从理念上来看，提出了"一切为了学生，为了一切学生，为了学生一切"的以学生为中心的思想，从实践上来看，学生事务管理机构和人员的说教在逐步弱化，取而代之的是以丰富多彩的活动为载体，让学生在亲身实践中体验成长。

但是，我国高校学生管理仍然存在一定的不足之处：首先，忽视学生个性发展，学生管理工作的目的是满足学校需要，而不是满足学生个性发展需要，管理者埋头于事务性工作，围绕"事"来管理，对学生学习的内在动力和个性发展重视不够。其次，"严格"的管理模式，扼杀学生个性发展空间，学校除了严格执行上级下发的各种管理制度、条例规范、办法以外，还制定了适合本校的一系列院系规章制度，突出体现的是"统一""严谨""有序"等标准，学生管理工作方法上居高临下，限制和约束多，引导和激励少，使学生的主体意识和个性发展在很大程度上受到限制。再次是管理服务不到位，高校养成了集权专制下的思维习惯，缺少平等民主的文化氛围，习惯于从外部强压学生认为应接受的内容、掌握的知识和安排的活动等，很少考虑学生内心的感受，官僚办学，行政命令，失去了大学应有的理解、包容与厚重。

"刚性"与"柔性"管理各有优缺点，柔性管理在促进学生自我发展的同时，也具有绩效不好评估，效果显现具有滞后性的缺点，刚性管理在具有僵化缺点的同时，又具有容易贯彻执行的优点。因此，我国的高校学生管理要在刚性制度的基础上，进行柔性管理，这样才能在易于执行的制度基础上，升华管理，促进学生的发展。

3.美国高校学生管理经验借鉴

美国高校学生管理之所以对许多国家有借鉴意义，主要由于它不仅有坚实的理论基础做指导，而且还有可靠的实践保障，实现了学生管理工作的理论与实践的融合。它从角色的准确定位、法治化、制度化的管理和服务等多个方面全面展现了学生柔性管理体系。

（1）以人为本的管理理念。美国高效的学生管理是以 SLI 为基础的，它来源于美国大学人事协会的一份报告，在这份报告中，协会提出了一个新颖明确的学生管理观点：学生的学习是当务之急——学生事务的含义（Student Learning Imperative：Implication for Student Affairs，简称 SLI），这一观点出台后，立即受到美国高校的关注，并成为指导学生管理工作的理论基础。SLI 有以下几个特征：1）学生事务部门的工作作为对学术工作的补充，是以提高学生学习和个人发展为根本目的的，要帮助学生学习和发展；2）要使用策略激励学生自觉学习和个人发展；3）学生事务人员应联合其他的机构和部门共同促进学生学习和发展；4）学生管理方针和制度的制定是基于学生实践的。SLI 的中心理念是学生工作管理者必须把培养学生自觉学习和发展作为根本的工作目标。

（2）建立了完备且操作性强的制度。为了保证学生管理机制的顺畅运转，美国各大学建立了完善且操作性强的规章制度，以威斯康星大学为例，仅宿舍管理就有如下一些制度：时间制度、会客制度、留宿制度、赔偿制度、安全撤离制度、饮酒制度、吸烟制度、清洁制度、家具及电器使用规定等。美国高校的学生管理制度除权威性外，都体现出公平公开性，例如，美国大学一般都有仲裁系统，以在维护学校利益的同时，保障学生的合法权利。在对违纪学生进行处理时，有由专家、学生家长、牧师、教师、社工等组成的公共机构通过咨询、精神辅导等帮助违纪学生纠正其不良行为，当然，对于违纪学生也会进行处罚，但是纯粹的处罚已经基本不存在。

（3）形成了专业服务型的管理模式。美国高校已经基本形成了专业化的服务型管理模式。

首先，学生工作管理人员实现了专业化，美国高校设置了高校行政管理专业，而且发展到了能培养硕士、博士的高层次专业，学生工作管理人员绝大部分是专业院校培养出来的心理学、精神学、教育学方面的专业人才。岗位层级方面可分为初级、中级和高级三个层次，高校对于不同级别，设置了不同的学历和专业等方面的聘用要求，对于高级管理人员，高深的学历和丰富的实践经验都是不可或缺的。

其次，学生管理工作实现了标准化，实行院校一级管理，根据工作内容设立不同部门，如西北大学设有饮食服务和住宿等 8 个职能部门，德州农业与机械大学设有展览中心和大学艺术收集等 11 个职能部门，由不同职能部门的专业人员有针对性地对学生进行分类指导。

最后，形成了全面的咨询服务系统，对于学生提出的事务方面的问题，都给以服务和指导，从衣食住行，到心理咨询、就业辅导、学习和发展，学生管理工作不是为了管理学生，而是要通过管理工作，促进学生的发展。

4.构建我国高校柔性学生管理模式的建议

美国的学生管理工作从观念到组织结构设置到具体措施方面都跟我国有所差别，通过与美国高校学生管理工作的对比和借鉴，我们发现美国高校在柔性管理方面更胜一筹，通过借鉴其中的有益部分，创新我国的高校学生管理模式：

（1）以"学生发展理论"为指导，树立为学生服务思想。由于美国提倡民主，有平等的师生关系，所以美国高校更容易形成人本的管理思想，而我国长期受儒家传统学说影响，学生管理强调权威性，倾向于把学生看作是被管理者，学生几乎没有权利反抗，需要绝对服从。在这种思想的指导下，在新中国成立后的几十年中，学生管理更多地表现为制度约束，用以维持等级分明的师生关系和学校的秩序，而美国高校体现的是服务；美国以"个人本位"作为价值取向，重视学生个体的发展，学生服务以学生发展理论为指导，强调满足和服务于具有不同天赋、不同需要、不同目的、不同个性的全体学生，细想教育方面，我国强调的是社会为本，为社会主义建设培养接班人，而美国是个人为本，强调的是个体的发展；在管理方式上，我国以纪律惩罚为主，美国以教育咨询为主。

我国高校应借鉴美国高校的成熟经验，首先在观念上更新，树立"以人为本"的服务管理理念，真正体现学生的主体地位，围绕学生发展的目的，提高为学生服务的意识并增强为学生多提供个性化服务的能力，培养学生的个性发展并为学生提供展现才华的机会，真正做到"一切为了学生，为了学生一切，为了一切学生"的目标。

（2）拓宽服务领域，促进学生发展。美国高校学生工作非常重视服务工作，通过服务促进学生全面发展。从学生的需求出发，设身处地为学生着想，加大关怀力度。我国学生管理工作很长一段时间强调的是管理而不是服务，近年来有所改善，推出可满足不同学生发展需要的各项服务和活动项目。建议学校再进一步拓宽服务领域，可以成立学生事务咨询服务部，不受院系限制，通过这个部门学生可以向学校寻求生活、就业等各方面的咨询和帮助，并可向学校提出建议，学校也可以借此了解学生的愿望和想法，更好地为学生服务。

（3）建立柔性管理评价体系，提高辅导员专业化水平。美国高校学生管理工作与中国辅导员制度存在一定的差异：首先，美国高校学生管理工作者大都是教育学、心理学、精神学等方面的硕士、博士等专业人才，而我国的辅导员多为非专业出身的本科生；其次，美国对学生管理人员有清晰的职业通道，初级、中级、高级不断发展，而我国辅导员多为跳板岗位，很少作为长期职业。

可见，我国的辅导员制度尚不成熟，需要提高其专业化水平。

首先，明确学生管理工作是可以终身追求的职业，促进职业的专业化：第一步，应该设立工作标准和职业资格制度，设立考试准入制度，制定职业标准，规定任职条件、岗位职责、工作标准、工资待遇等。第二步，设立不同岗位的职业晋升体系，让辅导员看到自己未来的职业发展方向，增强辅导员职业的吸引力；第三步，加强辅导员专业队伍的培养，开设学生行政管理专业，并进行学生管理理论的深度研究，促进专业向高级化发展，培养从本科到硕士、博士的具有专业知识的学生管理人才；第四步，建立全国范围内的学生管理者协会组织，可以通过一定的平台进行即时交流，促进学生管理水平的提高。

其次，进行辅导员的考评制度，制定考核原则、方法，采取定性与定量相结合，以绩效考核为中心，建立包括领导、学生、辅导员同事在内的全面评价体系，根据考核结果对辅导员进行相应的奖励和作为晋升的资本，以此建立起有效的激励机制，激发辅导员的工作热情。

任何新事物在发展的过程中都会受到来自各方的阻力，高校学生柔性化管理在我国已经萌芽并逐渐发展起来，本文对学生的柔性管理模式进行了初步探讨，建议在刚性制度的基础上，把柔性管理理念引入学生工作中，使学生变被动为主动，变被管理为被服务，从而促进学生的更好发展。

第八章 创新"互联网+"时代高校学生管理模式的理念

第一节　融入开放性的思想

我国现阶段的高等教育已经从原来的精英教育迅速转化为大众化教育，受教育者的求学情况、知识基础与以往相比发生了很大的改变。政治辅导员和班主任要指导学生正确面对竞争，面对择业，面对压力，引导学生规划人生，培养学生有宽广的胸怀和健全的人格，努力把德育渗透到学生成才、就业的全过程，要主动管理育人，提高工作效率和工作水平，创造更好的育人环境和氛围。

一、建立优秀的管理团队和制度

如何适应时代的要求，培养社会需要的人才，是从事学生管理工作者的永恒话题，同时对学生管理领导干部提出了更高要求，必须加强队伍建设。学校高层领导应加强对学生管理工作的重要性的认识，挑选一批思想素质高、工作能力强、具有一定学生管理工作经验的工作人员担任学校学生管理领导工作，经常性地组织并开展对各分校、教学点学生管理领导干部的专业培训，邀请较高水平的专家讲座，全面提升学生管理干部的素质。通过各种方式组织开展校与校之间学生管理工作的交流，请学生管理工作突出的管理人士讲解、传授管理经验，并通过讨论交流，达到共同提高，共同进步。以校本部为载体开辟全校性学生管理工作专项窗口，广泛讨论发表管理体会，创建全校性学生管理专刊，组织系统内投稿，把学生管理工作真正落到实处。

学校应建立导学教师引进、培训、考核、交流的整套制度。完善引进程序，严把入口关，力争把有能力、责任心强的导学老师引进来。建立严格的导学教师培训、考核制度。导学老师应对以现代计算机网络为主的多媒体现代远程教育技术有较深的掌握，能熟练运用计算机网络等媒体技术获取教学资源，并能配合辅导教师进行教学资源的整合，组织和指导学员开展网上答疑、BBS 讨论、双向视频等网上教学活动，利用 QQ 群、E-mail 等与学员进行日常沟通。完善导学老师的流动计划，打破以往导学老师队伍建设的封闭体系，激活用人机制，拓宽导学老师出口，加强导学老师的交流和提拔，解决导学老师的后顾之忧。

解决导学教师流动性较强、流失率较高的问题，必须加强导学教师的专业化建设，其中最主要的就是更新观念，尤其是更新领导的观念，全面提高导学老师的综合素质。导学教师在工作了一段时间以后就会积累一定的工作经验，也会认识到自身不足。如果学校能制定一套完整的培训机制，给他们更多的培训学习的机会，不管是对学校还是对导学老师本人来说都是双赢的。另外，还可以加强导学教师之间的沟通与交流，使导学教师的业务能力不断提高，确保导学教师在工作中发挥应有的作用，保证开放教育学生的培养质量。

二、注重培养优秀的学生干部

好的学生干部不仅自己会给其他同学做出榜样，也会分担导学教师的工作重担，而且在这个过程中也锻炼了学生的工作能力，又运用在自己的工作实践中。导学教师在选择班干部的过程中要一视同仁，不能因为个别小问题而否定他们的优点，广泛听取同学和任课老师的意见，综合学生的平时表现民主或择优选拔。选出优秀的学生干部，要充分信任和尊重，减少个人干涉，使他们充分发挥个人的工作主动性和能动性。

学生干部队伍应真正发挥先锋模范作用，真正发挥战斗堡垒作用。学校应健全团支部、学生会组织，主动让学生组织成为学校与学生，教师与学生沟通的桥梁，通过民主推荐、个人竞选产生学生干部队伍。结合开放教育类学生的生理和心理特点，通过学生干部开展广泛的思想交流。帮助广大学生树立和培养学习自信心，一方面肯定他们在以往的学习和工作中取得的成绩和努力，使他们充分看到自己的优点和能力，另一方面，循序渐进一对一式辅导，将他们在现在的环境中遇到的问题总结归纳，然后反馈经验。在交流沟通过程中，要注意交流态度，避免出现僵局，挫伤学生的学习积极性；要充分尊重学生，成人学生的自尊心相对来说更强，并且也更容易受到伤害，老师的教育手段要不断改进，积极与学生磨合，减少代沟的出现。在沟通的同时，鼓励他们学习之后要在自己原有的领域有所创新和进步，帮助他们做好职业规划和人生规划。在思想教育过程中，应尽量避免用说教的方式，毕竟这些学生都是成年人，而且多数已经有了家室或者有比较丰富的社会经验。而强硬的教育态度只能引起学生的逆反心理，不仅不会配合老师的教育工作，甚至会放弃继续学习。对个别问题学生要单独关注，因材施教，明察暗访，找出学生学习欠缺的根源和影响因素，和周围同学同事努力解决问题，最大限度地激发他们的学习主动性。

三、通过加强校园文化氛围引导学生的学习和发展

开放教育的学生大多以参加远程教育学习为主，这些学生有着强烈的孤独感，他们渴望交流，希望像普通高校的学生一样有丰富的校园生活，感受来自众多同学

的支持与友谊。学校应主动提供学生情感交流、培养兴趣和寻求帮助的平台，能够促进学生之间交流沟通，传承成长经验，解答学生疑惑，碰撞智慧思想，传递情感关怀，培养同学友谊，消除学习孤独感，增强学生对开放大学的身份认同感、归属感和凝聚力，营造积极向上的校园文化氛围，促进学生的管理、学习和发展。经常性地开展校区、班级之间各种比赛活动，增进学生之间的友谊，根据不同学生原来从事行业的不同，有针对性地聘请相关行业的专家学者到学校进行讲座，吸引学生的积极参与和交流。并用各种比赛的形式加强同行的良性竞争，使同学之间互相帮助，共同进步。对学生的学习积极性导学教师应合理引导，帮助其树立明确的学习目标，使其学生既有针对性还能自我检测和反馈。

第二节　坚持以人为本的理念

随着现代教育的发展和教育改革的深入，以人为本的学生管理将最终取代传统的学生管理，这是学生管理改革和发展的必然趋势。人是管理中的首要要素，因而提高人的素质、调动人的积极性、促进人的全面发展是提高管理效果的关键。科学发展观的本质和核心是坚持以人为本。坚持以人为本，不仅在人类思想发展史上具有重要的理论价值，更应成为当今高校的一种新的办学理念。

一、什么是以人为本的管理

以人为本管理模式以人为中心，在确立学生主体地位的基础上，围绕调动学生的主动性、积极性和创造性来开展一切管理活动，这种管理模式是高校学生管理模式发展的必然走向。以人为本的学生管理工作理念，就是要以人为出发点，充分尊重学生作为人的价值和尊严，充分尊重学生的人格、个性、利益、需要、知识兴趣、爱好，力促学生全面发展，健康成才，并能可持续发展。这意味着要从那种把对人的投资视为"经济性投资"的立场转变为"全面发展性投资"的立场。以人为本的管理在处理人与组织的关系时，并不否定和排斥组织的目标，而是应把人的自我发展和自我完善作为组织目标的组成部分。高校学生管理中坚持以人为本的管理思想，就是指高校学生管理工作必须以调动学生的积极性、做好学生的工作为根本。具体而言，就是要在高校学生管理过程当中坚持把教育和管理的对象——所有学生作为全心全意为之服务的主体。树立"以人为本"的高校学生管理理念，营造良好的服务氛围，对学生能起到潜移默化的作用。高校从教学到行政管理，从学生学习到后勤服务，都要不断深化教育改革，转变教育观念，转变过去那种以学校为主体、以教育者为核心的工作思路和工作方式，变管理为服务，树立一切工作都是为了学生的健康成长的管理理念。以人为本的高校学生管理就是以学生的发展为高校工作的出发点和落脚点，一切为了学生，使大学生德、智、体、美全面发展。具体而言就是要理解学生，尊重学生，服务学生，信任学生。

二、实现以人为本的管理模式的必然性

高校是培养和输送人才的重要阵地，始终担负着为社会培养高素质的建设者和接班人的神圣使命。在现行的高校学生管理中，管理目标的抽象化和格式化也是高校学生管理的一大弊病。高校学生管理工作与学校的其他工作目标是一致的，都是为社会培养人才。

人性化管理是以情服人来提高管理效率的，人性化管理风格的实质就在于充分尊重被管理者的自由和创造才能，从而才使得被管理者愿意以满足的心态或以最佳的精神状态全身心地投入到学习和工作当中去，进而直接提高管理效率。人性的管理是情、理、法并重的管理，而不是放任管理，也就是我们提倡的教育人性化。对高校学生实行以人为本的管理模式抓住了学生管理中最核心的因素，因为学生管理就是人的管理。人的需求、人的属性、人的心理、人的情绪、人的信念、人的素质、人的价值等一系列与人有关的问题均成为管理者悉心关注的重要问题。这是高校学生管理的出发点和落脚点。

高校的基本职能之一就是为社会发展教育和培养人才，大学生已经具有了成为国家栋梁的基本潜质和条件，在教育和培养的过程中，要充分调动大学生的主动性、积极性和创造性，为他们提供能激发创造性和自主创新性的氛围。而要实现这一目标，高校学生管理就必须是人性化管理，实施以人为本的管理模式。首先要转变教育管理观念，树立科学的人才观。切不可用一种人才模式去苛求学生，限制学生个性的发展。学生管理工作者要有着眼于未来的宽广眼光和不拘一格育人的胆略。其次是要着重提高教师的综合素质，强化管理者的人格魅力。

在新形势下，主观上学生群体已经不接受传统的高校学生管理模式，客观上高校管理所面临的形势也不能使这样一种模式维持下去。招生规模的扩大，贫困生数量的增加，个性培养和创新教育日益被高校所重视等，这些因素都要求高校学生管理必须抓住"学生"这一根本，转变管理理念，提高教师的综合素质，强化管理者的人格魅力。进行人本化管理，其实是对教师尤其是学生管理者提出了更高的要求。以人为本，促进高校学生管理和谐发展是时代的发展适应大学生全面发展和

个性发展的必然要求。构建和谐社会和谐校园，新时期学生的思想特点等使得以人为本的管理模式成为必然的选择。

三、构建以人为本的学生管理模式

1.加深对学生的本质认识

高校学生管理，无论是计划和任务的确定，还是内容和形式的选择，都源于对学生的认识和把握，源于对学生发展中各种矛盾的深刻洞察。实际上，任何个体都有其自身具体、独特、不可替代的需求。不同个体的需求在整个群体中又都不是孤立存在的，它们之间是相互联系和作用的。就高校学生管理而言，学生对自身所处管理环境的感受，对自己在学校中的地位，对学习、恋爱、人际关系、就业等个人发展需要得以满足的程度，都是影响管理效果的重要因素。

离开了对这些因素的认识、洞察和把握，高校学生管理就成了无源之水、无本之木。因此，我们只有全面考虑学生的个体情况，重视个人需要在管理中的地位和作用，并把它们看作运动的、变化的，高校学生管理才能有的放矢，提高管理效率，收到预期的效果。

2.营造以人为本的校园文化环境

环境是人们赖以生存和发展的自然条件和社会条件的总和。校园文化环境，是指与校园文化的形成与发展密切相关的外部条件。校园文化环境包括校园的物质环境和校园的精神环境两部分。校园的物质环境是以布局成型的姿态出现的物质环境，主要是指校容，如建筑物的布局，室外的绿化、美化，室内的整洁、美观、大方等。校园的精神环境主要是学校的传统习俗，校风、人际关系、心理氛围、文化品位及活动构成的气氛等。人的发展及才能的养成，是遗传、教育、环境共同作用的结果。人不仅受他们所处的环境的影响，也在不断地改变环境。这个环境又进一步地影响他人和自己。就学校而言，这种对人的发展以及才能的养成产生影响的环境，就是校园文化环境，校园文化环境对学校的教育工作及师生员工的生活有着不可低估的作用。开展丰富多样、多元化的学生集体活动能够培养学生崇高的理想和高尚的道德情操，能够使学生的兴趣爱好和特长得到良好的培养和充分的发挥。在一个健全的集体中，学生的不良习惯及意识也比较容易克服，因为集体的影响、优良作风对学生思想品德的形成和发展能起到巨大的促进作用。要充分调动学生的积极性、创造性，设法激发学生的思维兴奋点，组织开展丰富多彩的集体活动，在集体活动中教育、培养每个成员的集体主义精神。通过各项活动，积极发挥和发展学生的才干及特长，使活动和教育融为一体。

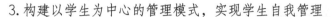

3. 构建以学生为中心的管理模式，实现学生自我管理

贯彻"以人为本"的教育理念，构建人性化的学生管理模式，其中最基本的有两条：一是确保学生在教育中的主体地位，充分尊重学生的人格与自主权利。二是要对所有学生负责，为学生的全面发展提供应有的服务。

作为教育工作的重要方面，在管理工作中确保学生的主体地位，尊重和维护学生自主学习的权利，就要保证教育主体的主观能动性得到充分的发挥，使他们的个性得到充分的张扬，使学生的潜力和发展的潜质得到充分的挖掘。积极实践学生的"自我管理、自我教育、自我约束、自我服务、自我发展"等，不断培养和提高学生独立思考问题、分析问题、解决问题的能力，这不仅是改进学生工作，为学生的自主发展提供更大空间的需要，也是我们这些年来在学生管理工作中的成功经验。实际上学生的"自我管理"，就是一种民主的、开放的、人性化的管理，它更加有利于实现学生成才的目标。

四、管理过程中出现的偏差

虽然我们的理念是正确的，但是在实施的过程中同样会出现问题。在教育学生的过程中我们有时会忽略学生的位置，教学过程中缺乏互动性，我们需要调动学生的主动性，使其主动学习。

要注重启发引导，避免单一的知识灌输。教师有时候是采用灌输式的教育方式，将知识单纯地传授给学生，没有给学生思考的时间，没有培养学生的自我思维意识，学生只是被动地接受，根本没有转化成为自己的知识，学到的也只是书本表面的知识。有句话说得好，等大学生毕业后忘记书本的知识剩下的就是他在学校所学到的。然而当学生毕业后剩下的知识还有多少？他们学到的知识如果没有被内化而转为自己的思维构成中的一部分，我相信这一部分知识是没有学到的。学生的主观能动性被忽略，失去了理解、互动、判断的内化过程。这样的大学生就失去了独立思维判断的能力，等他们步入社会以后可能会茫然不知所措，不知道自己以后的道路该怎么走，不知道怎样去适应这个社会。在教师教育的这个课堂上学生除了认真地学习课堂知识，课外也需要加强自身学习。如只是掌握课堂上的知识，但是没有课堂外的动手能力的培养，这样的大学生也是不合格的大学生。优秀合格的大学生不光是看成绩单，还需要各方面综合素质的培养，必须具有科学知识和动手能力的双重培养。学生在校期间除了学习课本知识以外还要提高交往能力、动手能力，才能更好地适应未来社会对他们的要求。

五、学生在管理中的问题

高校学生通常叛逆心理较强，不希望被控制，希望自由，不喜欢被约束。不喜欢规章制度，喜欢自由自在。针对高校学生的这一特点，我们可以调动学生的主观能动性，使学生转换观点，不要让学生觉得自己被约束，让他们觉得自己是自由的。从"要我学"变成"我要学"，可以多让学生参加课外活动，多参加社团、学生会，使学生通过管理学会自我调节和自我管理。同时我们需要有更多的激励方式来调动学生的积极性，从而更好地自我管理。对于在学生管理方面表现出色的学生应该予以必要的精神鼓励和物质鼓励，这样学生才能够更好地自我管理，进一步更好地推进管理模式，形成良好的管理习惯。

六、加强以人为本管理

做好学生管理工作，需要大家不断地努力，通过多和学生沟通，了解学生，从而更好地做好学生管理工作，立足于学生所需、学生所想，实实在在地为学生做好服务。在管理方面，教师应该更多地阅读教育学方面的书籍，更好地了解现阶段学生的心理状态，知道怎样处理出现的问题，同时做学生管理工作的老师需要有满腔的工作热情和无私奉献的精神，这是一名管理者应该具备的，时时刻刻关心学生，了解学生的需要，从更人性的方面出发。然后老师也需要合理的晋升培训机制，更好地鼓励管理工作做的好的老师，只有这样教师才能更有动力地做好管理工作。

高校管理工作是一项责任重大的工作，高校管理工作要围绕学生的基础需要，立足于学生的发展，更多的是做一个好的引导者，让学生朝着更好的方向发展。这才是我们管理者在以后的工作中需要加强的。

七、提高学生管理工作者的素质

以人为本的管理理念体现出管理的自主性、民主性、灵活性和发展性等特征，这对学生管理工作者提出了更高的要求。所谓"教书育人"就是通过"教书"这一手段和过程达到"育人"的目的。高校各门课程都具有育人功能，所有教师都有育人职责。学校道德教育的成效很大程度上是由教师的道德素养所决定的。教师及各类管理人员要从不同的方面对学生的行为产生影响和作用，确立全员育人和全程育人的观念。学生工作者要深刻认识并准确把握经济社会形势和发展趋势，面对这些变化所带来的影响，能够因势利导做好学生的教育引导工作。

建设一支高素质的学生工作队伍，一方面是高职院校要按照要求认真做好建设规划，做到与师资队伍和其他管理人员队伍的建设统一规划、统一实施；要明确条件、坚持标准，切实做好人员选配工作；要周密计划、合理安排，扎实推进人员培训工作；要提出目标、严格要求，不断增强学生工作者的责任感；领导和有关部门要对学生工作者思想上重视、工作上支持、生活上关心、政治上爱护，使学生工作者都能够随着形势的发展和工作的进行不断提高素质和水平，以满足事业发展的需要；另一方面也要求学生工作者加强自身修养，明确神圣职责，增强责任观念，树立服务意识，努力学习，积极实践，深入思考，大胆创新，不断探索新形势下学生工作的新路子、新方法，不断总结适应新形势、新情况下的学生工作的新经验、新成果，在全面服务学生成长成才的过程中发展自己，实现自身的价值。

　　以人为本的学生管理要追求以新奇制胜，以巧妙攻心，关注学生的日常生活和学习生活中行为表现的细枝末节，把为学生服务放在重要位置，创造性地进行管理。只有坚持"以人为本，和谐发展"的管理理念，适应新时期科学发展观的要求，倡导积极向上的学习观、人生观、价值观，实现学生管理模式的改革与创新，才能真正促进学生的全面发展、和谐发展和持续发展。

第三节　提升教育服务意识

　　现代教育以促进人的现代化和主体的全面发展为中心。主体性、发展性是现代教育的本质规定。基于此，现代教育倡导"教育是一种服务"的教育管理理念。它强调教育者（教师）以满足受教育者（学生）个性发展，为受教育者创造全面发展和主体生成的情境和条件。它概括了当今教育的经营态度和思维方式。在如何开展教育管理和教育活动问题上，相对于传统的教育管理理念，它具有自身的特点。① 教育服务理念体现了现代教育以人为本的精神，突出了主体，突出了主体的生成和主体性发展；以培养现代主体人格为根本。它直接着眼于人，着眼于人的发展。② 教育服务理念下的教育管理活动是教育者与受教育者互为主客体、主体间的对象性活动，是在教育者的组织领导下，教育者与受教育者共同参与的活动；是教育者的启发、引导、指导与受教育者的认知、体验、践行的互动；是教育者的价值导向与受教育者自主构建的统一的活动；是教育者与受教育者的相互教育与自我教育、教学相长的活动。③ 教育服务是现代教育管理的整体特征，它不是教育活动的某个阶段或某个部分、某个方面的特征。作为现代教育的根本指导思想，它是贯穿于教育管理活动的始终和教育管理活动的各个方面的。

教育服务的管理理念对于高校的改革、建设和发展有以下作用：

一、教育服务理念为改革高校学生管理提供内部驱动力

我们的教育理念是培养人、改造人、塑造人，这具有很大的合理性和教育价值，但是，怎样操作和实施，人们往往受一种片面的理念所指导。长期以来，人们一直将学生作为工作对象来加工，将教育完全观念化，以至于我们不能正确理解教育与社会，教育与个人发展之间的关系，使我们的许多教育政策与决策缺乏科学的基础。

树立高等教育服务理念，能够促使高校树立责任意识、市场意识和竞争意识，促使他们关注社会与受教育者的个人教育服务需求，推动高校自觉自主地进行改革，把握市场动向，完善服务体系，增强效益意识，提高服务质量。来自于管理者自己对这种改革的需求和认同是改革高校学生管理最主要的动力。可以说，没有管理者对这种改革的深刻理解，没有管理者对学生管理的热情参与，没有管理者对学生管理的积极投入，学生管理理念要转变就十分困难。要求高校学生管理者树立教育服务管理理念，就是期望在形成教育服务理念的同时，一方面使管理者意识到自己与服务，服务与学生的密切关系，因而去尝试改变对学生的态度，尝试用一种全新的视角去看待学生；另一方面，也让管理者从根本上认识到传统管理的问题所在。服务理念首先是将服务对象当成自己一切服务工作的对象和焦点，将学生满意不满意作为衡量管理业绩的重要指标，在客观上就迫使管理者去反思原来的管理理念，并努力去接受新理念、新方法。这样，就能形成一种内在动力去推动他们进行改革。

二、教育服务理念为引导高校学生管理提出新的目标

传统教育理念培养人一般只要求听话、驯服，而不注重独立思考能力。教师培养学生追求"齐步走""整齐划一"，对学生个体之间的差异和个体特征重视不够，因而培养出来的学生往往缺乏创新思维，很难适应时代发展的需要。

学生是共性和个性的统一。共性是指学生的群体属性，个性则指学生的个体属性。处于同一年龄阶段的学生，由于他们生命过程和生活经历的相似性，他们的身心发展在同一规律支配下，表现出某些相同或相似的属性和特征，即共性。但这些共性只是相对而言的，由于个体间遗传因子、家庭背景、社会环境及教育影响的差异，学生的身心发展无论是在内容上还是在水平上都是千差万别的，学生的性格、兴趣、爱好、智力、能力不完全相同，即具有个别差异。这种个别差异是绝对的，是不以人的意志为转移的。这是学生管理必须面对的事实。

树立高等教育服务理念，不仅能够让我们意识到学生共性和个性的差异，还

能够让我们意识到："高等教育服务的生产者是教育工作者，他们通过消耗智力和体力，而生产出适合不同教育对象需求的，具有多方面性能的教育服务，处在生产领域。学生则是高等教育的消费者，处在消费领域。"这种理念为高校学生管理实践提出了新的目标。作为提供教育服务的教育者，在学生管理中应以学生为本，尽量满足学生（作为消费者）的需要。不同的学生有不同的需要，同一学生不同时期的需求层次也不尽相同，需求的多样化就决定了教师工作的复杂程度。在提供教育服务时，教师不再是以前高高在上的管理者，而是成了"弯下腰去"为学生提供服务的教育服务生产者。要生产出优质教育服务，以满足不同人的所有合理需求，教师就要自觉地树立以人为本的服务理念，"弯下腰去"掌握学生的思想动态，了解他们需要什么，喜欢什么，想些什么，关心什么，拥护什么，反对什么，兴趣何在，更要了解不同年龄学生身心发育的规律和特征。要深入到课堂，深入到食堂，深入到学生宿舍中去，深入到学生活动的各个方面，只有这样，才能从学生的角度制定出符合他们身心发展需要的管理规章，才能努力完善他们的个性，充分发挥他们蕴藏在主体内部的创造潜能，才能受到更多学生的欢迎和喜爱。要生产优质服务，教师还要了解学生需求的变化。社会在变，时代在变，生活环境在变，学生的思想观念也会随之发生变化。这就要求教师要不断调整教育方式，随时了解以前的规章还是否符合发展了的实际，以前的教育方式、教育手段还是不是学生愿意接受的。

三、教育服务理念为高校学生管理创造新型师生关系

传统的教育理念认为，学生是教育的客体，教师是教育的主体。受这种教育理念的影响，在学生管理中，教师和学生之间是管理者与被管理者的，等级式的，指挥与服从的关系，学生是绝对的弱势方，学校是绝对的强势方，教育者总是凌驾于学生之上，对学生指手画脚，发号施令，有时甚至采取"训斥"和"惩罚"的手段来压服，甚至制服学生。这种管理方法虽然可以暂时维护教育者的尊严和权威，也会取得一定的管理效果，但它付出了扼杀学生主体性、自主性和主观能动性的最大代价。

树立高等教育服务理念，要求教育者重新审视以前的师生关系，树立起新型的师生关系；从高等学校教师方面来看，在教育服务生产过程的师生关系中，学生作为教育服务消费者，在教育过程中拥有重要地位，教师必须予以尊重，教师作为教育服务生产者，不能不认真考虑作为教育服务消费者学生的意见要求。这意味着教师必须改变角色意识，树立服务理念，从提高服务质量、保证消费者满意的角度出发来考虑一切，才能做到因材施教；从学生来看，意识到接受高等教育是对高等

教育的消费，意味着他们必须树立独立意识和自主观念，他们必须对自己的选择和行为负责，不能完全依赖学校和老师。这种新型的师生关系有利于学生管理中师生平等地、朋友式地、相互尊重地交流对话。管理者也只有从观念上意识到对学生进行管理就是对学生的一种服务，认识到尊重学生就是在尊重自己，放弃学生就是在放弃自己，学生的失败就是你的失败，失去了学生就是失去了你自己，教师才可能真诚地去爱，真诚地付出，新型的师生关系才可能得以建立。在这种新型的师生关系中，学生管理倡导以"爱"为核心的情感管理。爱是一切教育的起点，是开启学生心灵的一把金钥匙，也是教育引导和管理学生的一种精神动力。只有爱学生，管理学生才能做到十分耐心，了解学生才能非常细心，为学生服务才会一片热心。而爱学生的最有效途径就是和学生交朋友，成为学生的良师益友。这样，一方面可以唤起学生管理者的友爱之心，使学生管理者乐于并善于与学生交友；另一方面可以使学生把学生管理者看成最值得信赖的人，向管理者敞开心扉，吐露心声，心悦诚服地愉快地接受管理。

四、教育服务理念为高校学生管理的评价提供新的依据

无论什么条件下，任何一所学校的学生管理都有获得良好效果的预期。不同时期，人们衡量学生管理质量的依据不尽相同。传统的教育理念从管理者的角度出发，管理质量意味着管理特征对组织的规定与要求的符合程度。这一视角使组织更关注效率，即用最小的成本获得最大的收益，而看不到不同的被管理者对同样的管理感知不到同样的质量水平。

树立高等教育服务理念，衡量教育质量的标准则主要是服务对象的满意度。这一视角更关注服务对象需要的满足。与传统理念相比，这一理念已经意识到了不同的服务对象会对同一产品感知到不同的质量水平。当学生或家长感知到满意的服务时，也就是他们对所有服务特征的期望都得到满足或超额满足时，他们把整体服务感知为优质，并因此对学校和教师保持忠诚，从而对学校产生归宿感。用满意度来衡量学生管理，传统的强迫式的管理方法必然失去效力，这就促使学生管理者转变理念，认真研究学生，了解学生身心特点，了解学生需求，创新教育方法，来满足学生需要，从而为高校学生管理提供了新的衡量依据。

用满意度来衡量学生管理具体表现在要符合学校教育质量的以下几个特征：① 有效性，也就是能有效地发挥教育服务产品的功能和作用，满足学生学习的欲望，促进学生的发展。② 经济性，是顾客为了得到教育服务所承担的费用是否合理，优质与廉价对顾客是同等重要的。③ 安全性，是学校保证服务过程中学生的

生命不受危害，健康和精神不受伤害，人格不受歧视，合法权益受到尊重和维护。④ 时间性，顾客对服务的时间上有需求，他们需要及时、准时和省时。⑤ 舒适性，需要舒适的学习环境，以及令他们感到舒适的服务态度。⑥ 文明性，顾客需要学校有一个自由、亲切、受尊重、友好、自然和善意的、理解的氛围，希望教师有较高的知识修养、文化品位和幽雅的举止谈吐。

用满意度来衡量学生管理要以服务对象为衡量主体。学校应给予学生充分的评估权；学校应制定教育服务质量标准，并使服务者了解标准；研制学生满意度问卷调查，用以作为衡量学生管理的主要标准。当然，用满意度来衡量学生管理并不意味着对传统衡量标准的彻底抛弃。为了对高校学生管理做出更科学的评价，我们以为，可以建立起高校学生管理满意体系。这种体系除了学生满意以外还包括管理者自己满意体系，包括上级对下级的满意、下级对上级的满意以及家长满意、社会满意等等。这种系统化的满意体系有利于学生的健康成长，有利于学校的管理，使师生之间建立起共同学习、共同进步的良性循环。

五、在学生管理工作中树立服务意识的几点要求

1.思想观念要转变

长期以来，传统的学生管理工作是以管理者为中心开展的，管理者对学生拥有绝对的权威，管理者与学生的关系是"管"和"被管"的关系，管理的内容主要表现为要求被管理者"做……""不做……""如果……就……"，管理的基本方式是"要求""批评（甚至是训斥、吓唬）"和"处分"。这样的管理方式在特定的历史时期，对矫正学生的不良行为习惯是起到积极作用的。

但在这样的管理理念下培养出来的学生缺乏独立思考的能力，缺乏创新精神，依赖性强。伴随着社会主义市场经济的不断发展，社会竞争日益激烈，社会对大学生素质、能力的要求不断提高，传统的管理模式已经不再适合当前的高校学生管理工作，我们就应该结合新情况，用发展的思维去改进它，完善它。在管理中融合服务的思想，体现"以人为本"的管理理念就是适应新形势的有效方法，我们应着实意识到它的重要性，切实贯彻到管理工作的各个方面和环节中去。

2.工作态度要转变

学生是整个教育过程的主体，在学生管理工作中要充分尊重学生的个性和人格，转变以前高高在上、不俯身子的管理者的姿态，带着管理就是服务的理念，不断提升自身工作对学生的吸引力和亲和力，主动深入学生群体，经常倾听学生的意见和建议，及时对工作不足之处加以整改，贴近学生生活，贴近学生实际，视学生

为朋友，宽厚待人，主动去尊重、理解、关心和帮助他们，引导他们以主人翁的姿态投入学习、工作和生活，促进他们道德自觉自律意识的养成，最大限度地发挥他们的创造潜能。

3.工作作风要转变

说得好不如做得好，树立落实服务意识，关键还是在工作作风上的转变。要把解决学生的思想问题和实际问题结合起来，主动观察学生关心关注的热点焦点问题，及时高效、公平、公正地做好学生的评优评奖，党员的发展，贫困生精神和物质的帮扶，就业推荐和指导等工作，让学生感受到实实在在的服务效果。特别是在对待学习后进生和个别违纪同学的管理中，要学会感动他们，通过各种有效的帮助教育途径，比如指导学习方法、多表扬他们的优点等，使他们觉得老师的工作是为他们着想，是为了实现、发展和维护他们的利益，从而自觉学好表现好，促进整个群体管理的顺利开展。

4.服务意识的树立要与坚持制度相结合

在学生管理中，制度是工作的保障，服务是工作的理念，稳定和谐是工作的目的。强调树立服务意识不是抛弃制度的约束，而是增加制度落实的人性化，没有制度依靠的服务是无力和软弱的。对于个别纪律观念薄弱、思想觉悟低、道德品质差、屡次违反纪律的学生就是应该按照规章制度给予相应的处分和处理，这样才能维护绝大多数同学的权益，赢得绝大多数同学的支持。同时，规章制度的坚持与落实需要服务意识的体现，只有怀着服务好学生的思想，才能赢得学生的理解与配合，才会将外在的规定转化为他们内在的自我要求，学生管理才会具有实效性和持久性。

六、在学生管理工作中树立服务意识的几点建议

1.建立一套科学、规范、完善的学生工作制度

高校应按照国家有关法律规定，依据本校实际情况制定完整的、可操作性强的程序、步骤和规章制度，并以此规范学生的行为，行使有效的管理。完善学校的规章制度，第一，应确定制定主体，不仅学校领导参与，管理者参与，作为被管理者的学生也要参与，这样才能充分体现学生的利益，实现"以人为本"。第二，学生管理制度应当完善，不仅要注重实体内容，还应当注意到程序内容。比如，学生处分制度，应当列明学生在哪些情况下会受到处分，还应有学生辩护机制和申诉机制。在所有的程序都进行完之后，再由决策机构来认定处分该不该执行。第三，学校应有快速的反应机制，对国家一项新的学生管理政策或者法规出台以后，学校应快速反应出相应的实施意见。最后，除了这些强制性的规定，还应当有一系列的自

律性的规定,使学生明确集体生活中行为自律的重要性而自觉规范自己的行为。

2.发挥学生主体能动性,变被动管理为自我管理

在工作中要注意调动好学生自身参与管理的积极性,让学生积极参与学生管理工作,改变学生在学生管理工作中从属和被动的地位,不单纯地把学生看作教育管理的客体,以利于消除大学生对于被管理的逆反心理,实现大学生的自我管理。学生管理中宜推行以学生工作处指导下的,以辅导员、学生干部为调节的,以学生自律委员会为中心的相对的学生管理方式。既能锻炼学生的能力,同时又达到了管理的目的。

3.完善对学生管理者的选拔模式和培训机制

提高学生管理工作者的待遇,建立一支专业稳定的学生管理队伍。一是学生管理者的选拔模式要创新。如今的学生管理工作者的选拔制度存在一定的缺陷,有的是毕业生为了留校做老师而将从事学生管理工作,作为以后成为任课教师的跳板;有的则是通过种种关系安排进来。因此,在这样的情况下,学生管理工作者很难保持高度的热情,管理水平也不一定很高。而新的选择模式是要面向全社会,以完善的选拔机制来完成对学生管理工作者的选拔,这样能招募到各类人才,使学生管理队伍进一步扩大并提高一定的质量。在选拔人才的时候尤其要注意他们在教育学、心理学、管理学方面的知识。在国外做家政服务都必须具备心理学、教育学相关证件,持证上岗。作为学生管理者的选拔就更应注重教育、心理、管理方面的知识,最好是应具备这方面的学历。二是学生管理者培训机制要创新。学生管理工作是一项很灵活多变的工作,需要管理者有足够的经验和专业知识来处理各种突发事件,因此,对管理队伍的专业培训显得尤为重要。在新型学生管理模式下,任课老师是一种了解学生情况和反馈情况的角色,宿舍管理者也是一个重要的角色,因此,原来这种专业性的培训机制针对的主要是校、院、班三级的学生管理工作者要改变,应面向专业课教师、学生辅导员和宿舍管理员,对学生辅导员、宿舍管理员要注重教育学、心理学、管理学方面知识的更新与培训,以及他们对突发事件的应急能力,让他们将"学会管理"与"学会学习"结合起来,使学生管理工作者能不断超越自我,从而培养出一支专业稳定的学生管理队伍。注重专业课教师对学生工作相关知识的了解程度的培训,使他们从被动到主动关心学生的成长,关心学生工作,从而在各高校树立全员育人的思想。三是关注学生管理者的待遇。学生管理工作需要管理者保持极大的耐性和工作热情,管理工作相当烦琐,使得很多管理者不能维持工作的长期性,而管理者的经常变动则影响学生管理工作的开展和完善,因此,提高学生管理工作者的待遇,使其能稳定地从事这一工作是必要的。

4.加强学生的德育教育和心理健康教育

当今高校教育中的人才培养，不只是要使其获得专业知识和技能，也要培养其道德修养和心理素质。而大学生面临来自学业和就业等多方面的压力，独生子女的心理弊端便显露出来，承受能力差，易造成一些消极的后果。高等学校是培养主流意识形态的重要阵地，对构筑大学生良好的精神世界发挥重要作用。高校学生管理者应通过各种渠道和方式，帮助大学生树立正确的世界观、人生观、价值观，形成高尚的道德情操和坚强的心理素质。所以，高校学生管理工作中的一个重要内容就是加强学生的德育教育和心理健康教育。这一点很多高校已经认识到并正在改进，特别要注意结合大学生实际，广泛深入开展谈心活动，有针对性地帮助大学生处理好学习成才、择业交友、健康生活等方面的具体问题，提高思想认识和精神境界。要制订大学生心理健康教育计划，确定相应的教育内容、教育方法。积极开展大学生心理健康教育和心理咨询辅导，引导大学生健康成长。

"以人为本"的管理模式是顺应当今形势行之有效的模式。学生管理者要结合实际情况积极运用这种模式，在管理中树立服务意识，充分调动学生自我管理的积极性和能动性，实现管理者和被管理者的有机融合，实现学生管理的时效性和持久性。

第四节　创新管理方式

创新是高校学生管理的灵魂，也是高校发展的关键。高校只有大力进行管理的创新，摒弃陈旧、落后的管理方式和方法，创建一种与时代发展相适应的新的管理机制，才能真正提高高校的管理水平，从而实现高校提高办学质量和办学效益。培养大批优秀创新人才的现实目标。尽管全面创新管理是针对企业的创新提出的，但对高校也同样适用。

一、当前高校学生管理工作的主要问题

1.管理体制落后

传统的高等教育管理体制受单一计划经济体制的影响，其在管理观念和教育手段上极大地落后于当今的社会和经济环境，市场经济的灵活多变是传统教育和管理体制无法适应的。以往固定的学制和课程也变得相对灵活，曾经的毕业分配政策也由大学生自主择业代替。大学生作为知识分子群体，世界观和价值观更能紧跟潮流，不断前进和变化着。随着改革开放的深化，经济政策和体制，社会物质和文化

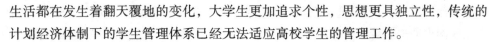

生活都在发生着翻天覆地的变化，大学生更加追求个性，思想更具独立性，传统的计划经济体制下的学生管理体系已经无法适应高校学生的管理工作。

2. 学生管理人才缺乏

要建设高水平高等教育学校，必须在学生管理人才的引进上给予足够的重视，绝对不可以认为，人才的重点应当在科研和教育上。目前，我国高校学生管理队伍人员参差不齐，数量多，但整体素质不高，无法适应高等教育的改革和发展。因此，新时期的学生管理急需一支专业过硬、素质较高的学生管理人才队伍，强调其经验丰富，专业知识扎实，思想坚定，勇于创新。

二、高校学生管理工作创新的必要性

今日高校的功能已由单一走向多元，从简单趋向复杂，高校与社会的关系日益紧密。21世纪，人类社会正进入一个以智力资源为主要依托的全球化知识经济时代，伴随知识经济社会的到来，高等教育将在社会中发挥空前重要的作用。高校作为法人实体，必须有全面创新思维，否则将落后于历史前进的步伐。全面创新管理特别是其根据环境的变化突破了原有的时空界域和局限于教学管理部门和教师创新的框架，突出强调了新形势下全时创新、全球化创新和全员创新的重要性，使创新的主体、要素与时空范围大大扩展。

1. 管理创新是培养高素质人才的需要。当前，科技飞速发展，新技术不断涌现，要培养大批高素质人才以适应新时期的生产建设，必须不断推进教育创新，这不仅包括教育观念、教育制度的创新，在人才培养模式和学生管理工作上也必须探索出一条新的道路，才能提高人才的素质和能力。学生管理工作是高校育人的重要手段，其本身并不仅仅是一个简单的政策、制度、规章所能涵盖，它是一整套理论体系和系统工程的反映。学生管理工作的创新过程必须不断与外界思想、政策、环境相比较，适应时代的潮流和社会的发展，这样才不会被时代所淘汰。

2. 管理工作创新是高等教育大众化的需要。自1999年高校扩招以来，招生规模的不断扩大，学生人数的不断升高，以前的所谓"精英教育"渐渐被大众化的教育模式所取代，大学生的整体素质和层次也在发生着巨大的变化，这对大学生管理工作是一个不小的挑战。高校学生管理工作只有积极创新，不断探索，才能适应高等教育大众化发展的要求。

3. 管理工作创新是服务学生的需要。我国当前正处于社会转型期，社会生活方式逐渐多样化，大学生的思想观念、价值观念、生活方式都在发生着巨大的变化。网络技术快速发展，大学生对于新知识、新技术的接受和学习更快，这使得他们被网络深深地影响着。在学生管理的层面上来看，互联网的确带来了新的技术和方法，但互联网也冲击着传统的管理方法和体制。网络信息良莠不齐，不少学生难以判断、抵御不良信息的侵袭，其思想受到这些虚假、反动信息的毒害，导致部分学生沉溺于网络游戏等，直至走上违法犯罪的道路。因此，必须对管理模式进行创新，这是加强学生工作的需要，也是提高高等教育质量的需要。

三、全要素创新在高校学生管理中的应用

1. 高校创新发展战略的制定为全面创新指明了方向

高校在战略措施的制定上，要找准切入点，突出特色，坚持特色办校，将有限资源用于战略性、关键性的发展领域，使之发挥最大的效用。高校的优势来源于管理者将内部所具有的专业特色优势，人才优势，学术科研成果，管理经验，资源和知识的积累，整体创新能力等多种因素整合。只有建立在现有优势基础上的战略，才会引导高校获取或保持持久的战略优势。推进特色办校战略，不仅在某一学科或专业上有特色，而且尽可能进一步在某一领域上有特色。

2. 创新文化的建设是实现高校全面创新的源泉

各种创新活动都离不开高校创新氛围的基础，如果高校中人们的思想僵化，思路不清、机械、呆板，满足现状，不思进取，缺乏创新欲望、动机，对创新举动不予理睬甚至百般阻挠，就不可能形成强烈的创新氛围。据研究，国内外的一些著名高等学校，其保持长盛不衰的活力之源就是独特校风的延续和更新机制的存在。

3. 技术创新是实现高校全面创新的手段

现代信息技术对教师的学科知识结构以及掌握现代化教育技术的程度也提出了更高的要求，引起教学方法和手段的现代化及课程内容的更新，影响教学过程和人才培养的过程，对大学生的思维方式、行为模式、价值观念、政治倾向等都产生深刻的影响。

4. 创新制度设计是高校实现全面创新的保障

任何一个制度和政策设计的终极目标都是要最大限度地激发人的积极性。高校必须承认个人在知识发展中的独特性，建立"以人为本"的有利于学生创新思维、创新能力培养的管理制度，既有利于充分发挥学生的学习积极性，又有利于充分发挥教师的教学积极性。

5. 学习型组织是高校实施全面创新的必然选择

随着我国高等教育向大众化阶段的迈进，高校办学规模不断扩大，管理幅度

和管理层次也相应增加，高校实际上已经成为一个复杂的组织系统，传统的金字塔式的组织结构已很难适应知识经济的要求。因此，应改变组织结构，建立一种有机的、高度柔性的、扁平的、符合人性的、能持续发展的、充分发挥员工的创造性思维能力的组织。

6. 全时空创新在高校学生管理中的应用

全时空创新每时每刻都在创新，使创新成为涉及学校各个部门和师生员工的必备能力，而不是偶然发生的事件。这就要求在课程体系中增加创新能力的训练和综合实践课程，提高学生在亲身实践中发现问题、解决问题的能力，进而激发灵感。

教师要更新教育观，转变教育思想，改变常规教学方法的树立，把知识的最新成果以及学术界正在争论的问题随时融进教学中去，身体力行站在创新的最前沿。况且，在全球经济一体化和网络化的背景下，高校应该考虑如何有效利用创新空间，在全球范围内有效整合创新资源为己所用，实现创新的全球化，即处处创新。

7. 全员创新在高校学生管理中的应用

全员创新要求师生员工必须学习、学习、再学习，不仅要系统学习掌握基础的现代科学文化知识，而且要钻研某一专业方面的前沿领域，做到博与专，基础与特长的和谐统一，加强当前的阶段性学习，更要强调终身学习，不断增加新知识、新技能，保持良好的知识结构。高校学生管理人员再也不能像以往那样用传统的组织手段来指挥一群富有知识、渴望创造的教育工作者，必须不断探索高校学生管理中的新规律、新问题，研究现代化高校学生管理的新的方法论，寻求新形势下行之有效的管理方法，努力增强高校学生管理的科学性和艺术性，不断提高管理成效，用信息化管理方式取代传统管理方式，更要学习借鉴国内外先进的高校学生管理经验。

8. 全面协同在高校学生管理中的应用

正常的教学秩序需要稳定的教师队伍和部门间的协同管理创新。目前，高校规模的不断扩大使得高校学生管理创新呈现出纵向的多层次和横向的多部门性，并且相互依存。无论从高校教育和教学管理的主体还是从客体来看，都不可避免地会出现利益和要求的多元化局面。高校学生管理中的协同创新行为是高校多个部门创新的组合过程，必须让所有参与协同的部门了解当前高校组织创新的实际情况，这不仅有利于单个部门的创新，而且在创新的过程中能进一步增进相互的理解和信任，利用部门间相互协同创新，增强高校的凝聚力，提高高校的管理效率和创新能力，最终实现解决矛盾，缓解纠纷，消除内耗，达到整体创新的目的。

四、高校学生管理工作创新的几点建议

1. 完善学生管理制度

高校学生管理制度是在全校范围内具有普遍约束力的各种规章、条例、制度等，是高校依据国家有关法律法规制定的行之有效的管理办法。然而，我国高校的学生管理制度大多沿用老一套的管理办法，已经跟不上时代的发展。因此，必须尽快制定出与时代和社会现状相符合的管理制度，完善管理上的不足。

2. 思想政治教育的地位不可磨灭

高等教育的根本目的是为我国的社会主义事业培养人才，为生产建设和经济发展提供人才保障。因此，社会主义思想政治教育一直是我国高等教育体系的重要组成部分。管理工作的创新也要充分利用思想政治教育这一强大武器，将马克思主义贯彻到大学生的生活、学习、工作当中去，为他们确立正确的世界观、人生观、价值观提供坚实的理论依据，使其能够自觉抵御各种不良信息和消极思想的冲击，将个人的成长与国家发展、社会进步有机结合，促使大学生不断努力，不断前进。

3. 学生管理队伍专业化

目前来看，我国高校的学生工作管理队伍普遍存在这样那样的问题，比如专业背景不同、理论基础不扎实，在学历水平和思想素质上也存在不小的差别，这对于高校的学生管理是十分不利的。因此，努力培养和造就一支学生工作的专家队伍是当前学生管理工作创新的当务之急。一支专业过硬、素质较高的学生管理人才队伍，不仅能够管好学生，更能服务学生，培养学生，提升学校的综合实力。

五、结论

高校全面创新管理体系的建立是一项复杂而艰巨的工程，不仅需要对全面创新管理中的要素理解掌握，还应采取如下策略：在宏观上政府要明确在高校科技工作上的职能定位，加强对高校科技工作的战略规划，对高校实行分类指导，引领科研方向。中观上加强校内、校外，国内、国际的科技交流与合作，建立和完善科教经互动的合作创新体制，构建开放的人才培养体系和多元化、多渠道的科技创新投入体系。微观上各高校要实施高校科技管理体制创新工程，建设科技资源共享的创新基础平台，实施科技创新人才选培工程，培育科技创新文化，提高投入资金的使用效率。

第五节　有效利用网络

互联网已成为高校学生管理工作中不可或缺的一部分，给高校学生管理工作带来机遇的同时也带来了挑战，如何充分发挥其独特优势，消除具体工作实践中的局限性，创新管理模式，将是新时代下高校学生管理工作取得成功的关键。

一、什么是网络化平台

网络化平台指的是在对计算机网络进行应用的前提下，处理各方面的工作。本文研究的主要是处理学校中的一些事项，主要包括硬件和软件两种设施。在各个区域网的基础之上将所有的支持服务系统提供出来，通过系统将工作内容的开发工具提供出来，可以导入多种类型的文件，将连接和有机整合的功能提供出来，对各项工作进行全面、系统的管理。可以说在很多领域内都能作为一种管理的工具，可以快速地添加、赋予和删除不同的权限，并且是一种高效的交流工具，对各种功能都能够很好地予以满足。

二、现阶段网络在学生思想教育中的应用现状

为了能够使网络信息技术很好地被学生所应用，并且将高水平的网络化平台构建起来，我国很多院校对校园内的网络平台进行了不断的完善。特别是近几年，网络化开始在校园中大面积地普及。作为最先进的传播手段，网络的开放性、综合性、全球性、多互性的特征使得更多的交流机会和畅通的渠道在不同文化与事物之间相互传播，给社会的发展带来了巨大的推动作用，给人类的发展也带来了促进作用。网上的信息相对复杂，虽然有很多有益、健康的信息，但也不乏一些迷信、黄色、反动的信息。有关数据统计显示，我国 60% 以上的学生都接触过不健康的网络。因此，不健康信息对于未步入社会大门的学生来说，势必会带来一定的负面影响，对学生的思想道德与行为习惯都会造成负面的影响。因此，构建校园绿色的网络平台就显得非常必要。

1.网络化有助于掌握学生的思想道德状态

思想政治工作人员或者班主任教师能够利用这项技术更为真实迅速地对学生进行了解与掌握，在提升学生思想政治工作的过程中能够更加有针对性，尤其是一些能够引起学生普遍关注的社会和校园热点问题。随着信息时代的到来，学生都喜

欢将自己的思想动作以电子数据的形式反映在网络上，互相之间进行讨论与交流。因此，教师可以利用网络平台第一时间获得学生思想上的真实的资料。教师可以利用对学生网站的搜索、整理及分析，找出有效的方式，及时地发现学生的思想波动与误区，对学生的思想政治方面给予正当的引导。

2. 网络化有助于改进思想道德教育模式

传统的教育方式只是通过教师在课上或课下的口头引导，或是凭空举出一些例子来进行教育。这种教学模式存在很大的弊端：一是没有认识到思想教育在学生发展中的作用；二是学生虽然明白老师是在激励自己，但是由于教师的讲解缺乏生动性，使得学生在意识上很难接受。因此，面对这样的情况，在利用网络化平台对学生进行思想教育的过程中，能够将大量的信息呈现出来，为学生提供丰富多样的素材。这些极具感染力的素材使得学生不再感到枯燥无味，从而积极地接受。此外，在对学生进行思想教育的过程中，网络平台中网络传递的及时性可以更加快速地将信息传递出来，使学生们感到思想教育工作无处不在。

3. 网络化有助于净化思想道德素质内容

随着网络时代的到来，更多的网络技术与信息被广大学生所认知和应用，但是由于学生的自控能力普遍较差，很少将其用在合理的方面。因此，学生容易受到网络上不健康信息的污染，影响自身的思想道德的培养。因此，在此背景下，学校网络平台的搭建很好地解决了这方面的问题。首先，学校网络的安全系数比较高，在对学生进行思想教育的过程中，会大力宣传绿色教育，强力抵制那些不健康的信息，这在一定程度上会转变学生的思想观念。通过学校网络的思想教育，学生在课余时也会自觉抵制不健康因素，明确自身思想发展的方向。

4. 网络化有助于扩宽思想道德教育的视野

现阶段，随着网络技术的不断发展，已经实现了在第一时间收集世界上的全部信息，不受空间和时间的限制，对于传统信息沟通方式不能解决的问题进行有效的解决。因此，学校网络平台的建立，能够给思想教育提供更加宽广的平台。同时，学校网络平台在对学生进行思想政治教育的过程中，对学生需要的信息能够进行及时的下载，对学生的思想发展情况进行详细的存储，将更多的教育时间提供给非教育者和受教育者。强化学生的思想道德观念，将思想教育和引导提供给学生，解决了传统思想教育的时间、空间桎梏，给学生提供开放性、全社会的教育空间，利用网络的特性对学生进行思想政治教育。相关人员在对学生的心理进行分析时发现，在教学时，通过听觉与视觉相互结合，能够将学生认识事物的能力提升65%。因此，利用网络进行教学可以对学生的思想进行准确、快捷的了解，对网络信息的优势进行充分的应用，将思想政治教育的渠道和空间进行不断的扩展，将更为适合青少年、更为有效、更为新颖的思想教育方式提供给了学生，拓宽学生思想政治教育的视野，丰富学生的思想。

三、网络对高校学生管理工作的影响

随着信息技术的发展，互联网作为一种新媒介已成为大学生工作、学习与生活不可缺少的一部分，在高校已经很难找到从不上网的学生，网络行为越来越成为大学生的一种生活习惯。而作为网络的主要使用者，大学生的意识形态及行为方式也深受网络的影响，他们逐渐倾向于在网上发表自己的各种看法、愿望和意见等，并开始通过网络行为来表达对与自己息息相关的学生管理工作的关注和诉求。在实践中，网络技术也不断地被运用到高校学生管理工作中，这给我们的工作带来了机遇，但也伴随着挑战。一方面，网络技术的应用使学生管理工作变得高效、便利且人性化，但另一方面，由于网络自身虚拟化等特征，也使我们的教育管理环境变得复杂化，这对高校学生管理人员提出了新的要求。如何运用好网络这把"双刃剑"，充分发挥其独特优势为育人管理服务，将是高校学生管理工作能否取得新突破的关键。

四、利用网络平台强化对学生的管理

在对学生进行管理的过程中，网络平台的构建对于学生的管理工作强化上会带来巨大的帮助，其中主要应用在这样的几个层面。

1.强化了学生思想管理工作

思想能够影响一个人的行为，尤其是对于学生来说，他们的思想还存在着一些不成熟的方面。学校利用网络平台，可以将社会上最新的消息传递给学生，使学生第一时间接受最为先进的思想引导。例如，可以利用最大的中文网站《人民日报》进行消息的传递，自从该网站建立之后，每天都会被浏览8万次左右，有一亿多字会被读者进行提取，可见其功能之强大，其也从另一层面映射出来网络的重要性。此外，学生因为在学习过程中会经常遇到种种的困难，思想波动的情况会时常的发生，这样教育人员利用网络将学生反映出来的情况及时地进行汇总，将合理的方案制定出来，实时关注学生的思想变化情况，随时关注学生思想上的波动。

2.强化了学生心理健康教育

不管是哪一阶段的学生，都会容易出现心理上的波动，这样，对于学生的身心健康的发展都会带来严重的负面影响。加之网络技术的出现，虽然丰富了学生的视野，但是由于很多学生迷恋网络，而迷失了方向，心理上也蒙上了一层黑雾一时难以散去。面对这样的情况，学校利用网络平台对学生的这种不健康的心理会正确地进行引导，用健康的网络来代替那些肮脏的网络信息，通过网络信息对学生的心理特点和思想脉搏进行有效的掌握。

3.强化了对学生学习上的管理

学习是学生的本职。随着教育改革的不断深入，传统的教学方式已经很难适应社会的发展，为了丰富学生的视野，学校的网络平台在其中发挥了极大的作用。网络平台被各个学校运用了之后，可以为学生提供出更为活跃的课堂氛围。利用网络平台将学生的个人信息和学习情况输入到网络当中，这样，教育者可以对学生的学习情况及时地予以掌握，如果学生某个知识点没有理解可以通过网络及时地到老师那里寻求帮助，老师会第一时间为学生们进行解答，在某种程度上讲，网络平台的搭建为老师管理学生的学习，学生及时地寻求老师帮助之间架起了一座桥梁。

4.增强学生的凝聚力

在现阶段的一些班级当中，很多学生都是独生子女，他们以自我为中心的理念非常强烈，缺乏团结友爱的精神。因此在面对这样学生时，班级管理者显得有些力不从心，管理起来会非常的吃力。如此一来班级就会如同一团散沙，对学生各个方面的发展都会带来严重的影响。随着网络平台在学校中的应用，教师可以通过学生的网络信息及时了解他们的真实情况，对于出现的问题，可以有针对性地进行解决。并且，教师可以根据网络平台，构建起团体性的活动，使学生能够经常融合到一起，不断地通过网络上的集体活动，增进同学之间的友谊，这样，学生的凝聚力就会慢慢地被培养起来。

五、网络时代下高校学生管理工作的新举措

1.开拓网上思想政治教育阵地，加强对学生网络民意的疏导

网络具有开放性，它完全打破了原有国家、社会之间的限制，将世界各国都紧密联系起来，不同意识形态之间的思想碰撞和文化冲突达到前所未有的程度。一些别有用心的西方国家借此机会通过网络平台对我国进行意识形态的渗透，大肆宣扬西方的文化理念、政治制度等，散布影响社会稳定的言论和信息，以此来削弱我们对马列主义等主流思潮的信仰，淡化我们的民族意识。部分思想和三观尚未成熟的大学生在如此强烈的多元文化碰撞下逐渐迷失了自我，对原有的主流理想信念产生怀疑，造成他们政治观念的淡漠、价值观念的偏离，出现极端个人主义、拜金主义等问题。

作为高校学生管理人员，必须抢占网络高地，通过网络平台创建"红色网站"，

在校园网上建立理论专区，构建思想政治教育阵地。一方面，高校学生管理人员应高度重视大学生网络民意的表现，密切掌握大学生的思想动态，对于大学生所关注的热点、难点问题在网上给予及时的回应，做好疏导工作。我们应该想办法深入到学生喜欢参与交流和讨论的网上社区、网站和聊天室等，积极与学生互动交流，及时了解大学生的网络情绪。特别是针对一些学生关注的重大政治、意识形态等敏感问题要及时在网上进行旗帜鲜明的正面引导，在引导过程中要注意坚持柔和的交流态度，言之有理，言辞恳切，力求把一些尖锐的矛盾化解在萌芽状态。同时，要尽可能团结好网络中的骨干活跃人员，在网上敏感话题的争论中，网络上的骨干活跃人员的行为对普通网民有巨大的影响力，要积极发挥他们的正面影响力，教育和带动更多的网友理性、成熟地思考问题。另一方面，要建立网络舆论突发事件应急机制。突发事件发生后，通过网络广泛、迅速、覆盖面大的信息平台将真实情况直接发送给每一位同学，提高组织传播的效率，减少信息在多层传输过程中的人为减损，防止学生被不实信息误导煽动而引发更大的混乱。

2.增强学生网络法制意识，加大网络文明建设力度

当前，我国关于网络的相关法律法规并不完善，高校对大学生网络法制意识与网络文明的宣传教育力度不足，加上对大学生的网络行为缺乏正确、有效的引导，导致大学生普遍的网络法制与网络文明意识不强，从而造成大学生网络行为规范的缺失。高校作为大学生网络法制与文明建设的主要场所，并未有效占领网络法制文明系统建设的前沿阵地，未能形成良好的校园网络文化氛围。

针对这一现象，首先，国家要根据网络发展的新情况和新问题，及时制定和出台一系列能适应网络环境快速发展的新法律法规，不断提高打击网络犯罪与网络不文明行为的能力。高校学生管理人员要加大对学生开展网络普法教育、网络安全教育和文明上网教育的力度，积极引导学生以遵纪守法为荣，对有关网络法律问题进行主动思考，如利用社会上的一些典型案例教育学生触犯网络法律所应承担的法律责任，以示警醒；同时，可在学校相关网站或 BBS 社区上开辟寓教于乐的法制教育网页，设立在线互动答疑等栏目，发动学生积极参与对网络违法现象与不文明行为的深入探讨，在潜移默化中提升大学生的网络法制与网络文明意识。其次，必须坚持他律与自律有机结合，倡导在学生群体中形成互相监督，合法文明使用网络的氛围。杜绝学生对网络违法与不文明行为的互相包庇与谅解，使学生分散的网络文明行为凝聚成有组织的共建网络文明的行动。在这一过程中，应充分发挥学生党员的模范带头作用，培养一支政治立场坚定、作风正派、网络技术过硬的学生党员队伍，充当网络文明使者，利用他们来自学生当中便于与学生沟通、易于被学生接

受认可的优势，引导好大学生的主流价值观，使他们肩负起宣传网络法律法规、倡导网络文明的重任。

3.建立一支具有网络时代意识与过硬网络技能的学工队伍

高校学生管理面临的环境发生了变化，网络信息技术的快速发展向传统的高校学生管理理念与方式提出了新的要求，这是新时期高校学生管理工作必须正视的现实环境。学生管理人员要想有足够的能力应付在新的教育管理环境中出现的新问题，必须强化自身的信息素质，提高现代网络技术应用的能力，才能充分利用网络资源优势，拓宽高校学生管理工作的空间，增强学生管理工作的针对性和实效性。

作为高校学生管理者，要抢占网络高地，建立属于自己的网络构架。注意网络社团、BBS社区、微博、QQ、个人飞信等网络媒介在工作中的运用，努力实现班级管理网络化，提高工作效率，使大学生表达的意见更有机会直接接近管理中心，从而改变以往信息不畅，具体管理工作、措施与现实脱节的被动局面，增强学生管理工作的针对性和科学性。此外，基于传统的教育理念，学生对老师都既敬又畏，在老师的面前难以敞开心扉，真实地表达自己的所思所想。而网络隐秘性与虚拟性的特征使网络交流少了现实中面对面交流的尴尬和顾忌，现在大部分学生都热衷于通过网络平台来表达自我，很多时候都会把自身的心情、心态或者对事件的观点即时通过网络来宣泄。这样的情况导致管理者对学生的思想难掌握、问题难发现，久而久之师生关系也由此而渐行渐远。多关注学生在网络上发表的信息，可以及时掌握学生的思想动态，从而对症下药，将一些不良的思想遏制于萌芽状态。相对于以往传统、低效的育人管理环境，当前高校教管工作成败的关键，在于管理人员是否能够在第一时间准确地获取高质量的信息，只有在知己知彼的情况下才能做出正确有效的决策。

4.充分利用网络资源，加强对学生的服务工作

在现阶段的实践中，网络技术与资源在高校学生管理工作中的应用还处于初始阶段，很多都是停留在"面子工程"的形式上，没有落到实处。要切实在网络上开展学生管理工作，必须坚持管理与服务相结合的原则。一方面要加大校园网络的信息量，在校园网络平台上，除了能查询到学校的各种方针政策、规章制度和通知等常规信息外，还应包含各种大学生常用的学术、生活社交网络资源，努力把校园网络建设成为一个便于大学生学习、生活的综合性平台。另一方面，多拓展针对学生的网上服务空间，如开展网上心理咨询、网上就业信息咨询、勤工俭学信息、网上社团活动等，努力利用网络自身具备的优势特征来消除某些管理工作或服务在现实操作中的局限性，开创高校学生工作的新局面。如大部分心理有问题的学生都不

太善于交流和沟通，而网络可以为了解学生心理动态和进行心理咨询提供一个全新的平台。通过网上心理咨询服务，可以消除面对面的尴尬，避免现实交流带来的障碍，可以慢慢地深入问题学生的心理，使其敞开心扉地宣泄内心的情绪问题，从而使教育管理者可以对症下药，准确地引导学生的行为，为更顺利地开展学生心理工作提供良好条件。

5. 注重"网上管理"与"网下管理"的结合

作为一个高校学生管理工作人员，无论信息技术发展如何迅猛，网络技术与高校学生管理工作结合得如何紧密，我们必须明确：学生管理工作不是在做"虚拟世界"的工作，而是在做"虚拟世界"背后的学生主体的工作。利用网络平台开展高校学生管理工作要做到网上管理和网下管理相结合，做到以情感人，以理服人。同时，加强校园现实的软件和硬件建设，增强现实空间对学生的吸引力。很多大学生沉迷于网络的虚拟空间，主要也是由于在现实世界中，他们的很多想法和诉求都得不到满足，只能在虚拟世界里寻求慰藉。为改变这一局面，学校要多开展受学生欢迎，易于学生接受的校园文体活动，尽可能使所有学生的心理诉求能在现实中得以满足，让他们有平台与机会能各尽其能，从而增强现实校园对学生的吸引力，增强学生的幸福体验。

综上所述，随着信息时代的到来，在人们生活或学习的各个领域当中都能看到互联网的影子，在各个层面和领域当中都有所渗透。互联网用其多种功能不断地丰富着人们的生活和阅历，将各种思想和信息有效地进行传播。因此学校在学生的思想教育和管理工作中必将发挥着不可代替的作用。现阶段的很多学校，鉴于学生不断增长的网络需求以及互联网极强的功能，网络平台在学校当中逐渐地被建立起来，在以上提及的两项工作中发挥了不可代替的作用，使工作的效率逐渐地被提升了上来。

第九章 "互联网+"时代转变高校学生管理模式的途径

第一节　管理层面

一、管理者提高自身的综合素质

随着我国高等教育的逐步普及以及与国际接轨，各高校面临着激烈的竞争，高校管理者也面临着新的任务和挑战。高校学生管理者除要承担教师应尽的责任之外，还因其管理者的身份，承担更多特殊责任，这就要求必须全面提升自身的综合素质。

1. 高校管理者的责任体现——促进高校教育发展和推动大学生成长成才

一所高校的成败很大程度上取决于这所高校领导者的水平，高校管理者的能力素质对高校的发展和大学生的成长成才有着至关重要的影响。然而，近年来在从事高校学生管理的这个群体中，却有些管理者存在着责任感不强的现象，影响着学校的发展和大学生的健康成长成才。具体体现在：部分高校学生管理者对大学生的管理缺乏科学性，不注重调查研究工作，不注重大学生的成才规律和大学生的个性发展规律，在工作中缺乏社会责任感、缺乏持久性和稳定性，工作不得法，影响了大学生的健康成才。为了使高校学生管理者对所处的时代和所肩负的责任有一个具体深入的认知，高校学生管理者要注重自身管理能力的提高，不断地吸收新的信息，不断地实践和总结，培养良好的执行力和良好的沟通协调能力。管理能力的提高是一个学习和训练的过程，过去的知识和能力固然重要，但并不等于说我们就可以用过去的知识和能力应对现在和未来，要用发展的眼光培养自我的责任意识。要注重高校学生管理方法的研究，增强自身科研素质，明确管理的目的，为管理素质的提高奠定基础。高校学生管理者如将科研作为管理过程的先导，管理就能深入下去，就能在学生管理中不断发现问题，不断完善管理方法，不断探索新问题的发生过程，使高校学生管理活动沿着科学化、规范化的轨道进行研究实践。因此，高校学生管理者素质的提升是培养创新人才的保障。高校学生管理者责任体现必须围绕着高校建设发展、大学生的成长成才的需要。

（1）促进高校教育发展的责任。目前，高校学生管理者基本上都接受了系统的高等教育，掌握着先进的科学技术和管理方法，是高校发展中一支朝气蓬勃、出类拔萃的队伍，应该努力用自己的聪明才智为高校的发展尽一分力量，为大学生成长成才服务，这是历史赋予高校学生管理者不可推卸的责任。在科技进步突飞猛进，知识经济已见端倪的今天，民族科技正面临着一种咄咄逼人的挑战。高校学生管理者接受了正规而严格的治学熏陶，领略着各门学科的无限风光，探求着自然与社会的最新宝藏，因此有能力更有责任和义务，促进中国教育的发展，在高校竞争的舞台上一显身手，推动高校的进步。高校学生管理者要对祖国的教育和人才的培养有着高度的关注和思考，对建设有中国特色的社会主义教育、办好人民满意的大学有着比较深刻的理解，能积极投身于高校的建设，为不断推进高校的发展而努力。

（2）推动大学生成长成才的责任。当前，高校部分大学生至今仍存在科学思想缺乏、故步自封等"国民的弱点"。对高校学生管理者而言，不仅要注重自我的发展，更重要的是要挑起高校教书育人的重担。高校学生管理者要勇于冲破旧势力的束缚，清除各种历史的和现实的陈腐观念，在办人民满意大学的道路上实现自身的发展和完善，并以此促进高校教育的发展和大学生的健康成才。责任感的重要性是不言而喻的，责任感的培养和增强既需要高校学生管理者本身的努力，也需要社会外界条件的帮助来共同完成。引导高校学生管理者通过实践来体现责任，积极拓宽高校学生管理者与社会沟通的渠道，提供各种各样的锻炼机会，使其能够真正接触社会，以成熟的观点认识社会现象，宣传倡导良好的社会风尚，坚决批判和抵制不良社会风气和社会现象，从而培养自身判别是非、应对复杂局面的能力，只有这样才能帮助大学生明辨是非，树立正确的政治观、人生观、价值观。

2.高校学生管理者存在的问题表现——认识不到位，信心不足相交替

高校要发展必须提高管理者的水平，必须建设一支强有力的高校学生管理队伍。高校学生管理者的管理能力的高低直接影响着学生的成长成才，是学校发展的重要环节，只有提升高校学生管理者的执行力，才能使高校管理决策层的科学决策落到实处，收到实效，从而有效地促进学校的发展。高等学校作为思想、文化、科技资源的聚集地，必须紧紧抓住科学发展上水平这个核心问题进一步理清学校科学发展思路，完善学科发展规划，明确科学发展战略，围绕人才培养这个根本任务，实施培养提升高校学生管理者的素质。但是，目前部分高校学生管理者在管理中仍存在着一些欠缺现象，具体表现在以下两个方面。

（1）认识不到位，针对性不够强。高校学生管理的根本宗旨是为了使每一个学生得到全面发展，因此，高校学生管理者必须具有深厚而广博的学识，成为智慧型的管理者。目前，部分高校学生管理者在工作中表现出解决和处理问题的能力不够，组织能力不强，知识结构不合理，专业学习不够系统、扎实，熟悉法律且有丰富经验的高校学生管理者较少。高校学生管理者结构不合理的问题，使得某些学生管理工作处于应付的状态，难以主动深入开展，这在一定程度上影响了工作的整体

水平与质量。有些高校学生管理者对待学生思想教育往往停留在下发文件和空洞的说教上，忽视了综合能力的训练和培养，造成学历与能力很难画上等号。少数高校学生管理者不能踏踏实实安下心来认真学习政治理论，不思进取，得过且过，学校抓得紧就搞假学习，说一套做一套，不讲政治讲条件，不干事业想仕途。

（2）执行力不足，全局观念淡薄。有些高校学生管理者甘于平庸，满足于工作上的一般化，创先争优意识不强，理解上级指示精神不全面，执行上级的决策部署不坚决。究其原因，是其对上级政策精神把握得不深入，理解得不透彻，执行办法不多，结合自身实际创新工作思路的积极性和主动性不足，习惯用"老套路"或简单的行政手段解决学生中存在的矛盾和问题，习惯于靠文件落实文件，以会议贯彻会议，导致校党委的有些决策部署只是落实在纸上、停留在会上；在学生管理中合意的就执行，不合意的就不执行或者是晚执行、少执行；缺乏驾驭全局和处理复杂问题的能力，在执行力上显得力不从心。对于解决群众关心的热点问题，缺乏工作上的积极性、主动性、创造性、预见性等。这些不足可以归纳的原因很多，既有责任心不强、思想不重视、执行力不足、全局观念淡薄、作风不过硬、方式方法不佳、相互不沟通、能力素质不高等表层原因，也有体制、机制等深层次因素。因此，面对今天的新形势、新要求，就需要我们更加主动自觉地去迎接新的机遇与挑战，提高工作能力、执行能力，善于应对突发事件的能力，不断提高分析问题、解决问题、驾驭全局的能力，进而发挥好高校学生管理者的作用，以适应学校又好又快发展的需要。

3.高校学生管理者的素质优化——全方位、多角度相结合

高校学生管理者在工作中除了集思广益、博采众长之外，还应具备管理、规划、发展、远景展望的能力，工作不能停留在表面上，必须有计划，有总结，这样才能保证执行的效果，执行过程中绝不能随遇而安，要打破因循守旧的观念，树立大胆创新的观念，自觉运用创新思维，完成高等学校的目标，这就必须培养自我管理能力与社会责任感。

（1）注重知识更新，加强责任引导。高校学生管理者要在意识到自己责任的同时，把它升华为一种自觉的内心信念，升华为义务感，形成强烈的社会责任感。培养自我管理能力，要把高校学生管理者所具备的政治素质、业务能力、增加工作经验等作为能力管理的主要内容，根据高校学生管理者的具体情况和需求，有针对性地加强学习与培训，保证获得工作急需的工作技能和方法，促使高校学生管理者运用自己的理论优势帮助大学生成才，促进学校教育的发展。高校学生管理者作为教书育人的责任主体，具有公民的权利和意识，也必须具有办人民满意大学的责任

意识，从而引导高校学生管理者正确认识个人与社会的关系，认清承担社会责任是实现自我价值的必由之路和强化构建和谐学院的思想基础。个人与社会之间既有区别又有联系，是共生共存、辩证统一的。发挥好高校学生管理者的主观能动性和创造性，使他们善于运用科学理性的思维去分析问题、解决问题，充分发挥高校学生管理者自身的优势，鼓励自我，勇于创新。青年高校学生管理者接受新鲜事物快，上手能力强，勇于创新，可以通过以老带新、亲力亲为拓展渠道，根据"求新""求异"的特点，加强其社会责任感的有效引导，帮助青年高校学生管理者用理性的思维处理各种纷繁复杂的事物与矛盾，在实践中提高青年高校学生管理者的责任感和事业心。只有这样，高等学校才能培养出服务社会的人才，自身价值也才会得到充分体现。

（2）注重能力管理，拓展创新载体。高校学生管理者要培养健康心理素质，锻炼坚强的品质并增强抗挫折能力。高校学生管理者在学生管理工作中常常会遇到不顺心的事情，会感到委屈、郁闷，这种心情会在很大程度上影响工作的效率和准确度，甚至使得面临的情况愈加困窘，所以要注重培养自己的心理素质。高校学生管理者要有坚定的职业精神，只有对自己的本职工作付出热情和心血，才能真正把事情做好，在繁重而枯燥的工作中，高校学生管理者只有选择耐心与认真，才能不折不扣地完成教书育人的任务。孔子云："吾日三省吾身。"如果每一个高校学生管理者都能经常对自己的表现进行反思，不断克服自己身上的惰性和私心，那么高校的学生管理水平就能日益提高。高校学生管理者面对学生工作中"繁、急、难、重"的工作，要创新载体，注重能力管理，要不断去探索新方法，找出新程序，不断提高管理质量，打破因循守旧的观念，树立大胆创新的观念，注重教育的实效性，从而实现个人价值与社会价值的统一。高校学生管理者最终的目的是为学院发展服务，为社会培养优秀合格的人才。高校学生管理者只有具备了社会责任感，才能培养出社会需要的人才。对高校学生管理者能力管理和社会责任感的培养二者良性互动，是高校学生管理者全面、和谐、自由发展的必要途径。

二、切实落实高校学生管理工作

在高校学生管理工作中，辅导员扮演着重要角色，不仅要管理学生，还要教育学生，对学生的学习和日常生活进行正确引导，帮助学生树立正确的世界观、人生观和价值观。对高校学生管理工作中辅导员的角色分析，能促进辅导员更好地对大学生开展教育和管理工作。

高等学校的建设与发展也在国家改革开放以及经济社会深入发展的背景下逐

步进入了新阶段。新时期高校辅导员需要承担的责任很多，落实大学生德育教育、落实学校规章制度、组织大学生参加各种教学活动、为大学生提供专业辅导和择业辅导、疏导大学生心理、帮助大学生解决困难、在大学生中发展党员等，可以说高校辅导员责任重大，其扮演的不单是"政治辅导员"角色。高校辅导员的工作任务特点是艰巨、复杂并且十分琐碎，这就要求高校辅导员心理素质、道德素质以及专业素质应该都较强。在高校管理工作中对辅导员角色进行准确定位，不断寻找提高辅导员管理工作效率的方法，可以积极促进高校辅导员管理工作的开展，实现对高校学生的合理有效管理。

1. 辅导员在高校中的地位及作用

高校辅导员在教育学生、管理学生、服务学生方面肩负着重要责任，同时又是高校对大学生开展思想政治教育工作的骨干力量，组织大学生接受思想政治教育，切实落实高校思想政治教育工作，指导管理学生的日常生活。

（1）管理协调。高校辅导员要对学生进行无微不至的关怀，做到事无巨细，让学生感到温暖。比如指导学生如何管理日常事务、如何管理班级规章制度、如何组织班级活动、如何动员和促进学风建设等，高校辅导员在班级管理工作中要付出足够多的汗水和心血。高校辅导员被高校师生们公认为"学生工作管理员"，其在工作过程中要协调校内各部门与学生之间的关系，做到对校内各个环节进行有效衔接，充分发挥高校的管理育人力量。

（2）纽带桥梁。通过辅导员可以架起高校与学生之间沟通的桥梁，辅导员要负责收集掌握和处理学生的意见和要求，贯彻落实学校政策法规、规章制度，组织学生开展各种校园活动。由此可见，高校辅导员加强学校与学生之间的思想沟通，能够为高校的育人工作创设和谐稳定氛围，促进高校管理工作高效稳定运行。

（3）教育疏导。高校辅导员采取近吸式教育模式对大学生进行教育，教育工作涵盖大学生的各个方面，不只停留在思想教育层面，进行的重点工作是帮助大学生进行职业生涯规划，促使大学生树立远大理想，形成正确的世界观、人生观和价值观，使大学生在学习、生活和工作态度方面端正态度，为高校培养高素质人才提供保障。

（4）成才导师。辅导员会影响到学生的方方面面，比如思想观念、价值取向、处事态度、行为方式以及学习成绩等，优秀的辅导员可以对大学生产生积极影响。辅导员是大学生进入大学生活以后面对的第一位导师，其负责大学生四年的学习和日常生活，并且对大学生的学习和生活予以引导，直至四年后大学毕业。大学阶段学生身体发育以及思想成长逐渐成熟，辅导员对大学生能够产生潜移默化的深远影响。

2.高校辅导员工作问题分析

（1）工作热情不高。辅导员队伍中年轻教师居多，其工作待遇和条件并不好，而且他们的工作没有得到足够重视，对其培养和扶持力度较小。高校辅导员不仅要管理学生的日常学习和生活，自己本身还有沉重的学习任务，其工作责任很重，加上存在工资低、住房小的问题，使得辅导员内心出现了极度不平衡现象。

（2）轻视思政教育。高校辅导员的最基本工作是思想政治教育工作，受到种种原因影响，高校辅导员思想政治教育工作方面没有摆正位置，出现了"说起来重要、做起来次要、忙起来不需要"的错误思想观念，思想政治教育工作没有得到高校辅导员的足够重视。

（3）责任心缺失。辅导员的个人责任意识不强，才会出现责任心缺失现象，但是影响其责任心的还有很多客观因素，比如大学生在复杂的社会环境下，思想变得活跃，言论变得更加自由。高校的扩招提高了生源率，但是却存在生源良莠不齐的现象，高校辅导员面对日益增加的高校舆论压力，形成了强烈的"怕出事"心理，工作变得被动，责任心渐渐消失，并且逐步形成了"多一事不如少一事"的错误思想观念，其工作过程中注重的是"维稳"，而非正确疏导和引导。

（4）公正性失衡。辅导员在实际工作过程中涉及比较多的环节是学生推优和评审，但是这些环节大都存在权利纷争。辅导员的工作压力在社会以及学校内部因素的影响日益变大，受到关系的影响，辅导员工作的公正性开始出现缺失现象，比如家长、领导或者同事和社会等会干扰学生的党员评选和奖优活动。

（5）专业知识不足。在高校担任辅导员角色的主要是专业学习的拔尖者，或者是优秀学生干部，辅导员学习的专业涉及面很广，也很齐全，理、工、文、教、经、艺等不同的专业都有涉及。专业门类虽然非常多，但是学习心理学、管理学以及思想政治教育专业的辅导员却很少，辅导员主力队伍学习的是一些其他门类专业。高校聘任辅导员重点考虑的不是其所具备的教育管理能力、心理学科背景和个性特长，而是其所学专业是否与所管理学生专业一致或者是相近，这对辅导员的管理工作也有一定影响。比如在理工科院校中很多辅导员也是理工专业，在文科院校中很多辅导员也是文科专业，无论文科还是理工科院校辅导员，其所具备的思想政治理论、心理学以及管理学方面的知识都是通过后期参加培训得到的。在高校不断扩招的背景下，学校规模也在不断扩大，也对高校辅导员的专业知识能力提出了更高的要求，其所具备的知识很难满足组织学生开展思想政治工作的需要。

（6）岗位认可度低。很多辅导员在工作过程中还要进行学习，并且学习负担很重，但是辅导员的工资一般比较低，使其在家庭生活以及住房方面存在困难，这就大大降低了辅导员的工作满意度。很多高校辅导员都想着能够尽快摆脱辅导员角色，被安排进教师或者是行政岗位，这使得辅导员队伍非常不稳定。

3.高校辅导员工作策略

（1）加强学习，做个"教育通"

辅导员的一项非常重要的工作是针对大学生开展思想政治教育，为学生与学校之间架起沟通的桥梁，因此高校辅导员要努力成为"教育通"，积极引导学生参加各种思想教育活动，提高学生的思想政治觉悟。

第一，学校要积极开设思想政治教育课程，或者是进行专题讲座，组织学生在课程或者讲座中积极进行讨论，充分发表自己的见解。之后，辅导员再予以补充，让学生在学习过程中树立正确的世界观、人生观以及价值观。

第二，辅导员要引用一些经典话语对学生进行思想政治教育，做到用事实讲话。

第三，辅导员要提高自己的思想政治境界，教育学生的同时要以身作则，正确对学生进行思想政治教育。辅导员要不断提高自身的思想政治素质，努力树立在学生心目中的良好形象，为学生树立榜样。

第四，为了能够及时了解学生思想动态，辅导员要及时与学生进行交流，针对学生的实际情况采取不同的教学方法。

第五，考虑到学生通过网络渠道来获取信息的特点，辅导员要充分运用网络技术对学生进行思想政治教育。

（2）身体力行，做个"好榜样"

第一，与其他课程教师相比，辅导员与学生进行交流的时间更长，所以辅导员很容易在学生心目中树立良好的榜样。学生的素质直接受到辅导员素养水平的影响，因此辅导员要不断提高自身的综合素质，时刻注意自己的言行举止，做到以身作则，为学生树立良好的榜样。

第二，学生中有很多可以作为榜样，教师要积极发现并且要善于利用，使学生能够感受到身边同学的榜样力量，激发学生的学习积极性。辅导员可以选取一些有代表性的学生作为榜样，发挥其带头作用。

第三，辅导员要积极组织学生开展学习榜样活动。比如学习雷锋榜样活动、鼓励学生到社区做义工、到养老院慰问老人，充分发挥学生的助人为乐精神。

（3）全面发展，做个"多面手"

第一，辅导员是学生思想上的引路人。以提高学生的思想觉悟作为出发点，辅导员要不断加强自身的思想政治素质，并且积极组织学生开展党团思想教育活动，为学生树立起学习榜样。

第二，辅导员是学生学习上的引导者。辅导员在学生工作方面不仅要发挥管理者职能，也要发挥教育者职能。以教授学生有效学习方法作为出发点，要积极学习并且掌握相关专业知识，并且通过课程教学和活动教学等方式向学生传授学习方法。

第三，辅导员要做学生的知心朋友，要关爱学生。大学阶段的学生还处于成长阶段，辅导员要给予学生更多的关心和爱护。辅导员要及时了解学生的学习和生活状况，及时帮助学生解决学习和生活过程中遇到的问题，让学生感受到自己带来的温暖，赢得学生的尊重和信任。

第四，辅导员要充当学生的心理疏导者。大学阶段的学生，还没有摆脱青春期带来的烦恼，面对就业压力和升学负担，大学生心理上很容易出现问题，辅导员要积极学习并且掌握相关心理学知识，及时疏导学生心理，帮助学生形成良好的心理状态，促进学生健康成长。

第五，辅导员要对学生的就业进行指导。大学生临近毕业时往往就业方向不明确，辅导员要引导学生设计职业生涯规划，让大学生对自己准确定位，在明确自己就业目标的前提下，制定符合自身实际的职业生涯发展规划，促进自身职业目标的实现。要积极组织学生开展职业生涯评比活动，使学生能够根据自身发展实际制定职业生涯规划。辅导员还要积极引导学生进行社会实践，让学生在社会实践中学习知识，积累经验，帮助学生实现顺利就业。

总之，在法制化社会环境下，辅导员所扮演的角色越来越多，面对思想活动日趋活跃的现代大学生，辅导员要不断学习相关专业知识，不断提高自身修养，提高自身综合素质。辅导员在管理学生过程中要及时了解学生各方面状况，对其予以正确引导，让学生少走弯路，进一步提高学生学习效率和综合竞争力，促进学生全面发展。

三、掌握高校学生管理的关键点

学生管理工作是高校整体工作的重要方面。在具体的实践中，学校的教育管理工作者应注意把握其中的几个关键环节，主要包括：入学教育、学生干部选拔、评优评模组织纳新、军政教练员选拔、开学和放假、大学生基本信息管理、就业信息提供等。全面把握大学生管理的关键环节，才有可能使大学生的管理工作走上更加规范而又科学的轨道。

1. 入学教育环节

高校的招生对象为高中毕业生。高等教育实行的是自我教育、自我管理和自我服务的管理模式，而大多数中学生的自我管理能力和自我约束能力较差。因此，高中毕业生如何实现向大学生的转变和过渡，入学教育是大学生管理工作的第一个关键环节。在入学教育方面，要重点搞好军政训练，从队列、内务、学籍管理规定、日常行为规范、考试制度等方面进行教育和强化训练，同时，对学生还要加强不同专业的专业思想教育，使学生真正明白，科教才能兴国，中华民族要想在世界上永远立于不败之地，首先要振兴教育事业，同时还要使学生了解本省乃至全国各行各业尤其是本专业的发展现状和前景，使学生尽快树立一种"今天学知识，明天建祖国，现在准备好，将来去奉献"的职业道德观念，使"奉献自己、服务他人、努力打拼、不断创新"的信念成为他们的终生追求。笔者经实践总结认为，军政训练一般安排两周时间为宜，每个教学班配备两名军政教练员，在早晨、上午、下午分别安排军政训练内容，晚自习时间安排教唱革命歌曲、学习规章制度、个人才艺展示活动，最后经系部初赛，评出军政训练先进班集体，在新生军政训练和入学教育总结大会上，进行汇报表演，在入学教育的过程中，各系部的学生主管领导和辅导员应切实负起责任，加强指导和督查，确保新生入学教育的环节搞得扎实并富有成效。

2. 学生干部选拔环节

学生干部的表率作用和榜样作用是无穷的。目前，由于我国社会仍旧处于转型时期，社会出现了道德失范、拜金主义严重等问题，这对学校也产生了一些不利的影响，圣洁的学校目前也不完全是净土一片。一些学生的能力有限，学业成绩一般，在遵守校规校纪方面也没有突出的表现，但他们想通过种种不正常手段，在班委会、团支部、学生会或团委会弄个"一官半职"，按说这也并不是什么了不起的大事，但在学生眼里，班干部的经历有助于他们今后的发展，因为当了学生干部，不但荣耀，而且是党组织纳新的优先对象，同时，学生干部的经历会对他们今后的就业产生积极的影响。

"不想当将军的士兵不是好士兵"，这种想法并不能说完全不正确，但这些学生当了学生干部后，因其本身约束自制力较差，很难做到"以身作则，率先垂范"，同时给自己的学习也造成了很大的压力，给学生管理工作带来了不利影响甚至后患。所以，在选拔学生干部上，必须要坚持原则，把那些品学兼优，具备一定组织能力，在学生中威信较高的学生选拔上来，是至关重要的。在选拔和配备学生干部时，辅导员应当在新生入学前首先审查相关教学班新生的档案信息资料，全面掌握学生的思想政治情况和家庭基本情况，把那些政治上可靠、学业上优秀的新生作为学生干部的备用人选。新生报到后，辅导员可以提名一些优秀的学生担任班委会、团支部临时干部，经过 1 ～ 2 个月的实践考察，履行民主推荐的程序，分别确定正式班委会和团支部的学生干部人选。

3.评优、纳新环节

在学生管理方面,评选"优秀团员""三好学生""优秀学生干部""优秀毕业生"以及奖学金的评定、党组织纳新是建立良好的班风、学风和校风的重要激励机制。"优秀团员""三好学生""优秀学生干部"以及奖学金的评定,每学年评定一次,"优秀毕业生"每届学生评定一次,党组织纳新一般每学年进行两次。每次评优、评奖和党组织的纳新工作,高校学生管理部门都会印发相关文件和要求,关键是各系部和辅导员要按照文件精神认真抓好落实,认真履行职责,真正把那些政治上可靠、学业上优秀的学生评选上来,把那些拥护党的领导、积极要求上进的学生早日吸收到党的组织中,把评优和组织纳新的激励作用发挥到最大。

4.军政教练员选拔环节

二十多年来,根据邢台学院(以下简称"我院")的实际情况,我院学生的军政训练,其教官由自己培养,这样不但节约了经费,而且培养了学生的社会实践能力,这一举措极大地调动了学生苦练基本功的积极性,他们具有极其强烈的责任感、使命感和事业心。在这项工作上,若不能坚持选拔标准,稍一放松,就会影响学生教练员的整体素质和形象,不能起到"以身示范,严格训练"的作用。军政教练员应当在每年的四月份安排选拔,根据本年度的招生规模,确定本年度军政教练员的选拔人数,经报名,由学校武装部进行筛选,将条件优秀的人员确定下来,五月份利用课余时间进行强化训练,为本年度新生的入学教育做好干部上的人才储备。

5.关心爱护和严格要求环节

无论是辅导员,还是专职的学生管理者,如果只注重关心爱护,容易使学生形成姑息迁就甚至纵容心理,如果只注重严格要求,学生容易产生逆反心理,就会对教师敬而远之,关心爱护和严格要求,二者是相辅相成、缺一不可的。所以,当学生遇到生活、学习上的困难时,辅导员和专职管理者及时给予关心爱护和帮助是非常必要的。同时,当学生自由散漫、不尊敬师长、不能遵守校纪时,教育管理工作者应当注意及时对学生进行批评教育。在对学生进行管理时,关心爱护和严格要求二者不可偏废,二者缺一,管理就不能成功。有的学者提倡赏识教育,笔者认为,赏识教育就是进行正面教育,单纯的赏识教育是不全面的教育,在操作上学生管理者应当和学生多交朋友,应当多注意观察,进行阶段性的平等交流和对话,用自己的真情来打动和感召学生。

6.开学和放假环节

许多大学生有这样的心理:在学校时间长了,想回家看看,在家里时间长了,盼着开学。回家可以说是归心似箭,临近放假和开学时,学生的心理最不稳定,但不管是开学还是放假，教育管理者应该教育学生在途中要注意交通安全，统一组织学生参加校方责任险，并提倡和鼓励学生自愿参加个人人身保险。另外，教育学生在放假或返校时，借别人的东西要按时归还，个人的物品要妥善放置。再者，放暑假，要教育学生在游泳时以防溺水，放寒假，教育农村学生严防煤气中毒。教育无小事，处处皆育人，这些看似不起眼的小事同样不容忽视。经常见诸媒体的大学生暑假游泳时溺水，在寒假时不慎煤气中毒，在放假往返途中发生交通事故的报道屡见不鲜。因此，对于教育管理者而言，教训要吸取，警钟要长鸣。

7. 大学生基本信息管理环节

高校中的学生来自于五湖四海，来自于不同的民族、省份，每个学生的生活习惯、性格、兴趣爱好等都不同。不同的民族更有着不同的民族风俗，家庭经济条件好的学生和家庭经济条件不好的学生有着不同的处世方式，尤其是单亲家庭或是家庭有重大变故的学生容易自闭和孤僻，这就需基层管理者，尤其是辅导员掌握每个学生的基本信息，建立每个学生的信息档案，包括姓名、性别、籍贯、民族、家庭成员基本概况、经济条件、联系方式、谈话记录等。经常与学生交流，使来自不同民族、不同地域、不同家庭背景的学生和谐相处，以形成良好的班风。

8. 及时准确地提供就业信息

目前，高校学生的就业形势非常严峻，应教育和引导学生全面客观地看待社会，了解就业形势和国家的就业政策，坦然地面对社会现实，根据自身和家庭的实际情况，正确选择自主创业、协议就业、灵活就业等不同形式的就业。在大学生接近毕业时，辅导员最重要的任务就是给毕业生提供及时、准确的社会各个层面不同行业的用人需求信息，教育大学生提高就业技能。要让学生知道，只有政治上可靠、业务上精良、技能上过硬，并且有良好的心理素质的人，善于与他人合作的人，善于创新的人，善于吃苦耐劳的人，讲诚信的人，才能在当今社会激烈的竞争中站稳脚跟。

9. 反馈效果与实践引导

高校学生管理工作效果反馈机制的建立是高校进行学生管理的关键环节，是全面分析学生心理状态、学生学习动机、思想的重要理论依据。通过对学生管理工作反馈效果的分析，把握学生内心的变化状态，建立相适应的反馈机制，充分了解高校学生的个性化需求，尽可能为学生的健康成长创造便利条件。针对在思想与行为上需要纠正的学生，要做好教育疏导工作，引导学生深思努力学习的重要作用，树立爱国主义，形成与社会主流文化发展相契合的人生观、价值观与世界观。实践工作中要高度重视高校学生管理工作与校园总体发展方向的融合，针对不同的学生的生活状况与自身基础水平，创建出更加适合本校工作与学生个性化并存的学生管理机制，避开在相关制度实施的过程中出现生硬的现象，达到学校管理更加民主、透明、和谐，更加适应大多数学生的心理，弥补个体存在的差异。高校学生管理的过程中高度重视学生学习品格的培养，引导学生具备全局观，以社会需要为学习基础，开展一系列的教育宣传活动，培养高校学生成为社会主义市场经济所需要的优秀人才。

四、掌握高校学生个体管理的艺术

1. 制度的规范和激励功能在高校学生管理工作中的显现

规范性制度和激励性制度在高校学生管理中都有其存在的合理性和价值。分析制度这两种主要功能的价值取向和限度，并不是要否定规范性制度在高校学生管理中的作用，而是要注重两种制度功能的价值取向和限度，在各自的层面上发挥其有效性。大学生已具有很强的独立人格和尊严，有非常明确的是非观和价值判断，他们不完全受他人设计、操纵和灌输，而是基于自身理性进行价值认知和选择。规范性制度应是对学生的权利和义务进行准确的定位，保障学生完整的公民权和受教育的权利，明确大学生作为公民和学生应有的行为规则和责任。所以，规范性制度的内容是对大学生行为的基本的限定，对符合大学生基本行为规范提出要求和对不符合的行为给予强制性处理。

这类制度往往与大学生的义务和责任性的内容联系在一起，只有这些义务性的内容和责任性的内容，才可以用规范性的制度加以保障和规范。某种程度上也可以认为，规范性制度具有"普识"性权利和义务的要求。不能让规范性制度的触角伸得太长，那样就陷入了学生管理制度设置的固有思维方式，把管理制度定位在"管住"学生，重点放在约束学生的行为上，以不让学生出事为目的。所以我们说，规范性制度的价值取向是向内的，通过基本的行为规范和强制性的要求，形成良好的习惯，达到品德和素质符合社会公民的要求，或达到良好公民素质，引领社会文明。

除此之外，在学生管理制度中，我们应尽可能不采用规范性制度或强制性措施达到管理的目的。在我国，学校管理制度的制定与实施具有自上而下、以行政规划与管理为主的特点，学校的科层化倾向明显，层次结构划分的是权利和责任。科层制在社会组织管理中具有良好的效率和作用，但作为培养人的高校，本具有效率意义的科层制最终成为束缚人们自由的限制，那么我们会将学生的生活建立在一种由科层制统治的"铁笼"里面。科层制的无情扩张，以及随之而来的科层权力的无情扩张，进入高校学生管理层面就呈现出对规范性制度的重视、偏向和喜爱。正如韦伯所描述的那样，科层制的激情足以压倒单个的情感。

更多的高校学生管理制度应以积极引导的价值取向，激发和激励每个学生的个体价值，充分肯定和体现学生的个体价值，增强学生积极向上的欲望和动力。激励性制度可以有效地启迪、敞开学生的价值世界，提高他们的价值判断能力、选择的意识与能力，敞开他们通向可能生活的价值路径，让他们面对开放的、无限沟通的社会生活空间，从容、自主地建构个人的价值世界，成为生活的主体。人才有基本要求，但没有一致的标准，基本要求可以通过规范性制度加以养成，而对人才自身的发展，要通过多样的激励措施和多层面的肯定加以激发。制度或规则应该只是创设一种"教育的情景"，提供学生实践个体价值的活动场所或空间，以贴近生活实际的内容，提高学生价值认识、探究和体验的能力。

2. 以激励性制度引领高校学生管理工作的价值创新

在高校学生管理工作中加强对激励性制度的重视，要将制度从激励性功能出发，进行适当的目标定位：一是实现对学生的不同认识，引导其不同个性的激发与彰显，推动其明确自身的价值取向；二是改变管理者的工作方式，逐步弱化强制性特征，突出以服务为主的角色意识，给学生创造一个既渗透制度规范，又充满生机与活力的实践提高平台；三是达成人才培养方式的转变，避免制度规范性的固化趋同，帮助学生在个性可以得到张扬的情境中通过自我学习、自我管理和自我服务，实现自我价值。

3. 制度设计

高校学生管理工作创新应高度重视制度创新，并努力使之健全、规范与科学。完整、成熟、合理、先进的学生管理制度，反映着一所学校德育工作的理念与机制，反映着学校人才培养的目的与要求，反映着学校学生管理工作的思路、模式与方法，同时也综合反映着学校学生管理工作的境界与水平。理性把握学生管理工作中制度功能的特点以及制度设计的原则要求，在突出制度执行的严肃性、规范性和教育性的同时，更注重加强制度设计，注重制度的激励功能的发挥，则是实现高校学生管理工作价值创新的重要途径。

制度设计要建立健全评价机制，优化绩效考核激励机制。正如柯尔伯格所言，道德发展取决于规则如何被理解，而不是取决于文化内容。我们从这句话启发到的是，规则带给他人得以理解到的是什么，是一种限制性的价值灌输，还是一种开放性的价值引导？一般意义上，学生的行为要求与个人自身的发展目标是相一致的，限制向内，开放向外。通过制度激励性功能的发挥，将对学生的教育价值的引导渗透于学生个体成长的过程之中，注重对学生道德德行的养成教育，无疑应该是高校学生管理工作的基本出发点和重要归宿。"教育要通过生活才能发出力量而成为真正的教育",同样,德行养成教育也要而且必须通过生活发出力量才能成为真正的德行教育,日常生活是个体德行的养成之所。

制度设计就是要把个人的道德理性与生活结合起来,通过发挥制度的静态与动态有机结合的激励性功能,强调细化管理、量化管理,在生活中验证、丰富、实践个人的价值理念,并且逐步形成稳定的道德行为习惯,形成个人在日常生活中稳定的道德思考、判断、选择以及行动的基本方式,从而实现学生在综合素质提高方面保持一定的张力和维度。

4.价值实现

当代大学生管理制度应以开放、踏实、平等、尊重的内容、方式、方法面对这个复杂多元的世界,而有效发挥制度的激励性功能对于实现高校学生管理工作创新则有着显著的积极意义。

首先,激励性制度与学生个人的生活紧贴,可以加强学生对个人生活世界的体悟。人是社会关系的总和,人总是与周围世界发生着意义关联,通过追寻自身与他人、社会与自我的牵连而获得意义。关注这个"我"生活于其中的世界,并作为一个真实的生命体在这个"生活的世界"中去积极地交往、感觉、发现、理解,增进个人对自我生活世界的自觉意识,逐步形成个人与生活的世界之间和谐、稳定、深刻的联系。

其次,激励性制度引导学生在价值冲突中审慎决断。生活中,我们常处于两难甚至多难的价值冲突困境之中。罗宾斯说:"没有冲突,就不会有新的挑战,思考和思想的发展就失去了刺激和动力。"道德主体"只有在同环境的相互作用中借着自己的选择才能实现自己的发展。社会提供了无限可供选择的道德情境,个体的道德习惯便是借助自己一定的思维和感情对这些具体的道德情境自由选择的结果"。在对多元价值的冲突和选择中促进个体道德理性的发展和个体道德主体性的全面提升。

再次,激励性制度可以反复强化与训练,形成行为习惯。我们反对简单灌输和对行为的控制、强制。强调在过程中发挥价值引导的作用,积极鼓励和肯定学生对自身、对他人、对社会有益的行为,制度中加以认可,不断地对学生的有益行为加以增强和延伸,实现对个体差异的尊重,促进良好行为习惯的养成。

最后,激励性制度注重学生行为的自我反思与评价。苏格拉底说,"一种未经审视的生活还不如没有的好。""人的知识和道德都包含在这种循环的问答活动中。"激励性制度中肯定式的价值评价,必然会激发和引起学生自我行为的认识和思考,并通过对道德行为的不断反思和循环问答,澄明价值并促进道德理性的发展。

第二节　学生个人层面

一、发挥学生的主动性

大学生的自我管理，包括大学生对自身的生理、心理、行为等方面的自我认识、自我感受、自我料理、自主学习、自我监督、自我控制、自我完善。具体来说，我认为，大学生自我管理就是通过反馈分析服务好自己三个方面，即了解自我长处、管理自我目标、学会做事和与人相处。

1.自我管理的入门——了解自我长处

了解自我最重要的就是找到自己的长处——这是大学生首先要做的事情。也许要用整个大学的时光，但越早发现对将来的发展越有利。发现长处不能靠闭门苦想，而要通过实践检验并实施反馈分析。所以，作为大学生，要敢于尝试，在大学学习期间要尽可能地涉猎广泛的书籍，在假期时要抓住每一个实践机会。一个有效的方法是，无论何时，只要你做出了一个重要决策或采取了一项重大行动，你都把你期望的结果记录下来。3至6个月后，把实际结果与你的预期进行一下比较。通过尝试比较，就清楚明了在众多的抉择中，有些是自己没有天赋、没有技能干好的。而在某些方面上你却一点即通，上手很快。人生短暂，善于明白自己长处的学生就懂得学习自己擅长的东西，从"入流"向"一流"冲刺，而不会在自己能力低下的领域里浪费精力，从"非常笨拙"争取做到"马马虎虎"。一个人的成就，只能建立在长处和强势上，不可能建立在短处和弱势上。

当然，一个人的成长是动态的，特别是对于可塑性强的大学生而言，其具有的长处也是不断发展补充的。长处可以靠挖掘，也可以靠培养。为了更好地生存，人的无限潜能也能帮助自己激发和形成新的长处。因而，寻找长处不是固有的模式和框架，而是不断定期进行反馈分析，把寻找长处、培养长处与发挥长处统一于实践，才能让长处充分发挥作用而真正成为一种竞争的优势。

在大学，学生在不断地学习生活中难免有诸多抱怨，对自己对身边总有着这样的不满意和那样的不顺心，这也很正常。也许对于很多人来说，当年青有精力时，却没有做事的外部条件，当外在条件成熟时，可能人老没精力了。但所谓"非才之难，所以自用者实难！"善于自我管理的人，才擅于自用其才，才能在广阔天地间让长处充分发挥，抓住机遇，走向成功！

2. 自我管理的核心——目标管理

在明确了自己的长处之后，接下来就是目标的管理。"做'正确的事'比'正确地做事'更重要。"问目标是什么，就是"做正确的事"。它包括下面两方面。

第一，设立目标，让生活有明确的方向。不想当将军的士兵不是好士兵，作为一名大学生，首先要志向远大，目标明确。设立目标，要把握三个要点，一是你的目标一定要结合你的优点，围绕你的长处来构思。设立的目标，要能强化你的长处，专注于你的长处，把潜在的优势转化为现实的优势。二是目标必须具体，不能含糊其词，任何人都不可能去实现一个模糊的目标。比如，你打算考某个资格证，打算毕业时考研，并且打算毕业后找一份什么样的职业等，一定要把资格证的名称、考研的专业、职业的性质确定下来。三是目标要适中，既不能眼高手低，也不能自卑自贱。虽古人云："取法乎上，得乎其中；取法乎中，仅得其下。"但我们设立的目标如果太超过自己的知识、能力水平了，那么目标就会成为空中楼阁。

第二，要分解目标，让你随时充满紧迫感。目标可区分为长期目标、中期目标、短期目标三类。长期目标要瞄准"未来"，要把眼光放到毕业后的人生当中；中期目标是当你设定了长期目标后，将它分为两半的目标。若设定一下10年期的长期目标，就把中期目标定为5年，5年比较10年，其实现的可能性更大。接着将5年再分成两半，直到您得到了1年期的短期目标时，再按月分下去；短期目标是你应该最为关注的目标，其一般不要超过90天，这样能取得更好的效果。通过这样分解，你就可以把有限的精力放到当前的目标中去，全力以赴。

谈起目标，像大学生最为看重的就是英语的四六级考试了。对于我校的学生来说，英语的底子都比较薄，所以学习英语、学好英语是一个很让大学生们头疼的事情。曾举背单词作为学习英语的经验交流：如果一下子让你把5000个单词背会，你可能觉得任务太艰苦，沉重，不可能，但如果我计划一年的时间呢？我半年要背2500个，一个月我可以计划背417个，每天我只需要背熟14个单词。与其我们定个气吞山河的目标——5000个单词，除了吓倒自己没有其他任何意义以外，还不如用务实的心态将之必要地切割，定下一天背熟14个单词的目标。当然，对于任何目标而言，没有坚持的目标谈不上是目标，只是念头。

3. 自我管理的重要内容——学会做事和与人相处

自我管理最终是要去服务社会，融入他人，而不是一味地管理"自我"。所以自我管理很重要的作用和意义是在于它的社会性——学会做事和与人相处。学生经过了大学教育，最终是要进入社会的，所以在大学教育中，在学生自我管理的内容中，重视社会性素质能力的提高是十分关键的。归根结底——"学会做事做人"。

做事，除了做好事，做对事外，还要提高工作效率，以最佳的方式完成。做人，除了做好人，做对人外，还要做个成长快，成功快，受人欢迎和敬佩的人。

4.学生自我管理在高校管理工作中发挥着重要作用

学生自我管理渐渐成为高校学生管理重要的一面，具有显著的作用。

首先，能够有效地提高大学生的主动性，增强解决实际困难的能力。"自我管理"是以大学生为主的管理模式，大学生扮演管理者和被管理者两重身份，学生主动参与管理，又接受来自自己的管理，充分体现了学生的主体性。

其次，有利于塑造大学生独立性品质，增强社会责任感。"自我管理"实质上是学生的自我约束。在高校规章制度的监督下，增强学生的自我控制能力和独立感，加强学生的主观能动性，使学生在学习生活中，对自己负责，对他人负责，对社会负责。

再次，能够帮助学生认识自我，发展自我。"自我管理"是一种软性的管理，学生在学校制度的约束下，能够充分了解自己的真正需要，在进行自我教育的过程中，有效地弥补自身的不足，实现自我发展。

最后，有助于丰富学生的校园生活，增强学生的实践能力。学生如果自我管理，更能积极地去开展校园活动，丰富文化生活，增强交际能力，社会实践能力也会有所加强。

5.学好做事做人有几个基础

一是顺应良好的个性习惯。尽管我们说大学新生是站在同一条起跑线上，但他们实际上是带着将近二十年的人生履历进入大学生活的，一般都有自己的习惯。帮助学生区分他们习惯中哪些是好的习惯，哪些是坏的习惯，并设法改掉坏习惯是非常重要的。起草美国《独立宣言》的民主先驱富兰克林的做法是，把坏习惯开列一个清单，按程度排序，下决心一个一个地改掉，每改一个划一个，直至划完为止。对于好习惯，要强化并顺应。比如在学习方式上，有的人是阅读者——通过读收获最大；有的人是倾听者——通过听收获最大。只要能学到知识，这两种都是好习惯。关键在于你自己属于哪一类。

二是合理利用时间。微软公司董事长比尔·盖茨就把自己的成功归于抓住机会并学会时间的掌控。大学生最大的资源就是年轻，充满活力。掌控时间，就是要合理利用学生拥有的时间（青春年少）和精力（充满活力）资源去换取知识和能力。我们要帮助学生学会善于协调两类时间。一是他控时间，如学校安排上课、实验的时间；二是自控时间，即属于自由支配的时间。一个人每天效率最高的时间只有20%，所以要用20%的时间做80%的事情。此外，锻炼身体并不是浪费时间。

三是借助他人的力量。一件事情的成功往往是多方面合力的结果，而我们每个人的能力是有限的。因此，你要善于利用这些资源和能力来完成共同的任务。所谓聚沙成塔，众人拾柴火焰高！

四是善于沟通。现代社会是一个竞合时代。单枪匹马的孤胆英雄基本没有用武之地了。即使是英雄，也要有人支援。大学生生活的圈子小，人际关系相对简单，但学生要学会把所处的环境看成是练兵场，培养与人相处的技巧，学习建立良好人际关系的能力。沟通，只要生活在社会上，就要与人打交道，相互沟通至关重要。了解别人，也让别人了解自己。互通有无，才会有1+1>2的结果。要了解别人，就要学会换位思考，站在他人的立场上来分析问题，以同情的心态接受别人的观点。培养自己迷人的个性、得体的衣着、善意的微笑、诚挚的言谈、积极的进取心，从而让别人了解自己，欣赏自己。通过沟通，建立起牢固的人际关系网，你就有了生产力！

善于做人做事是一个较大的范畴，涵盖很广，市场上也有很多相应书籍和碟片。学校管理做得再好，对于大学生来说只是一种外部的知识灌输和秩序的强制执行。而此时的大学生正在积极发展探索、发现、分析、解决问题的能力，也正处在一个自我分辨、自我抉择的时期。这种积极的、主动的认识自身主体的意识是很重要的。值得称道的是，在我校成功素质教育的指导下，我校一直很注重这种大学生自我管理意识的形成和培养。我们作为素质导师的最主要的工作其实并不在于把学生管理多么多么好，而在于如何给予学生好的观念方法和建议，为他们创造一个良好的成长环境，让他们更好地自我管理，帮助自己走向成功。

6.高校学生实行自我管理的实践途径

（1）改变传统的管理观念，加强对"自我管理"的认识。高等教育不断普及的同时，高校学生管理正凸显一些问题。比如说，学生管理仍实行一种强制性的管理模式，学生只有遵守学校的各项规章制度，从而限制了学生的自我发展；从事学生管理工作的人员，包括班主任、辅导员整天都在忙于日常事务，或从事自己的工作，没有时间去了解学生的思想动态，不知道学生的真正需要，把握不了学生管理工作的关键所在；学校领导对学生工作不够重视，整天忙于学校大大小小的事务中，把学生管理置之度外；有的高校不断修建新的校区，后续的工作没有跟上，对新校区的学生采取听之任之的态度，不闻不问。以上的这些情况，在很多高校都很常见。然而，这种传统的管理模式已经不再适应新时期高校管理，因此学校学生管理者必须转变这种观念，接受新思想，树立以学生为主体的学生自我管理理念。

（2）创造大学生自我管理环境，实行有效的自我管理。环境的作用对一个人的发展是有很大影响的。环境包括人和物两方面。大学生是学校的主体，是建设文明校园的主力军。高校只有充分发挥学生的自我管理作用，才能建设文明校园，才能培养出合格的大学生。宿舍是学生主要的生活场所，因此，宿舍氛围的营造是一个重要方面。合理良好的宿舍环境对于培养大学生的自我管理能力，发挥巨大作用；教室是学生学习的地方，保持教室的安静是每个学生必须遵守的首要原则。

（3）制定大学生自我管理的一些制度，引导大学生进行自我管理。要使大学生进行有效的自我管理，就必须有相应的制度来约束。实行自我管理，并不意味着放任自由，而必须有一些制度作为底线，否则，难以把握大学生的发展方向，违背高校人才培养的初衷。因此，相关制度的建立，对于大学生的自我管理，起着一定的引导和约束作用。

总之，要想有效地实行大学生自我管理，高校全体师生必须意识到自我管理的必要性，在班主任、辅导员或学生管理工作者的指导下和一些相关制度的约束下，充分挖掘学生的潜力，增强学生自我控制能力，在自我管理中全面发展。

二、改变学生的思想观念

伴随社会主义市场经济的逐步发育，高校学生的思想观念呈现出多元趋向的若干新特点。

1. 价值观念的多元趋向

其一，价值取向的多向化与功利化共存。高校学生面对经济、政治体制大变革的社会环境，每天都在经受着改革开放的洗礼，感受着来自国内外各种政治、经济、文化思潮的影响，"供需见面""双向选择"也迫使他们去推销自己；社会现象和育人、用人的新模式深深撞击着他们的心灵，使他们的价值取向向多向发展。突出表现在就业选择上，他们认识到实现人生价值有多条途径，既可以在国内生根开花，也可以到国外拼搏；既可以到党政机关、国有企业工作，也可以到"三资"或私营企业服务或当个体户。其价值取向不愿受羁绊，常言之"不能在一棵树上吊死"，也不希望被"服从祖国需要"框住。其无原则的多向价值取舍，很难界定其孰轻孰重。同时，社会上纷繁复杂的经济生活的"投射"，使他们对个人利益的关注和反思明显增多。在行为中表现出明显的利益要求，外贸、金融、建筑等热门专业成了大学生追逐的目标，不管专业与否，不管能否发挥自己的专长，到国外去、到外资企业去、到挣钱多的地方去已取代了传统的到基层去、到边疆去、到祖国最需要的地方去。其价值取向往往以功利为轴线向多向辐射。

其二，价值主体的自我化与社会化共存。改革开放以来，高校学生在进取精神得到弘扬开拓的同时，自我意识得到明显增强。他们既赞成个体社会化的道理，又全面重新审视并高度重视自我价值，崇尚价值主体的自我化。他们认为在竞争激烈、优胜劣汰的市场经济社会里，在多元经济成分、多元经济利益、多元经济分配形式共存的社会主义初级阶段，必须凭借自我的主体性、能动性和独立性，才能实现自己的人生价值；进而特别珍视发展自己的个性兴趣，期望在竞争中表现自己的个性。当前，"以自我为主体"的人生价值观在高校学生群体中得到普遍认同，"自我设计""自我成才""自我实现"的意识已充盈其脑海。因而，其思想行为常处在自我化和社会化的矛盾之中，表现出一种身不由己处于社会大潮的无奈，而看问题总是从自己的角度出发衡量一切的倾向。其价值取向在一定的程度上是以自我为中心向多向辐射。

其三，价值目标的理想化与短期化共存。每个考入大学、研究生门槛的高校学生，在心底里都拥有一幅或大或小的宏伟蓝图。为实现自己的理想，他们对社会政治、经济领域的变革十分关注。但这种关注带有一种重眼前、轻未来的反理想主义的倾向和一种文化近视特征，更多的是追求眼前的社会变革所带来的个人实惠，缺乏长远的战略思考，因而对社会变革和自身的发展都表现出急于求成的心态，总是埋怨进程太慢。在知识择重上，往往更注重直接应用于生产、经营方面的专业知识，而对见效较迟，但是实现远大理想所必需的基础理论知识则较忽视和冷落。有些人甚至片面地认为社会活动能力、特别是社交能力是一个大学生应具备的首要素质。其价值目标的理想化和短期化两种现象矛盾地共存于一体，心目中追求价值目标的理想化，但在行动中价值取向的短期化行为又显而易见。

2.是非标准的多元趋向

改革开放以来，高校青年学生的是非评价观念发生了重大而深刻的变化，对善与恶、道德与不道德、成功与失败的评价标准不再是过去那么单一、纯正。西方种种思潮的不断涌入，更起着推波助澜的作用。他们的观察力敏锐但认识较片面，求知欲强但鉴别力较差，对是非标准缺乏辩证统一的把握能力，往往呈现出多元趋向，甚至处于矛盾之中。这种是非标准的多元趋向在另一方面的一个突出表现，是青年大学生头脑中的榜样模式的多元化。传统的先进人物、榜样力量对他们的影响在悄然下降，他们特别容易把与自己的价值取向、理想信念和个性兴趣相同的著名人物作为自己的楷模。内心里既热爱毛泽东、邓小平等世纪伟人，又崇拜荣毅仁、霍英东等"红色资本家"；常言之："雷锋、孔繁森固然应该学，下海赚大钱者未必就不可取。"

3.思想情感的多元趋向

高校学生思想情感的多元趋向集中表现为思想情感的多向、多层次状况：既追求科技的高品位、大贡献，也"暗恋""黄金屋""颜如玉"；既崇尚讴歌劳动，又不太愿意深入基层与劳动人民为伍；既拥护社会主义优越制度，又羡慕资本主义物质文明；既有立志献身共产主义事业的优秀分子，又有多种信仰兼容者，也不乏个别对当局主导思想信仰的背叛者；……往往既有高尚的思想情操，又有低级趣味的腐朽意识；既有进步的思想认识，又有落后的陈腐观念；既有正确、积极的思想情感，又有错误、消极的思想意识。

上述种种思想观念的多元趋向，均有其产生的客观经济基础和社会基础。从某种意义上说，大学校园里的思想观念的多元现象，正是社会深化改革、新旧体制更替所引起的社会思想深层反响在高校的奏鸣曲。存在决定意识，在社会主义初级阶段，多元经济体制、多元经济利益、多元经济分配方式的共存，无疑将使人们的思维方式向多元方向发展。高校学生的价值观念、是非观念和思想情感自然难免不呈现出发散型的多元状态。

高校学生思想观念多元趋向的客观效果具有二重性：一方面反映出高校学生的思想观念随着社会主义市场经济的建立得到了极大的启迪和更新，优胜劣汰观念、自主自立观念、效益效率观念、民主与开拓精神在高校学生中得到了确立和张扬，使他们对改革开放和我国的社会主义现代化建设事业更加充满了信心，这无疑是积极的有益的效应。另一方面，思想观念的多元和无序则可能导致高校学生的无所适从；无论是价值观念、是非标准，还是思想情感，在根本上只能是一元而不能是多元。否则，"自我"意识的恶性膨胀将导致个人主义，功利意识的盲目发展会形成功利主义和享乐主义，是非标准的多元和思想情感的多向，会使其政治、道德乃至整个人生的成长与培育失去思想基础和方向目标。

高校学生思想观念的多元现象虽然是根植于经济体制多元的社会基础之上，是社会变革、思想跃进的客观结果。但是，客观结果并不等于正常结果。决不能让多元思想观念蔓延、演化成政治上的多元意识；也决不能让高校学生被陷在思想观念多元无序状态之中而找不着正确的成才方向。因此，如何用科学的理论武器，使高校学生的思想观念由多元走向归一，即如何加强正面教育和引导，使之扬善弃恶，已成为当前思想政治教育的当务之急。

三、提高其参与程度

大学生参与高校管理，既是其作为教育消费者与接受者的重要权利，又是其保障自身利益的合法权利。与西方国家相比，我国高校中的学生参与既存在学生主体地位被忽视、学生参与能力遭质疑和学生个体意识淡薄等理念性障碍，也存在行政管理机构中的边缘化、学生自治组织中的虚无化等制度性障碍。为更好地促进与提升高校管理中的学生参与，需要更新学生参与高校管理的观念，完善学生参与高校管理的机制和提升学生参与高校管理的品质。

随着高等教育市场化程度的逐步深入，高校收费制度和招生录取方式的逐渐变化，高校与学生的关系日益从"管理者和被管理者"的关系转变为"服务提供者与消费者"的关系。伴随大学生成人意识与消费者意识的增强，其既应享有依法参与高校管理的权利，又应基于自身合法身份，获得保障自身正当权益的权利。在高等教育大众化、民主化趋势日益显著的今天，如何科学理性地赋予学生参与高校管理的权利，如何妥善合理地保障学生的权利诉求，是值得谨慎思考与深入探讨的问题。

1.学生参与高校管理的特征

学生参与高校管理，既是学生作为教育消费者的重要权利，又是学生保障自身正当利益的合法权利，尽管这一理念已成为了欧美国家高校广泛认同与实践的共识，但其在我国还处于初步发展阶段。

（1）学生参与高校管理的基本内涵。关于学生参与高校管理的含义，典型的有"全面参与说"和"部分参与说"两种。前者强调学生全面参与学校的各项管理，"大学生参与管理是指为实现高校教育与管理目标，大学生从高校正式的组织机构中分享一定的管理权，承担一定的管理责任，在参加高校发展的计划、决策、资源协调和管理中，推进高校管理的民主化、科学化。"后者主张学生部分参与学校管理，"大学生参与学校民主管理是指在学校管理过程中吸纳学生参与学校和学生利益直接相关事务的评议、管理和监督。它既是学校民主办学的重要途径，也是学校尊重、培育学生主体性，造就创新人才的重要渠道。"上述两种观点都以高校管理民主化和科学化为出发点和落脚点。然而，学生身心发展水平的差异性以及学校本身所固有的管理职能，决定了学生参与学校管理是以促进学生主体性发展为前提，所以学生参与管理更多的是从学校的教育教学活动、校园文化建设和学生学校生活等方面来强调其主体地位和作用，促进其主体性的发展并提升学校管理的科学化水平。也就是说，学生参与高校管理的本质既是高校管理工作中的一个重要环节，又是高校学生教育的一种重要手段。

（2）学生参与高校管理的理论基础。西方国家主要从政治学、经济学、社会学以及管理学等多学科视角阐述大学生参与学校管理的理论依据。洛克的有限政府论认为，人们让渡自然权利组成政府是"出于各人为了更好地保护自己、他人的自由和财产的动机"，如果政府违背了为人民的和平、安全和公众福利服务的目的，人民就有权解散政府。此理论在大学治理中也同样适用。"既然所有政府的合法权利都来自被统治者的同意，那么所有与学生有重要关系的决策都应该征求学生的意见。"就高等教育来说，美国早已是一个"拥有发展完善的教育市场"的国家。市场化条件下，大学与学生的关系日益成为服务提供者与消费者的关系。因此，学生根据自己的需要对改善教育服务提出意见是合理的，学校有义务维护学生参与学校管理的权利。美籍德国人库尔特·勒温提出的群体动力理论强调群体与其个体成员的相互影响。相关研究表明，调动集体成员对集体活动的参与能够增强成员对集体的认同感。同理，学生参与学校管理的过程也是增强学生对学校认同感的过程；参与式管理是现代管理中的核心理念，"人力资源开发的假定组成了管理理论的一种，其中心是参与式管理"。参与式管理要求"把参与和责任延伸到最低的层次上去"，让大学生参与大学管理，与现代管理理念高度契合。

国内学者则更多从法律法规和政策的视角为学生参与学校管理寻找合法性与合理性支撑。1998年，联合国教科文组织在世界高等教育大会上发表《二十一世纪高等教育：展望行动世界宣言》指出："国家和高等院校的决策者应将学生视为高等教育改革的主要的和负责的参与者。"2005年我国教育部发布的《普通高等学校学生管理规定》第四十一条也明确规定"学校应当建立和完善学生参与民主管理的组织形式，支持和保障学生依法参与学校民主管理"。2011年，教育部《高等学校章程制定暂行办法》第十二条明确提出："章程应当明确规定教职工代表大会、学生代表大会的地位作用、职责权限……维护师生员工通过教职工代表大会、学生代表大会参与学校相关事项的民主决策，实施监督的权利。"

（3）学生参与高校管理的实现形式。在西方国家，学生通过列席学校高层管理机构参与学校的管理。如法国高校的最高权力机构是大学理事会，由"大学评议会""大学学习与生活委员会"和"大学学术委员会"联合组成，学生人数所占比例分别为20%～25%、75%～80%（含教师）、7.5%～12.5%。而英国高校的最高权力机构则是董事会，根据法律规定，英国校董会都必须由地方教育当局代表、学生、家长代表与教师代表参加。在德国大学中，校务委员会是学校的最高权力机构，其成员包括经选举产生的教授、助教、职员和学生代表。这些成员根据各自的权利、义务组成各个委员会，再由各委员会共同组成常务委员会，学生代表占其校内常委配额的1/3甚至更多，参与提名和选举校长、副校长，以及其他部分行政负责人。

在我国，学生委员会（学生会）是高校最基本、最普遍的学生组织和学生参与高校管理的机构，充当学校和学生之间相互沟通的桥梁和纽带。学生会的基本原则是坚持服从党的领导和维护学生利益的一致性，因此学生会既要关心和维护广大学生的利益，又要兼顾党和国家的利益。学生会通过一定的渠道和途径参与学校的日常管理，参加有关对学校工作的监督和评议。根据《中华全国学生联合会章程》规定，学生会的基本任务之一就是"沟通学校党政与广大同学的联系，通过学校各种正常渠道，反映同学的建议、意见和要求，参与涉及学生的学校事务的民主管理，维护同学的正当权益"。作为学生自我管理的组织机构，学生会在理论上既是学生参与学校管理的主要途径，又是学生进行自我管理的重要组织。

2.阻碍学生参与高校管理的障碍

西方大学有着悠久的学生参与高校管理的历史，大学生通常借助一定的组织形式参与到高校管理中，表现为一种比较成熟的组织行为。相比之下，虽然我国高校在管理体制改革与发展的过程中也在积极尝试让学生参与高校管理，但由于起点低、起步晚，这方面的认识和实践还较为薄弱。

（1）学生参与高校管理的理念性障碍

理念的缺失是阻碍学生参与高校管理的首要因素，其形成于我国特定的社会环境之中，是在长期的历史积淀与思维定式之下逐渐形成的。

A.学生主体地位被忽视。高校中最直接的三个利益群体是大学生、教师和行政管理人员，他们虽然在理论上具有共同的组织目标，却不具有现实的平等地位。在我国传统的政府办学体制和高度集中的教育管理体系下，大学生长期被视为受教育者和被管理者，其主体地位通常被大学的层级制度所忽视，对学校事务只有服从的义务而没有参与管理的权利，导致长时间以来学校管理者忽略学生的主体性，也无形中消解了学生自身参与高校管理的意识。学生会等学生组织对大学管理的参与仅止于服务工作及被动的管理，在代表学生权益方面所起的作用仅限于传达和提出意见。而在西方国家，学生参与高校管理有着悠久的历史传统，从中世纪博洛尼亚大学作为"学生大学"开始到20世纪60年代后期学生行动主义的兴起，大学生在高校中的主体地位一直都被重视。西方推崇的自由主义思想和"有限政府论"等观点也为大学生参与学校管理提供了观念上的合法性。与西方国家相比，我国高校大学生参与学校管理还处于一个不被重视的弱势环境之中。

B.学生参与能力遭质疑。当前，我国高校学生参与学校管理仅停留在一般性决策或决策的初级阶段，对学校重大问题的决策权利却很少涉足，一个很重要的原因是大学生参与学校管理的能力遭到质疑。一方面，学校对大学生参与高校管理缺乏充分的信任，认为大学生处于心理和生理尚不完全成熟的阶段，不具备参与高校管理的专业知识和战略眼光，不能胜任教学、科研等重要事务的决策能力。另一方面，学生对自己参与大学管理的信心也不足，认为学校管理有专门的部门和人员负责，自己在校时间太短无法对学校长远的政策提出真正有价值的意见和建议。而在西方国家，让学生参与学校管理已经成为学校培养学生能力的一种重要手段，学校普遍鼓励学生参与学校管理。从 20 世纪 60 年代中期开始，让学生自我管理、让学生参与学校管理已成为了现代高校内部管理的基本信念和重要原则。学生自治和学生参与学校管理不仅是尊重学生权利和使高校管理更加民主与有效的问题，更是教育学生、引导学生成为合格公民和建设者的教育问题。

C. 学生个体意识淡薄。我国曾长期处于政府独资办学的局面，随着高等教育市场化趋势的凸显，政府不像过去那样承担绝大部分教育经费，而是由学生自己承担主要的教育费用。"学生消费者"观念的逐渐形成要求学校为学生提供更满意的服务，让学生充分享有作为消费者的应有权利。但由于我国当前的教育消费市场还相对不成熟，再加上"师道尊严"等传统价值观的影响，学生作为教育消费者的身份地位和权利意识尚未完全转变和觉醒，学生作为消费者参与高校管理的合法权利也没有受到重视。在商品经济高度发达的西方国家，消费者的权利意识早已深入人心。尤其是 20 世纪 80 年代以来，西方各国出现市场化改革趋势，主张"把市场竞争的某种形式作为学校改革的基础"。起源于美国的"服务型大学"提出以市场为导向的理念，其最突出的特点就是和那些受市场驱动的机构一样，尽力发展那些能够在知识市场里有竞争力的产品，从而争取更多的教育消费者。可以看到，西方高校充分调动学生参与学校管理工作的积极性既是对学生合法权利的尊重，也是对学生消费者个体参与意识的激发。

（2）学生参与高校管理的制度性障碍

西方大学生参与高校管理的机制主要有两种，一种是通过行政管理机构"自上而下"参与高校管理，另一种是通过学生组织机构"自下而上"参与高校管理。虽然这两种形式在我国高校中也以某种形态存在，但其在现实中的实际效果却并不尽如人意。

A. 行政管理机构中的边缘化。西方高校普遍采用在董事会、理事会、校务委员会及其他各种委员会中设置学生席位，确保学生代表可以行使参与管理的权利。由于学生在这些机构中占有一席之地，所以他们能够对与自身密切相关的学生事务发表看法，对高校发展的其他方面献言献策，真正参与到高校内各种决策的讨论、审议和建议中。在我国，也有类似通过行政管理机构参与高校管理的机制，如2007 年中国石油大学（华东）实行的"学生校长助理"制度，主要负责听取和反映学生意见，也能通过提交决策报告的方式参与学校决策，但校长助理制度不是一种完全意义上的决策参与机制，因为它不是由学校选举产生，不对学生组织负责，没有形成制度化，也不具有广泛性。此外，虽然我国部分高校也会通过在校务委员会中设置学生代表席位实现学生在较高层次上的决策参与，但由于校务委员会在我国高校中尚未普遍建立，加之学生代表在其中的席位数量以及影响力不足以实现对管理决策的充分参与，学生在行政管理机构中整体上处于被边缘化的地位。

B.学生自治组织中的虚无化。在西方大学中，学生组织往往具有相对较高的独立性，对大学生事务拥有自主管理的权利，高校中的社团组织成员也能够对学校事务发表意见，影响高校管理决策。如英国的全国大学生联合会（National Unionof Students）允许学生参与福利方面、教育内容和教育方式等方面的决议过程；美国大学里的"学生政府"（Student Government）作为大学生自我管理和参与高校事务的有效途径，可代表学生利益向学校反映所有在校学生的要求。在西方国家，学生组织在长期的发展过程中已经构筑起了健全的参与机制，成为大学生参与管理非常重要的方式之一，学生建设性的建议也能够得到学校的重视并被运用于高校的管理实践当中。

在我国，虽然各高校都有学生会和学生社团等党委领导和团委指导下的大学生自治组织，学生会和学生社团在具体工作中也拥有相当的自主权，但其主要体现在自主制定学生会内部管理制度和自主决定组织内部人事任免等事务性工作上。这些组织的主要职能，仅仅是协助和促进学校的教育和管理工作以及繁荣校园文化，同时对学校提供的服务进行监督和反馈，保护和促进学生群体的权益。与西方大学相比，我国学生自治组织还不具有很强的独立性，也缺乏完善的审议、监督和执行机构设置，尚没有构成一个完整的权力运行机制，在保证学生参与高校管理方面实际上是弱势甚至是虚无的。

3.学生参与高校管理的策略探析

学生参与高校管理应该是一个循序渐进的过程。高校应充分重视学生参与管理的权利，落实学生参与管理的权利，为学生参与学校管理提供更适宜的环境与更完善的制度保障。

（1）重视"学生权利"，更新学生参与高校管理的观念

支持和促进学生参与高校管理，在本质上是尊重学生作为消费者与受教育者的合法权利与合理诉求。受传统的思想观念制约，大部分高校管理者都认为以大学生的现有能力和素质还无法胜任复杂的管理工作，所以在保证学生参与高校管理的方面通常持相对保守的态度。从人才培养的角度看，支持学生参与学校管理是促使人才全面发展、培养学生民主意识的重要手段；从学校科学化管理的角度看，支持

学生参与学校管理又是促进服务水平提高的必要途径，毕竟"积极的顾客参与可以提高服务质量和顾客满意度"。学生是学校服务的直接体验者，吸纳学生直接参与到学校管理当中，不仅可以使学校的管理更有针对性，还能够加强学生的自我管理。因此，高校管理者需摆脱传统的"替代家长"观念，重视大学生在高校中的主体性地位，尊重学生参与高校管理的合法权利，信任大学生的认知和判断能力，赋予他们更多更高层次的管理决策权利。

"参与必须扎根于整个组织、管理者和员工的行为和心灵中。"只有学生自身认同参与学校管理的必要性和重要性，才有可能激发他们参与学校管理的热情，也才能在实践中发挥学生参与学校管理的主观能动性。相关调查显示，目前"只有17.6%的学生认为学生参与的积极性很高，而57.7%的学生认为目前学生参与的积极性一般，22.6%的学生认为积极性不高"。因此，实现学生参与高校管理，必须以提高学生参与学校管理的权利意识和主观意愿为前提。首先，高校要培养学生的集体责任感和主人翁精神，改变"两耳不闻窗外事，一心只读圣贤书"的传统思想。其次，高校要引导学生正确认识参与学校管理的活动，在对学生强调参与学校管理的重要性的同时，消除学生对参与的畏惧感与不信任感。最后，高校要为学生参与学校管理提供广泛的渠道，加强对学生参与学校管理工作的指导，将参与学校管理简化为学生力所能及的一般性事务。

（2）赋予学生权力，完善学生参与高权管理的机制

"明智地分享权力并不等于削弱权力，反而可以多出成果。"通过构建与完善相关的学生参与机制，更多地赋予学生参与学校管理的权力，是未来高校管理体制改革的重要趋势之一。

A. 构建并完善高校学生管理听证制度。近年来，听证制度在我国法制建设过程中发挥了举足轻重的作用，把听证制度引入高校，使其作为保证学生参与学校管理的制度保障，已经引起了人们的广泛关注。目前，我国各高校纷纷建立学生管理听证制度，探索与学生成长需求相适应的学生参与学校管理制度体系，保障学生参与学校管理的合法权利。如2012年厦门理工学院就成立了由学生代表组成的学生听证委员会，实行"学校怎么做，先听学生怎么说"的做法，让学生"真正参与到学校管理当中，而不是机械地执行学校下达的命令"。

B. 实行高校学生代表大会提案制度。学生参与学校管理是我国现代大学制度建设的要素之一，健全的现代大学制度理应为大学生参与管理提供有力保障，借鉴教代会模式实行学代会提案制度，也应当成为保证学生参与高校管理的组织保障。如南开大学在其2011年的第十九次学生代表大会上，就通过学代会代表向校方提

出了百余份"提案"，其中涉及课程设置、学科建设、就业指导等与学习、科研息息相关的问题，还有膳食服务、校园安全、环境改善等涉及日常生活的问题。将提案制度引入学生代表大会，能够畅通学生与学校沟通的渠道，在引导学生自我教育、自我管理、自我服务的同时发挥其主人翁意识，使其积极参与到学校各项事务的监督和管理之中。

C.完善学生参与高校管理的规章制度。建立和完善学生参与学校管理的规章制度是学生参与学校民主管理和高校依法治校的制度保障。近年来，国内各高校积极探索推进大学生参与民主管理的途径和办法，努力为保证学生参与学校民主管理提供有力的制度保障。如吉林大学于 2011 年 1 月正式公布《吉林大学学生参与学校民主管理实施办法》，旨在转变学生在管理中的从属地位，变被动为主动参与式管理，提高学生参与校园民主管理和自我管理中的能力。

（3）优化"学生参与"：提升学生参与高校管理的品质

促进学生参与高校管理，不应仅仅停留在低层次、低水平的"形式阶段"，而应致力于层次的提高和品质的提升，达到有效、积极和高水平的"实质阶段"。

A.提高大学生参与高校管理的层次。参与高校管理可分为三个层次，"初级层次以行使知情权、监督权和建议权为核心，中级层次以行使行动权、咨询权和评议权为核心，高级层次以行使决策权、表决权和投票权为核心。目前我国大学生参与学校管理的途径和方式还主要集中在初级层次或者中高级层次的初级阶段，如高校普遍设置的校务公开栏、校长信箱、校长接待日以及实行的学生助理制、学生评议制等，都只停留在知情权、监督权、建议权等初级阶段和层次。学生组织、学生干部参与管理也仅仅停留在宿舍、食堂等生活服务管理层面，对学校重大方针的决策根本无从参与。鉴于大学生身心发展的特殊性以及群体功能的特殊性，学生参与高校管理的范围和程度可以是有限的，但学生作为学校主体参与学校各个层次管理的权利却是不可忽视的。高校应充分尊重学生参与学校重大决策领域管理的权利，让学生真正享有"参政议政"的权利。

B.创新大学生参与高校管理的方法。随着网络技术的成熟以及高科技产品在高校的广泛应用，学校可以充分借助当前先进的技术和科技手段拓宽学生参与学校管理渠道。例如，南开大学就通过开设"小开"微信平台来专门用于校园信息咨询、交流和反馈等事务，学校不仅能够用它发布各种公告信息，还可以将其用于向学生征集各方面的提案和意见，成为"随时随地任何学生"参与学校事务管理的一种新的便捷途径。此类形式创新与方法创新，能够打破以往学校管理工作在时间和空间上的限制，提高管理工作的效率，使学生参与学校的管理更加人性化和现代化。

C.增强大学生参与高校管理的能力。无论是我国还是西方国家，学生与教师和专职行政管理人员相比，在知识、经验和能力方面都是不足的，但这不足以成为限制他们参与学校管理的理由。大学生作为由成年人组成的群体，已经具备较成熟的思想和独立判断的能力，同时还兼具较强的可塑性和培养空间。高校应当重视对学生参与学校管理能力的培养，创造机会让更多学生关心和了解学校的发展并积极参与到学校管理当中，尤其要鼓励学生参与教学管理、干部选举及奖惩制度等事关自身发展和切身利益的重大事务。例如，辽宁大学曾实施大学生入机关挂职锻炼计划，每年选拔一定数量的优秀在校大学生，安排他们担任校内重要行政岗位的助理工作，包括教务处处长助理、后勤集团总经理助理、学生处处长助理等，锤炼学生参与学校民主管理的素质与能力。

第三节　环境层面

一、营造健康积极的高校学生管理大环境

随着网络技术的发展，尤其是依托数字技术、互联网络技术、移动通信技术等新技术，以手机网络、微博客、即时通软件等为代表的新媒体技术，对高校网络文化的建设和管理产生了较大的影响。同时，互联网的互动、手机与互联网的互动，以及互联网络、手机网络、电视网络三网融合等形成的新媒体环境也在对如何构建一个健康、文明的高校网络环境提出了新的挑战。因此，如何加强高校网络文化建设和管理，营造积极、健康的校园文化环境，运用网络新技术在新媒体环境下推动高校新闻网的创新发展，用正确、积极、健康的思想文化占领网络阵地，发挥高校新闻网的优势是亟待解决的问题。本文重点从五个方面讲述了如何加强高校网络文化建设管理，营造积极健康的校园文化环境措施和采用的手段。

网络文化建设已经成为社会关注的热点，也成为思想政治教育工作者参与的一个重要的领域，随着网络信息技术的进步，网民的数量在剧增，网络文化业态呈现了多元化的趋势，它对我们的工作、学习、生活产生的影响也越来越大。高校网络管理中心是全校网络运行的最主要支撑平台和防范不法分子利用网络破坏学校稳定的堡垒，是展示学校整体风貌的"窗口"，是学校重要的舆论宣传阵地。大力加强高校校园网络文化建设的探索与实践，我认为，坚持以下五个方面的创新，是实现高校网络文化建设朝着健康、文明、和谐发展的有效途径。本文仅就加强网络

文化建设和管理谈一点粗浅认识和建议。

1.加强学校网络思想政治工作队伍建设

在信息爆炸的电子时代，网络思想政治教育日益显得重要而迫切。当务之急，高校需要建立一支高素质的网络思想政治工作队伍，这支队伍不仅要具有较高的思想政治教育理论水平和丰富的思想政治教育经验，而且还要掌握计算机网络的基本知识和技能，熟练地利用网络平台开展思想政治工作。网络思想政治教育工作的展开，要以了解和熟悉网络语言、网络文学、网络游戏等网络文化的各种形态为前提，把握大的学生思想动态，关注和参与到他们的网络生活中，及时进行心理辅导和思想引导，使思想政治工作渗透到学生的虚拟生活之中，使网络时代的思想政治工作取得更好的效果，这就要求加强高校网络思想教育工作能力建设。加强校园网络文化队伍建设，还需要合理配套各类专兼职人员，既要有网络专业技术人员，又要有网络管理人员，还要有网络文化研究人员。按照"提高素质、优化结构、相对稳定"的要求，建立统一指导、各方配合、责任明确、优势互补的网络工作队伍。凭借这支队伍，努力实践并着力打造"绿色网络校园"。通过各种途径密切关注网上动态，随时与学生进行平等的沟通与交流，及时回答和解决学生提出的有关学习、生活、就业等方面的问题，增强大学生网民的信息解读能力，引导大学生运用辩证的观点和科学的方法，去分析问题，明辨是非，增强对网络文化的辨别力和抵制不良信息的能力，促使他们健康上网。

2.提高学生的文化素养、自我调节与管理能力

培养和提高大学生网民对有害信息的自觉抵制意识和能力，对于建设社会主义网络思想阵地具有基础性的意义。首先，要使青年学生学会做自己的心理医生。青年学生的情感丰富而又容易冲动，因此要学会保持健康的情绪，适时宣泄不良情绪，找到合理表达自己诉求的方法，防止过度迷恋网络游戏，就显得非常重要。其次，要使他们学会计划自己的生活，建立合理的生活秩序。现在的许多大学生尤其是大学新生，生活自理能力较差，有的甚至难以适应大学的集体生活；另有些学生不能进行正常的人际交往，建立良好的人际关系，而人际关系不良也会导致网络游戏依赖和成瘾现象的产生。最后，培养学生的道德自律意识。学生阶段是一个人的人生观和世界观的形成与定型阶段，因此教育他们增强网络伦理道德观念，在网络社会里遵守起码的行为准则，自觉加强修养，树立正确的人生观和世界观，显得非常重要。在这方面，可以开展关于网络游戏道德方面的座谈会，让学生参与进来自由讨论，一般是使他们充分认识到网络道德失范的社会危害性，提高大学生网络自我教育能力的目的。

3.营造积极健康的校园文化环境

学校应该有意识地组织力量开展网络信息完全方面的科学研究，利用技术的力量对侵入网络的有害信息进行处理，努力净化网络环境，将有害信息拒之校园网外。学校应该加强校园文化建设，丰富学子们的业余文化生活。首先，要以学生为本，积极开展充满时尚和青春活力的文娱活动，想方设法来吸引学生们的兴趣和注意力。其次，及时对沉迷网络游戏的学生给予关心和帮助，为他们营造一个积极、健康的学习和生活氛围。最后，学校适度介入网络游戏，最大限度地控制暴力、色情等不健康信息的进入，为学生创造一个积极向上的、健康有序的网络文化环境。

4.加强网络监管力度，有效管理网络文化

当代大学生，受世界经济浪潮的影响较深，对新鲜事物的探索和尝试较为积极。但是，由于涉世未深，自我控制能力差，一不小心就会做出违反国家法律和社会道德的事情。高校可以发挥思想政治教育的优势，引导大学生明是非，辨美丑，不制作、不传播、不散布有害信息，树立良好的网络道德品质，自觉抵制不良文化的侵蚀。

校园网络文化技术上的监管可以从三个点切入：

一是校内网站监管。网站留言板和BBS均以互动方式进行交流，任何人都可以方便地发布信息，属于校园网络文化监控的重点。现在的留言板和BBS在技术上可以做到实时记录发布者的用户名、发布时间、上网计算机IP地址，以及上网计算机安装的操作系统和浏览器版本等资料。这样，既可以保证学生发布的信息有据可查，又可以对学生产生自我约束效果。

二是校内上网场所监管。通常，高校校内可以上网的场所有公共计算机房、学生机房、网络实验室、电子阅览室、学生宿舍等地点。公共上网场所的上网计算机可以使用机房管理系统软件进行管理，学生凭学生证实名登记上网，有条件的高校也可以使用校园IC卡刷卡上网。机房管理系统软件具备了记录上网时间、上网计算机IP地址的功能。学生宿舍上网管理，简单的可以采取分配固定IP地址、用绑网卡MAC地址等手段，也可以安装一套宽带认证计费系统软件。上网者通过账号和密码登录上网并接受软件的管理。这样，通过技术上的管理措施，结合网站对信息发布者相关资料的记录，可以按图索骥，较方便地寻找到发布信息的人。

三是校内网络信息监管。要想有效阻挡校外网络不良文化传入校园网内，可以采取在校园网网关处对网络信息进行过滤的方法。

5.以学生为本，创新高校网络思想政治教育

树立科学发展观，加强大学生网络思想政治教育，就要尊重大学生的主体意

识，以学生为本，通过教育目标、教育过程、教育手段、教育方法的设计，凸显大学生的主体地位，增强其网络主体的自主性和创造性，提高大学生对网络的驾驭能力，在知识积累、能力锻炼的同时，提升思想道德水平，促进大学生的全面健康发展。主要要做好以下几方面：1.网络环境条件下的高校道德教育需要重新定位自己的目标。遵循理解、尊重和信任的原则，以疏导为主要方式，把发展学生的主体性作为最迫切的目标，指导他们学会选择，着力培养和形成学生正确的道德价值观、道德评判力以及道德自制力，以培养具有自主、理性、自律的道德判断和道德实践的个体，使大学生成为网络道德的自觉倡导者和积极实践者。2.需要重新设计道德教育的内容。网络既是德育的手段，又是德育的内容。学校网络德育要在原有德育内容基础上突出价值观的教育和注重道德意志力的训练，使学生能够"辨别真伪、追求真理、慎于判断"，增强识别评价和选择道德信息的能力，抵制不良信息的诱惑。3.建立思想政治工作专门网站，占领网络"红色"阵地。专门的思想政治工作网站，是思想政治教育科学化、技术化、时代化的迫切需要。建立网络德育信息数据库，通过网上"两课"答疑和辅导，坚持马克思主义在网络文化中的指导地位。

二、与校园文化建设有机结合

高校校园文化是以高校的校园为空间，主体是高校的学生、教职员工，主要内容是课余活动，基本形态是多学科、多领域的文化，广泛的交流和特有的生活节奏，它是具备了社会时代发展特点的群体文化。它是社会主义精神文明在高校的具体表现，是一所高校所特有的精神风貌，也是学生政治文明素养、道德品格情操的综合反映。简而言之，高校校园文化是以教师为主导，学生为主体的，在特定的校园环境中积淀形成的与社会时代发展密切关联且具备校园自身特色的人文氛围、校园精神和生存环境。

1.校园文化与学生管理的基本内涵

（1）校园文化的内涵。校园文化是指由全体师生员工在长期的教学实践过程中培育形成的共同遵守的道德标准、价值观念及行为规范。它以学生为主体，以校园为主要空间，以育人为导向，以精神文化、环境文化、行为文化、制度文化建设为主要内容。环境文化是校园文化的基础，主要包括"硬环境"和"软环境"；精神文化是校园文化的灵魂，包括校风、学风、教风、作风等；行为文化具体体现在师生员工的言行举止中，主要包括各类人际关系、道德行为规范等；制度文化是校园文化建设和学校正常运转的保障，具体包括各类规章制度，如校规、班规、宿舍管理规定、社团规章制度等。此外，校园文化具有五个方面功能，包括导向功能、教育功能、凝聚功能、约束功能、陶冶功能。此五项功能作用于学生学习和生活的全过程，正确地引导学生健康发展。

（2）学生管理的内涵。学生管理是指高校学生管理工作者通过各种手段，对学生在校期间的学习、生活和行为进行管理和规范，旨在维护高校正常的教育教学秩序和学生的生活秩序，保障学生身心健康，促进学生德、智、体、美全面发展。根据 2005 年 9 月 1 日起实施的《普通高等学校学生管理规定》，高校学生管理包括学籍管理、校园秩序、课外活动、奖励、处分。其中，学籍管理包括入学与注册、考核与成绩记载、转专业与转学、休学与复学、退学与毕业、结业和肄业；校园秩序包括学生行为规范、寝室管理、环境卫生维护及其他规章制度；课外活动包括各类社团活动、勤工助学及社会实践等；奖励主要指对在思想品德、学业成绩、科技创造、体育文娱及社会服务等方面表现突出的学生，给予的物质或精神上的奖励或表彰；处分是针对违反学习和生活纪律的学生实施的惩罚，包括警告、严重警告、记过、留校察看、开除学籍。此外，随着高校学生管理工作的不断创新，高等院校也越来越注重对学生的服务，绿色通道、就业服务、心理辅导等工作也成为高校学生管理工作的重要内容。

（3）校园文化对学生管理的重要意义。校园文化与学生管理具有密切的关联性。第一，二者目标一致。校园文化与学生管理都以育人为目的，以为社会培养高素质的综合型人才为目标。第二，二者主体一致。校园文化以学生为主体，学生是校园文化建设的参与者与受益者。学生管理同样以学生为主体，学生是学生管理工作的中心。鉴于校园文化与学生管理在提高学生综合素质、培养复合型人才上的一致性，加强校园文化建设必定可以推动学生管理工作的完善和创新。学生思想和行为内容不断延展，新时期的学生管理离不开"学生本位"的教育思想。充分发挥学生的主观能动性，对于学校和学生的发展以及校园文化的建设大有裨益。因此，"一切为了学生，为了学生的一切""尊重人格，保护天性"等先进的教育理念必须被广大学生管理工作者所接受和运用。"以人为本"的育人环境和氛围离不开校园文化的建设。校园文化作为一种群体性文化，通过长期的沉淀与升华，形成了人们共同遵循的价值标准、行为规范和崇高追求。而校园文化所具备的导向、陶冶等功能，潜移默化地影响着学生的思想和行为。学生在特定的人文环境的熏陶下成长，形成健康的人生信念和价值追求。

2.构筑良好的校园环境文化，为高校学生管理提供物质保障

学生管理是以服务学生为根本目的的，为学生构筑良好的、有序的校园环境是管理学生的前提。高校校园环境文化首先是包括校园物质文化环境，它是指高校

为师生员工学习、工作、生活、娱乐等活动提供的物质条件。高校的物质文化环境是高校校园文化的"硬件"，也是高校学生管理工作的基础环境或基础条件，如果没有良好的校园物质文化环境，高校校园文化无法健康地发展，高校学生管理工作也会缺乏相应的物质保障。比如学校的环境幽雅，景色迷人，我们就可以用其自然美的景观来陶冶学生的性情，塑造学生美的心灵。校园的合理布局、花草树木、名人塑像、橱窗、宣传栏等，可让学生耳濡目染并感受浓郁的校园文化氛围。所有这些景观背后，都示意了包括建筑文化、历史文化、艺术文化、现代科技文化等"亚文化"的独特的内涵所在；而这种"亚文化"和校园总体建筑本身所构成的校园景观，使校园能时时处处洋溢浓厚的文化气息。学生通过干净、整洁、优美的环境的陶冶和塑造，既约束了自己的行为，又提高了自身的人文素养，达到促进高校学生管理工作开展的目的。其次是包括知识学术环境，主要指学术科研、教学管理、学风建设等方面的情况和条件。它是衡量一个高校校园文化建设的好坏、管理水平高低的重要因素，它甚至直接影响育人的质量。最后是包括人际关系环境，主要是指校园内部的人际关系，比如学生之间、师生之间、领导之间、教师之间等多方面的关系，和谐、融洽的人际关系环境能使大家保持良好的心理状态，利于教，利于管理，利于学生的健康成长。

3. 营造健康积极的精神文化氛围，为高校学生管理提供精神动力

高校校园精神文化环境建设首先应在所有的教学和校园文化活动中坚持正确的政治方向，用马列主义、毛泽东思想、邓小平理论、"三个代表"重要思想和科学发展观武装学生头脑，弘扬民族优秀文化传统，加强对学生进行科学的世界观、人生观、价值观和道德观教育，引导浓厚的舆论氛围，弘扬正气、树立新风、强化理想信念、崇尚奉献精神，这对学生的世界观、道德观、价值观有着树立、锻炼、修正和提高的作用，可以增强学生的民族自信心、自尊心和使命感，激发学生的爱国主义精神，培养学生健全的人格和高尚的道德情操，增强学生抵制错误思潮的能力。其次要根据高校总体培养目标和学生实际，开展丰富多彩的第二课堂活动，用健康高雅的文化和艺术，引导学生合理支配闲暇时间。并且注意将学生管理工作融汇在生动活泼的各种活动之中，寓教于乐，使学生在活动中展现自己、锻炼自己、发挥自己、实现自我的价值，这对培养学生健全的人格、创新的能力，有着不可替代的作用。由此可见，良好的"精神文化"氛围，是实现高校学生工作科学管理的前提。

4. 创建科学的制度文化，促进高校学生管理和谐有序

高校校园文化，是社会整体文化的一部分，必须加以科学引导和规范，因而

要创建科学的制度文化。制度文化是校园规范化建设和制度化建设的集中体现，这要求高校学生管理必须在各种制度、规章的约束下进行，规章制度对教师教学行为的约束、对学生行为规范的养成、对校园健康向上氛围的形成有着很大的促进作用，这也将促进高校学生管理和谐有序地开展。高校的制度文化，主要包括道德行为规范、公共生活准则、校规校训、业余及课余活动规则等方面。要根据本校情况制定和完善学校各项规章制度，在校党委和行政的宏观领导下，调动学校所有职能部门的积极性，上下协力，齐抓共管，使校园生活规范化、制度化。

5.校园文化建设促进学生管理工作的基本途径

（1）加强校园环境文化建设，提升服务学生能力

校园环境文化可称为校园物质文化，与精神文化相对。它是校园文化中的基础系统，是校园文化建设的前提，是精神文化的有效载体和实现途径，也是校园文化的直观体现。

第一，重视校园"硬环境"的建设。所谓"硬环境"又称物质环境，主要包括校园建筑、校园景观、教学设施、体育文娱设施及周边环境等，这些能看得到、摸得着的实体无不反映学校的教育理念和精神风貌，物质环境是开展育人活动不可或缺的基础和物质保障。因此，这就要求学校加大对"硬环境"的投入力度，尽可能地完善校园基础设施，为师生开展丰富多彩的教学活动、文娱活动提供重要的载体，使师生学有其所、乐有其所。在打造校园"硬环境"的过程中，各类建筑和设施应达到美感教育的标准和功能丰富化的要求。如校园建筑，包括教学楼、图书馆、宿舍楼、体育馆等，作为学生学习和生活的重要场所，应具备实用与艺术的双重功能，愉悦学生的身心，使学生在不知不觉中受到影响和启迪。同样，校园景观建设也应达到使用与观赏功能的统一。校园的园、林、水、路、石等人文景观有助于陶冶学生情操，塑造学生美好心灵，激发学生进取精神，促进学生身心健康发展。学生在优美的校园环境中成长，有助于激发其爱校热情，有利于学生管理工作的实施。

第二，重视校园"软环境"建设。"软环境"是相对"硬环境"的一个概念，也是一种精神环境，主要包括校园内的人际氛围、舆论氛围等。人际氛围主要指校园内的各类人际关系，包括教师与学生、学生与学生、教师与教师、领导与教师之间多层次的人际关系。每个人都不是孤立存在的个体，高校学生所有的学习和娱乐活动都是在与人交往的过程中实现的，大学是个小社会，社会交往是大学生社会化的根本途径。学生通过社交建立起相对稳定的人际关系，人际关系网对学生的一言一行和身心发展影响重大。和谐的人际关系有利于维护校园秩序，使学生形成正确

的是非观念。因此，教师在学生人际关系形成的过程中应发挥主导作用，避免学生发生孤僻、嫉妒、自卑等社会交往问题，正确引导学生坚持平等、相容、理解、信用等交往原则，远离习惯不良、思想扭曲的人，选择道德高尚、心地善良、积极进取的人交往。此外，教师作为学生间的裁判员，应坚持公开、公平、公正的原则化解学生间的矛盾，解除学生间的误会，做到不偏私、不歧视、不主观。

（2）加强校园精神文化建设，营造和谐育人氛围

第一，重视传统教育。习近平总书记在2013年全国宣传思想工作会议上指出，要"讲清楚中华优秀传统文化是中华民族的突出优势，是我们最深厚的文化软实力"。可见，传统文化对于公民形成正确的价值理念、行为规范、理想信念尤为重要。党的十八届三中全会在全面深化教育领域综合改革的决议中提出："全面贯彻党的教育方针，坚持立德树人，加强社会主义核心价值体系教育，完善中华优秀传统文化教育，形成爱学习、爱劳动、爱祖国活动的有效形式和长效机制，增强学生社会责任感、创新精神、实践能力。"中华优秀传统文化是中华民族的根基和血脉，也是大学生身心成长的指路明灯。高校教育工作者要坚持"取其精华，弃其糟粕""传承与创新相结合"等原则，通过各类教学和文化活动，如实践教学、演讲比赛、征文大赛、文艺会演等活动形式，传播优秀的传统文化，其中包括天人合一的和谐精神、自强不息的进取精神等。同时，深刻挖掘学校的文化底蕴和历史传统，讲清楚学校的历史和文化，使学生感受到学校的魅力所在，从而激发学生的自尊心、自信心以及爱国、爱校情怀。学生管理工作者只有本着与时俱进的原则，融入先进的教育理念，方能不断深化校园精神文化。在优秀传统文化熏陶成长下的学生，更易于塑造健全的人格、培养高尚的品格，这与学生管理工作的目标相一致。

第二，加强校风建设。校风即学校的风气，是一所学校鲜明的个性特征，它体现在全体师生的精神风貌上。校风是一个多层次、多要素的动态系统结构，涵盖教风、学风、作风、班风、舍风等各类校园风气。良好的校风有利于学生思想品德、道德情操、行为习惯的形成。因此，校风建设是育人的关键环节。教师是人类心灵的工程师，加强师德建设、提高教师的业务素质有利于形成良好的教风。良好的教风对学生汲取知识、培养能力意义重大。班级是学生获取知识和提高素养的主要场所。和谐、向上的班集体对学生的学习兴趣、道德品质、行为习惯和良好学风的形成有着促进作用。为加强班风建设，首先要对班级日常管理进行严格要求，用制度来约束学生言行；其次要营造浓厚的学习氛围，通过互帮互助、嘉奖优秀等方式激发学生的学习动力，培养学生良好的学习习惯，使每个学生都能成为群体的典范。

此外，宿舍是学生生活起居的唯一场所。良好的舍风有利于学生养成好的生活习惯，如早起早睡、勤奋上进、锻炼身体、读书看报等。好的生活习惯对于学生进入社会、成家立业有着长远、深刻的影响。为加强舍风建设，需要严格宿舍制度，对于不遵守宿舍制度的学生加以管教和约束。还要发挥学生干部和学生党员的榜样作用，带动普通学生养成健康的生活习惯。

（3）加强校园制度文化建设，建立完善规章体系

第一，完善规章制度体系。校园规章制度是全体师生共同遵守的行为准则。对于学生来说，规章制度犹如一面镜子，时刻提醒学生正其观、端其行，避免违反纪律、误入歧途；对于学校来说，规章制度是学校文明的标志，学校力求在育人实践中加强"制度化、科学化、规范化"的管理，努力使各项工作有章可循。严格的规章制度能保证教学工作的顺利推进，是学生长才的重要保证。因此，建立和完善科学的规章制度体系尤为重要。随着高校教育改革的不断推进，高校的制度建设也应朝人性化、科学化的方向发展，尊重学生的人格，倾听学生的诉求，使师生关系更加和谐，学生管理工作更容易开展。同时，规章制度的制定应具备科学性、合理性、可操作性等特点。缺陷重重的规章制度不能起到约束、教育的作用，会影响校园文化的整体建设。规章制度自身的完善是规章进入执行程序的前提，是学生管理工作顺利推进的保障。

第二，提高规章制度执行力。学生管理工作以学校各项规章制度为依据，规章制度的执行力影响着学生管理工作的成败。科学的规章制度是学校各项工作开展的保障，但若有令不行，有章不循，有错不罚，则再好的规章制度也是纸上谈兵。所以，提高规章制度的执行力是保障各项制度落到实处的根本途径。学生管理工作者在执行规章制度的过程中应做到事前防范、事中控制、事后监督。事前防范，可以防止违纪行为的发生，并减低管理成本，减少管理压力；事中控制，可以保证制度的严肃性，使制度在公平、公正的原则下运行，防止事态偏离正常轨道；事后监督，对制度执行者和制度执行情况进行考核，可以不断完善制度体系，使制度更加科学、合理。除此之外，应不断加强学生的思想政治教育工作，使学生认识到遵纪守法的重要性和违法乱纪应付出的沉重代价，积极号召学生自觉遵守规章制度，做到自尊、自爱，使每一个学生都能成为遵纪守法、道德高尚、素质优良的时代典范。

第四节 体制建设层面

一、加强法制化建设

1.当前我国高校学生管理工作中出现的问题

（1）规章制度导致的纠纷问题。我们国家的普通高校是依照行政机关委托或是教育法的授权行使国家公民权利的组织。普通高校根据有关规定对受教育者进行相应的管理。但是，法制社会要保障公民的权利，这样一来这两者容易产生矛盾。当前我国高校的管理制度是以法律为基础，结合本校的情况进行制定的，没有专门的审查部门。这样会在一定情况下出现学生状告学校，法院判定学校制度"无效"的情况。实际上，学校的自主管理机制是法律给学校为确保其组织目标实现而对其内部事务处理的一种裁量权。因为教学活动的特殊性，很多问题无法量化处理，例如综合素质等，都要经过一定的定性才能进行判断。

（2）重管理，轻权限。高校为了追求从严治校的管理效果，在拟定学生行为规范及学生综合评价等一些规章制度上，没有完全考虑到学校的管理制度。例如有的高校规定，禁止学生在校内有一些接吻等亲密行为，并且将这种靠学生自律的行为写入规章，这在法律上是禁止的，会造成高校管理制度与法律的冲突。

（3）行政本位思想普遍。因为长期受到计划经济管理体制的影响，高校管理人员和教师对涉及学生权益的问题常常采用命令、行政的方法来处理，很少依法解决教育教学中所出现的问题。随着市场经济的发展，学生和学校、教师和学生间的关系渐渐变得复杂，涉及高校学生维权的案件也不断增加，这无形中将学校推到了一个法治化发展的轨道中。

（4）法制化管理理念缺乏。在当前高校管理工作的开展过程中，高校管理者慢慢形成了一种以行政管理作为主要管理方法的做法，在管理的形式上过分注重统一化和对学生实施绝对的领导。这种管理形式没有对学生的合法权益加以考虑。在当前的高校管理模式当中，相关的管理者缺乏法制化管理理念，认为学生就应无条件服从学校的领导，根本没有通过正规的法律渠道对学生进行管理或者解决学生之间出现的问题和矛盾。此外，当前大学生法律意识还比较淡薄，还不能充分运用法律手段维护自身的合法权益。这也是造成学校这种行政管理持续的重要原因。

2. 高校学生管理工作法制化建设的必要性

高校学生管理工作法制化建设的推进，是当前构建和谐社会的重要内容，是促进高校学生健康全面发展的重要途径。

（1）是完善高校法制教育体系的重要措施。法制是社会生活的重要组成，是学生接触社会、进入社会过程中必然要接触到的社会内容。但是从当前高校的教育现状来看，法制教育并没有引起高校的重视，这就直接或间接地造成当代大学生的法盲现象。因此，高校学生管理工作法制化建设的推进，能最大限度弥补高校法制教育的空白和漏洞，为学生的健康成长保驾护航。

（2）是促进学生全面发展的重要内容。在法制社会里，法制是单位人生存及发展的必备基础。高校学生管理工作法制化建设的推进，能为学生打开另一扇窗户，让学生从法制的角度去看待这一社会及社会运行的本质，在帮助学生成为全能型人才的同时，促进学生人生观、价值观及世界观的全面发展，帮助他们顺利地走进社会。

（3）实施法制化管理是学校进行管理体制变更的内在要求。随着社会经济体制的不断发展和变更，高校已经从传统计划体制下的单纯的公益性事业演变成了公益性和产业性相结合的教育实体。当前的高校作为一种独立的事业性法人，它享有办学的自主权利。学生也享有自主选择自己喜欢的院校以及自己喜好的专业的权利。高校和学生之间的活动受到国家法律的保护，双方根据自身的意愿来进行约定，这就是人们常说的合同调整。学校要为学生提供对应的学习条件和服务，让学生顺利地完成学业；同时学生也需要遵守学校制定的相关制度。如果学生刻意违反学校所制定的规章制度，学校有权利对学生实施相应的处罚。随着高校内部管理体系不断完善，高校后勤社会化的脚步不断加快，学校不再根据其作为管理者的态度去管理学生，而是根据所制定的规范化标准，即和学生之间所达成的约定去对学生实施管理。社会化的后勤体系主要表现为开放式的管理模式，要想让大学生适应学校后勤服务的社会化管理，实现学校的最终教育目标以及学校管理模式和社会发展形势相适应，就必须对学生的管理实施法制化。

（4）高校办学方向的自我要求。高等院校作为社会一个不可或缺的组成部分，其科学、文化的传播能够直接影响我国的法制化建设。同时，在我国社会主义法制化建设方针的指导下，我国的全体公民必须具备一定的法律意识和相关的法律知识。而高等院校是人才培养的重要基地，大学生的法律意识以及法制观念对于我国社会的发展和国家事业有着一定的影响。大学生是一个有文化、有素质的群体，在言行举止各个方面都能够对社会产生影响和示范的作用。提升大学生法律意识，加强大学生的法制教育，让大学生在法制的影响下规范自身的学习和生活，提升大学生素质，让大学生逐步形成遵纪守法的意识和习惯，能对我国社会的法制化进程起到一定的推动作用。因此，想要建立一个社会主义法制化国家，加强全社会公民的法律意识和法律素质，实行高校学生管理工作的法制化是非常必要的。

3. 高校学生管理工作法制化建设推进的具体措施

高校学生管理工作法制化建设的推进，其主要目的在于营造一个良好的法制氛围，将法制理念植入学生的思想，在促进学生全面健康发展的同时，为社会经济建设做出力所能及的贡献。结合高校学生管理工作开展的现状，可以从以下几个方面采取措施，推动法制化建设。

（1）制定完善的法律监督管理制度。高等院校在学生管理方面有很多权利，这些权利具有一定的意志性以及单方强制性。长期以来，我国在法制建设上还存在一定的不足，对于高校的学生管理工作也缺乏司法审查，很多在校大学生的合法权益得不到维护。从我国法律法规的角度来说，与学生相关的人身权利行为在实质上并没有得到明确的授权，这导致很多权利缺乏司法程序的保护。所以，要制定一个完善的高校教育法律体系，依法规范高校管理工作，以促使司法程序充分地贯彻到高校学生管理工作过程中，通过法律的途径使高等院校和学生的权利平衡得到保障，保护大学生的合法权益。

（2）开展专题教育讲座，传播法制理念。高校学生管理工作的法制化建设，首先应对学生的法制理念进行培养。在众多法制化教育手段中，专题教育讲座是较为有效的一种。可以邀请一些较为著名的讲师就大学生感兴趣的某一内容进行教育和引导。比如，大学生恋爱是常事，当感情趋于成熟的时候，男女双方可能会选择同居。就我国的实际情况来看，社会民众对同居这一概念较为敏感，甚至觉得羞于说出口，同居部分的法律也是较为欠缺的。在对这一专题进行法制教育渗透的过程中，可以借鉴一些国外的法律经验，让学生对同居能有一个正确的法律概念，以便在今后遇到类似问题的时候能做出正确的选择与判断。在开展专题法制教育讲座的过程中，一定要注意以下问题：其一是专题与大学生的兴趣倾向应保持一致；其二是一定要与学生进行互动。

（3）提升高校学生管理工作队伍素质。在高校学生管理工作中，一个高水平、高素质的管理队伍能够有效地提升学生管理工作的效率。当前，我国高校中一些思想教育工作者在工作中的地位和行使的权利相对来说有所降低，这导致很多思想教育工作者在心理上存在一定的波动。对于这一问题，高校可以在思想教育工作者中挑选一些理论知识相对扎实，而且具有一定工作热情的人员，对其进行法学理论的相关培训，让这些思想工作者掌握法律专业知识，并鼓励其考取相关的证书和更高层次的执业资格，将这些掌握法律专业知识的思想工作者作为学生管理工作的中坚力量。也可以在校外聘请一些专职的法律相关工作者，组建成一个大学生法律救助的组织，与一些司法单位建立一个长期稳定的合作关系，共同受理申诉的各类案件。

（4）建立正规的管理程序。实现法制化的重点，在于管理的具体程序。如果实现了管理程序的法制化，就等于实现了管理行为的法制化。在校学生如果违反了学校的相关规定，在对学生进行处分前，需要第一时间通知学生，以此来保证学生的知情权，使学生的合法权益不会受到侵犯。学校还要设立听证制度，对学生的知情权进行进一步的保护。学校应建立相应的申诉体系，让学生拥有为自己辩护的权利，并设立有效的司法救济体制，对学生的合法权益实施最大化的保护。

（5）充分利用"校地联动共学共育"环境，营造法制化氛围。加强和推进大学生法制教育，仅仅局限在校园内是不可行的，只有让学生与社会实际进行接触，学生所掌握的法律知识及形成的法律理念才能派上用场，否则就是纸上谈兵。结合"校地联动共学共育"实践活动的背景来看，校园作为根本的基地，承载着这一实践活动的资源需求，同时也为大学生法制教育工作的开展提供了实践的平台和渠道。因此，就大学生法制教育工作的推进来说，还应充分利用"校地联动共学共育"这一实践活动背景，走入社会，让大学生的法律意识成为立体的东西。

（6）坚持平等，服务学生。高校应有平等、履行义务的意识，满足学生的合理要求。对高校内的一些不良风气，管理者应认真分析，依靠思想教育等多种手段加以改变。对教学不重视，对后勤服务关注不力的情况高校应尽力改变，这是履行国家交给学校的义务，也是高校履行对学生的"服务"。

总而言之，就高校学生管理工作的法制化建设来说，教师应起好模范带头的作用，为学生法制化理念的形成奠定基础和条件。同时，教师还应与学生进行良好的沟通，随时解答学生的法制疑惑，为学生在法制环境下健康成长做出努力。

二、健全管理机制

新时期我国当前的高校学生管理模式缺乏创新，相应的规章制度不够健全。应顺应新时期大学生的特点，创新管理模式，建立健全管理机制，在加强学生管理队伍建设和相关的规章制度建设等方面有针对性地提出对高校学生管理工作可供操作的对策和建议。

高等教育从规模发展转变到稳定规模、提高质量的内涵发展的道路上，学生发生了很大变化，尤其是新一代大学生的入学带来新的挑战，学生工作如果还固守原来的管理理念必然会带来许多的问题。从科学发展观来看核心是以人为本，对于高校而言就是要以学生为本,而现在还有不少学校学生管理主要是命令式的,学生管理者具有绝对的权威;管理理念应注重过程,而至今仍有很多高校是以"结果管理"为目标的学生管理理念。规章管理制度没有及时更新,跟不上新一代大学生的要求,有很多方面没有相应的规范制度。所以,要加强新时期高校的学生管理机制应从以下两大方面着手:

1.建立科学的学生管理机制,强化管理队伍建设

解放思想,更新观念,建立"以学生为本"的科学管理机制。人是教育的基础,也是教育的根本。一切教育必须以人为本,这是现代教育的基本价值。所以,我认为高校应树立以学生为本的教育管理核心理念。要实现以学生为本的教育管理核心理念,就要尊重青年学生,尊重他们的人格,尊重他们的个性,尊重他们的基本权利和责任。管理是引导,不是去左右;管理是影响,不是去支配;管理是感染,不是去教训;管理是解放,不是去控制。以学生为本是对学生人性的唤醒和尊重。真正的管理是以学生为本的管理,让学生体验学校生活的美好,体验学习成功的快乐,体验同学间友谊的纯洁,通过各种教育活动培养他们积极的人生态度、鲜明的价值判断、丰富的思想体系。学生管理要高度关注学生的自由、幸福、尊严和终极价值,用全面发展的视野培养全面发展的人。学生管理要体现人文关怀和道德情感。无论现代管理手段多么先进,都不能否定面对面的教育工作;无论现代传媒多么发达,都不能代替人与人之间的感情交流融合;无论各项制度多么完善,都不能忽视人文关怀和道德情感。现代管理要用真理的力量、人格的力量、道德的力量、情感的力量,将外在规范要求内化为思想品格。学生管理工作要认同学生在学校的主体地位,了解他们,尊重他们,为他们服务。准确把握学生的思想脉搏,不仅要掌握学生的群体特点,还要关注学生的个性特征。不仅要把他们看作教育管理关系中的权利主体,还要把他们看作能动的、有创造力的行为主体,真诚关爱青年学生健康成长,坚持解决思想问题和解决实际问题相结合,从青年发展需求出发,把职业发展、心理健康、帮困育人作为人生指导的重要内容,把教育着力点从消极防范和控制转向积极引导和真诚服务上来。改变传统学生管理者高高在上的姿态,从以教师为中心的模式转变为以学生为中心,充分肯定学生的优点,给予学生相对自由的空间发挥其自主性和创造性。

以往的学生管理主要是命令式的,学生管理者具有绝对的权威,而现阶段"90后"大学生具有强烈的参与意识,喜欢竞争且个性独立,他们希望被尊重,不喜欢被强迫接受某种观点和理论,根据这些特点,应该提倡学生的自我管理、自我教育,学生管理者应担当指导者的角色,引导学习和工作的方向,并且在其过程中给予提

示和警告。加强学生管理队伍建设。高素质的学生管理人员是学生管理工作的重要保证，也是学生管理工作是否顺利有序进行的关键。在加强学生管理工作方面，要严格要求学生管理者按照规章制度执行工作职责，建立完善的工作监督体系；还要在工作、生活上关心他们，充分调动其工作积极性；同时要大力加强学生管理者的培训和学习，经常安排他们参加各种业务培训活动，提高业务水平。

2.规范管理，完善规章制度

规范规章制度制定程序是关键。目前，高校的规章制度一般都是由有关职能部门负责起草，法制工作部门负责审查，经校长（院长）办公会议审议通过后，由学校公布施行。因此，规范规章制度的制定程序涉及起草、审查、审议与决定以及公布等诸多环节。

首先，起草工作最具基础性，对于保证规章制度草案的质量有着决定性的作用。在起草工作开始前，起草部门应当对拟起草的规章制度进行必要性和可行性论证，学校也应按期编制计划。只有经过深入调研，论证充分，各方面条件都比较成熟的规章制度项目，经批准并列入计划后，才能开始起草工作。立项程序的设置，对于事先发现问题并解决问题具有重要意义。

其次，在审议和决定阶段，必须明确规章制度草案须经校长（院长）办公会议按照规定的程序进行审议。经审议通过的规章制度必须在全校范围内公布。同时，还应当允许教职员工和学生查阅、复制或者摘抄已经公布施行的规章制度，并且建立相应的权利保障机制。

对规章制度的解释和适用进行规范，是规章制度实施的保障。严格地讲，规章制度的解释应当遵循"谁制定，谁解释"的原则，即由制定主体——高校负责解释。有关职能部门虽然负责了起草工作，但却不是该规章制度的制定主体，不享有解释权。以往，高校的规章制度大都规定由起草部门负责解释，这是不规范的。因此，规章制度，特别是需要对新情况明确适用依据和做补充规定时，应当由学校负责解释。当然，在行政工作中具体应用规章制度的问题，一般仍由有关职能部门研究处理。

规章制度建设工作是一项系统工程。新时期，我们的首要任务是在立项、起草、审查、决定与公布、适用与解释等各个环节都及时地建立起相应的制度性规范。其中重点应集中在建立重大事务和涉及教职工切身利益事项的议事、决策与监督程序，以及逐步建立健全学生纪律处分程序和学生申诉机制，以创造体现法治精神的育人环境。

从学校的实际、学生的实际出发，把学生管理的内容和要求体现在管理的各项制度中，使学生在日常的学习和生活中受到潜移默化的教育。同时根据不断变化的新形势，及时调整和完善相应的管理制度，做到与时俱进。在具体的管理工作中认真执行规章制度，告诉学生可以做什么，不能做什么，让学生懂得怎样为人处世，在校园内营造良好的学习、实践、创新的氛围；同时将解决学生的实际问题放在首位，在管理工作中，学生不论在学习还是生活中出现的问题能够积极有效地解决，通过问题的解决使学生对学生管理工作产生信任感，愿意积极配合学生管理工作，同时还能够促进学生管理工作的发展和进步。不断跟随学生的时代变化，及时更新换代各种规章制度，规范管理，使高校的管理更加贴切和符合新一代大学生的要求。

三、提升信息化管理水平

1. 高校学生管理信息化建设的必要性

高校学生管理的信息化建设是高校学生管理进步的内在要求，信息化平台的建设也为高校学生管理工作提供了具体的服务内容。目前高校学生管理系统的开发，多是针对高校的整体管理，涵盖了学校的科研管理、财务管理、网站管理、图书馆管理等内容，其中对于学生管理的重视程度不足，以至于高校学生管理信息化程度较为落后。除了教学管理工作外，学生管理工作也是高校管理的一项重要的工作。

（1）提高高校管理工作的效率和管理水平。高校作为国家教育的重要主体，关系到国家教育水平的发展和社会进步。高校的教育目标是为国家输送大量高素质人才，为国家建设提供人才输出。高校学生的教育工作不但是专业知识和技能的培训，还包括大学生心理健康以及发展综合素质的提升。高校学生辅导员是学生日常事务和学习生活的辅导者和管理者，对于学生的发展和成长起着关键的作用，越来越多的日常事务和学习管理工作，都能够通过信息技术和网络技术实现，信息化建设已然成为学生管理工作的一个有效途径。

高校学生管理工作的开展，是学校其他工作开展的基础和核心，也是其他学生工作有序开展的前提。利用网络技术等信息化技术实现高校学生管理的信息化建设，是提高学生管理工作效率和水平的一个有效手段。利用信息化技术的综合处理特性，对学生的各类信息进行高效的处理，处理的结果也可以通过网络平台更快更直观地表达出来，信息的处理结果可以在互联网上供师生及时地查看，学生信息得到了更加高效而准确的处理，降低了学生管理工作中很多繁复工作的难度，管理者也有更多时间致力于其他方面的管理。工作效率的提高让学生管理工作安排更加合理，避免学生管理工作中心偏移，更好地协调学生管理的各项工作。

（2）优化高校学生管理流程。高校学生管理工作环节复杂，涉及大量的事务性工作，比如学生信息更新、学生奖学金、学生评优、学生选课等内容，这些内容往往是先有院系等学生工作处进行处理，然后再汇总到学校学生处。这样的工作流程环节多，管理层级也比较复杂，由上而下的管理模式更容易出现疏漏，效率也比较低。信息化管理平台很好地优化了这种复杂的管理模式，简化了整个学生管理工作流程，让学校的有关职能部门、院系和学生三者之间有更好的管理平台，学生信息的接收、处理和汇总也有更加便捷的流程。除此之外，在网络模式下，学生管理工作还摆脱了一定的空间束缚，学生管理工作可以在网络中完成而不需要到相关部门进行实际操作，让学生管理工作更加灵活。针对我国高校学生管理人数众多，管理结构复杂的现状，信息化建设能够更好地协调学校各部门之间的工作，对优化学校管理流程有很强的现实意义。

2. 高校学生管理信息化建设模式

推动高校学生管理信息化建设，关键就在于对学生管理工作的相关信息进行采集和处理，将这些信息按照一定的信息处理规范，建立学生信息管理数据中心，采用一系列计算机技术开发学生管理工作的业务系统，实现对学生信息的管理，并在网络平台上实现多部门的学生信息管理服务，为学生提供一体化的信息服务。学生通过信息化管理模式能够更快更准确地获得信息，学校也能通过信息化管理平台更加高效地处理学生信息，整体提高了高校的管理水平。构建高效学生管理信息化模式主要有以下几个方面：

（1）制定严格的信息标准。高校学生管理工作的信息化建设涉及大量的学生信息，所以高校学生管理信息化标准要具备一定的适用范围，能够涵盖学生管理相关的信息，在此基础上，其他的管理业务才能够利用这些信息完成具体的功能。

（2）建立统一的管理数据共享处理平台。高校信息化学生管理系统需要在校园内部建立一个信息共享的平台，学生管理的相关信息在网络中传输交换，利用网络高速的特点提高信息传输和处理的速度，这就需要一个综合性的信息交互平台，将学校的各个职能部门和院系联系起来，能够收集并处理需要管理的学生信息，在学校中建立一个自封闭的管理信息平台。管理信息的共享平台，要能够协调应用中不同的数据结构，比如 Oracle、SQL、MySQL 等共享和集成的问题，从而更好地解决学校管理信息的孤岛问题，让各种管理相关信息都能够在管理系统中有序地高效地流通起来，这也是管理工作效率提高的关键。管理平台对于数据的转换，提供非编程数据转换功能，让管理信息在所有的管理部门都能够进行处理，并对这些处理进行记录和监控，在全网建成一个健康的安全的信息共享平台。

（3）主题数据库与功能数据库。主题数据库是集约化的数据库，具备很强的共享功能，整个数据库系统中数据都是集约化和共享化的，有利于管理系统信息交流和处理，避免了过多的信息转换和交流障碍。主题数据库模型是由底层数据标准数据库、数据交换平台和业务数据库构成的。底层主题数据库是符合统一数据标准的主数据库，作为所有管理信息的总集合。数据交换平台将来自不同业务数据的数据统一化交换，不管是主数据到功能数据库，还是功能数据库回传数据到主数据库，都需要经过数据交换平台，为整个系统内容的信息交流提供一个通道。业务数据库也可以称作功能数据库，具有不同的功能，比如教务数据库、招生信息数据库、财务数据库和毕业生数据库等等，这些数据库中的内容属于不同的管理职能，通过数据交换平台就可以将这些功能联系起来，协同完成特定信息的额管理。

（4）基于数据库的业务系统。有了完备的数据库系统和数据交换平台，要实现具体的业务功能，就要在数据库系统的基础上，按照数据标准开发相关的管理业务功能，将学生信息从招生阶段、入学阶段、在校阶段、毕业阶段等联系成"一站式"管理服务模式，详细记录学生的各项信息，用电子档案的形式，不同阶段交由不同业务功能进行处理。

3.高校学生管理信息化建设策略分析

（1）充分认识到信息化建设的重要性。信息化浪潮的到来把高校信息化建设的问题推上了全新的战略高度，高校作为国家教育活动的基本单元，对社会发展和科教强国的策略起着至关重要的作用，如何提高高校学生管理水平，加快向社会建设输送高素质人才，已经成为高校发展面临的重要问题。运用电子信息技术实现高校学生管理信息化建设工作，是提高学校效率的一个重要手段，高校信息化建设已然成为教育发展的重要环节。如何真正发挥信息化建设的优势，借助社会力量有效地推动高校学生管理信息化建设，我们首先要充分认识到信息化建设的重要性。深入理解信息化系统的优势，从人为角度优化管理工作，借助信息化系统能够实现更快更好的管理。也只有认识到信息化建设的重要性，才能加快信息化建设的投入，让高校学生管理系统更快地建立起来并发挥作用。所以信息化建设的第一步，要抓住信息化建设的机遇，找到现有管理系统中的不足，开发适合自身应用的信息化系统，避免盲目的建设，实现高校学生管理的跨越式发展。认识到信息化建设的重要性，加大信息化建设的投入力度，让信息化建设进入正轨，这才是有力地推动信息化建设进程。

（2）提高管理人员水平，加强信息化建设队伍建设。为了更好地推动高校学生管理信息化建设，还要从管理者入手。建立健全的管理系统，管理队伍非常重要。管理队伍是学校管理决策的制定者，是管理制度的执行者，是管理工作中协调者，对管理水平有着较大影响。管理的过程实质上就是信息传递和信息变化的过程，管理队伍负责对管理信息进行传递和处理，在管理系统中占决定性地位。在高校学生管理信息化建设过程中，管理者同样对管理信息进行处理，而且在新的管理体系中，管理者从传统的经验管理转变为学习管理，由原来的层级管理模式转变为扁平的柔性的管理模式。而且，只有在管理人员素质具备的前提下，管理信息化建设才能有序地进行，人工管理和系统管理相结合，才能发挥信息化管理的优势，消除重复管理功能，更好地提升管理水平。

（3）明确建设目标，整合管理资源，加快信息化建设步伐。高校学生管理的信息化建设要有明确的发展目标和发展规划，信息化技术的不断发展决定了教育管理同样需要宏观的规划。信息化建设在既定的目标下，按照不同机构和不同阶段，不断统一并完善系统，避免管理系统中因为信息交流困难而无法实现管理职能。所以，统一的教育管理信息化建设要以促进管理部门协同工作为目标，指导不同管理部门高效工作，对管理机构进行统一的部署和安排。另外，推动高校学生管理信息化建设，还要有效整合现存管理信息，在构建信息化管理体系时能够准确地与学校现状契合，相当于在传统的管理模式下进行升级，并不会出现资源的浪费或者多余的功能，让信息化管理能够与传统管理无缝转接，减少新旧交替的矛盾，从而加快信息化建设步伐。

（4）不断完善管理信息系统，具体化管理功能。推动高校学生管理实现信息化建设，要在硬件具备的条件下不断完善管理信息，利用好管理信息系统来开发功能模块，除了运用先进的管理体制外，还要借助管理平台落实各种管理功能，让信息化管理渗透进每个管理环节，提高学生管理的整体效率。完善学生管理的信息系统，及时更新管理信息，使学生管理工作涉及的数据更加准确以及全面，同时也为学校决策提供了充分的现实依据，学生管理工作与学生的实际情况结合得更加紧密，管理工作也更加符合学生和学校的关系。

高校学生管理信息化建设是未来高校发展的重要工作，提高管理水平和管理效率，让高校的学生管理工作更加先进。我们要从多个角度认识信息化建设的实质，真正实现学生管理的信息化建设。总而言之，信息技术和网络技术确实为高校学生管理提供了良好的平台和工具，大大提高了工作准确度，降低了重要工作的复杂程度，也很好地优化了管理体系结构。提高管理效率的同时，学校可以更多地关注学生的学习情况和生活情况，更好地帮助学生成长为社会需要的建设性人才。为了保证高校教育工作取得良好的发展，推动高校学生管理实现信息化建设具有十分重要的作用。

第十章 "互联网 +" 时代高校学生管理工作的发展趋势

第一节　互联网媒介素养教育

近年来，随着互联网技术的发展，人类社会进入"信息时代"，原有单一、封闭、单向的传播模式逐步向交叉、互动、融合的方向演变，这导致用户更为倾向参与式、融入式、交互式的媒介体验，也使得高校网络媒介素养教育呈现出新的特征。现阶段我国高校的网络媒介素养教育仍处于初级阶段，应当结合"参与式"文化背景下网络媒介素养教育呈现出的新特点，从政策制定、课程开发、教师培养、社会实践、科学研究等入手，探索构建适应形势需要的新型网络媒介素养教育体系。

中共中央办公厅印发的《关于培育和践行社会主义核心价值观的意见》明确提出要"适应互联网快速发展形势，善于运用网络传播规律，把社会主义核心价值观体现到网络宣传、网络文化、网络服务中，用正面声音和先进文化占领网络阵地"。习近平总书记也指出："互联网已经成为舆论斗争的主战场。很多人特别是年轻人基本上不看主流媒体，大部分信息从网上获取。要把网上舆论工作作为宣传思想工作的重中之重来抓。"这不仅为政府加强互联网监督管理指明方向，也表明加强大学生网络媒介素养教育对于培育践行社会主义核心价值观、增强国民教育体系建设、提升公民社会参与能力、培养符合新时期需求的复合型创新型人才具有重要意义。

一、参与式文化下高校学生网络媒介素养教育的特征

参与式文化是"以网络为平台，以全体网民为主体，通过某种身份认同，以积极主动地创作媒介文本、传播媒介内容、加强网络交往为主要形式所创造出来的一种自由、平等、公开、包容、共享的新型媒介文化样式"。这一文化样式具有表达意见门槛低、支持普通民众进行创作和分享、传播内容具有多样性和大众性、重视用户体验和个人诉求、具有广泛参与性和社交功能等特征。受参与式文化的影响，高校学生网络媒介素养教育呈现出以下三方面特征：

1.教育理念的转变更新

在传统教育模式下，教师在教育教学中处于中心地位，对教学效果起决定性作用。但在网络时代，学生可以通过多种途径获取信息资讯，教师逐渐失去了在知识传授过程的主导地位。有观点认为，随着网络媒体的普及，我国已步入"后喻文化"时期。这对传统的师生关系提出了新挑战，需要我们的教育者将教育理念由"教师中心论"向"师生相长型"转变，即立足学生参与互动融合理念，在分析学生诉

求和认知行为、研究学生网络媒介使用习惯的基础上，制定出顺应时代发展特征、具有现实针对性的媒介素养教育培养方案。

2.教育方法的创新发展

新媒体因其交互性、时效性、多媒体性、多元文化性等特征而受到当代大学生热捧。现阶段，大学生不再将报纸、电视、广播等传统媒体作为获取信息的唯一渠道，而倾向于借助APP移动应用服务、SNS社会性网络服务等新媒体平台获取资讯，享受参与和互动的乐趣。这就对教育方法的创新发展提出了更高要求，需要基于参与式文化形式，即联系、表达、共同解决问题和循环，改变原有灌输式、一言堂的教育方法，而更为注重学生与周边环境的融合、自身感受与意见的表达、团队成员的交流互动、多样化的传播形式和交叉性的传播平台等。

3.评价反馈的机制完善

詹金斯曾提出12项新媒介素养能力，即：游戏能力、表演能力、模拟能力、挪用能力、多重任务处理能力、分布性认知能力、集体智慧能力、判断能力、跨媒介导航能力、网络能力、协商能力、可视化能力。这表明网络时代对于个人媒介素养的需求是新媒介发展在技术和内容上对受众能力有更高层次要求，也是来自受众在新媒介中希望满足自己在社交、尊重、自我实现等更高层次需求的结果。为顺应新时代的人才培养需求，要进一步完善现有媒介素养教育中的评价反馈机制，将原来仅仅注重媒介文本阅读理解能力延展至注重对实践参与能力、角色转换表现能力、信息采集再加工能力、监测环境把握事物关键细节能力、了解尊重适应多元文化能力等综合能力考察。

二、加强大学生网络媒介素养教育的必要性

虽然部分教育界及学界人士已经意识到网络媒介素养教育的意义和价值，但总体而言，我国的网络媒介素养教育依然处于初级阶段，具体表现为以下三个方面。

1.缺乏公共政策的制度保障

大学生网络媒介素养教育作为一项亟待开展的系统工程，需要政府部门牵头制定相关公共政策，对该项工作的技术支持、经费保障、协调推广、具体职责等进行顶层设计和统一规划协调，建立覆盖课堂教育、社会教育、家庭教育的全方位、立体化的教育体系。

2.缺乏课程体系建设和规划

目前，国内大部分高校未将大学生网络素养教育课程纳入教学大纲中，未明确要求学生掌握媒介素养基本知识和能力，未开设与媒体传播运作、媒介内容赏析

批判、传媒法规与伦理等方面的课程。事实上，将媒介素养教育纳入高校课程体系建设，要求学生通过修习指定课程掌握有效获取媒介讯息、了解媒体运作功能、批判选择媒体传播内容、制作传播媒体作品等能力，是提高大学生媒介素养和综合素质的重要途径。

3.缺乏科学调研和系统研究

目前，国内对于媒介素养教育的研究主要集中在介绍西方媒介素养教育开展情况、媒介素养基本内涵及认知、媒介素养教育的重要性等方面，缺乏对国内大学生开展网络媒介素养教育的科学调研和系统研究，缺乏符合我国国情和大学生特征的教材和教育宣传片等。

在参与式文化下，结合我国国情和高等教育发展现状，加强大学生网络媒介素养教育培养，可以从政策制定、课程开发、教师培养、社会实践、科学研究等环节入手，构建具有现实针对性和可行性的网络媒介素养教育体系。

（1）顶层设计。政府管理部门通过相关政策的制定执行，将网络媒介素养教育纳入教育规划体系和公民教育体系，明确网络媒介素养是新时期必备的公民基本素养。约翰·庞甘特在调查世界各国媒介素养教育实施状况后认为，"媒介素养教育成功的要件包括教师的教学意愿、学校行政的支持配合、培训机构的师资设备、常态持续的培训、专家的支持、充分的教学资源、教师自发性成长团体运作。"为保证我国媒介素养教育有效开展，政府管理部门必须发挥顶层设计和统筹协调作用，通过加强宣传教育，净化网络舆论空间，引导公民了解并自觉遵守网络法规和伦理；通过制度保障、经费投入、政策支持等手段，统筹协调高校、研究机构、新闻媒体、民间组织等社会资源，为大学生网络媒介素养教育工作的开展提供必需的政策支持、物质支持、智力支持，促成政府统筹、高校主导、社会参与的网络媒介素养教育体系的构建和完善。

（2）课程配套。高校加强网络媒介教育课程开发管理，将相关课程纳入人才培养规划和课程建设体系。学习借鉴欧洲各国和其他国家地区的课程设置方式，采用专业课程、课程融合、跨学科整合、主题教学等课程模式。例如，德国将媒介素养教育融入计算机课程中，借此引导讨论社会政治议题；我国台湾地区将媒介素养教育与哲社课程相融合，注重学生的情感体验和互动参与。

（3）队伍建设。重视高校教师媒介素养能力的提升，将媒介素养纳入教师考核体系。媒介素养不仅是专业课程教师所需具备的基本能力，也是其他专业或学科教师、行政人员所必须具备的基本技能，包括感知理解媒介的能力、选择整合媒介内容的能力、利用媒介创造传播的能力等。提升高校教师媒介素养的根本目的在于使教师通过教学科研活动，将认识、理解、整合、批判媒介的基本素养在潜移默化中传授给学生，提升学生的媒介素养。高校可以通过完善优化现有考核体系，检验教师课堂教学和科研工作中体现出的媒介素养水平，以及授课过程中的媒介使用能力、利用媒介制作传播教学内容的能力、媒介整合和信息选择能力等，并对教师是否注重课堂内外学生的实际参与和互动体验进行重点考核。

（4）课程设计。将媒介素养教育与第二课堂教育相融合，在社会实践、志愿服务、科研创新等方面加强网络媒介素养教育。"参与式"文化体系所具有的注重个人体验和互动参与特性，与大学生第二课堂教育相得益彰，契合了其文化育人、实践育人、环境育人的育人理念。例如，引导学生利用网络媒介获取、创作、传播信息，选择网络媒介平台进行项目和实践的宣传，以网络媒介素养为研究对象开展研究，利用网络媒介开展社交，提高团队及项目知名度，在实践中提升并检验自身的媒介素养能力。

（5）实践结合。鼓励扶持对网络媒介素养教育的科研工作，在课题申报、征文、竞赛中予以重点关注，鼓励高校思想政治工作者、专业教师、行政人员开展网络媒介素养研究，并对具有一定研究价值的项目给予扶持，推动研究成果转化。对研究者给予技术、资金、物质等方面支持，提供平台鼓励研究者开展对外交流合作，学习借鉴其他国家或地区的有效经验，推动我国的大学生网络媒介素养教育的开展。

三、"互联网 +"时代我国大学生媒介素养教育存在的问题

新媒体语境下大学生媒介素养存在的诸多问题，主要原因就在于我国媒介素养教育的长期缺失。要想除此沉疴积弊，既要加强完善对新媒体的监督管理体系，更重要的是调动社会、学校、媒体与家庭四方面的联动作用，构建四位一体的媒介素养教育体系。

1.高校媒介素养教育的缺失

高校的教育是大学生提高媒介素养最直接有效的途径，但目前我国大陆地区高校普遍不重视大学生的媒介素养教育，教学实践基本处于空白。尽管我国对媒介素养教育的研究已有多年历史，但仍然停留在理论阶段，没能从我国的媒介生态的大环境中对媒介素养教育实践提出有益的建议。

在实践中，只有少数大学生能通过有限的校园媒体资源去参与、体验媒介的运作，同时过程中缺乏专业老师的指导和培训，基本处于自发状态。在理论上，除了传媒相关专业学生，学校很少面向其他专业学生开展关于媒介素养教育的相关课程或讲座。

2.新媒体中"把关人"作用的缺位

教育并非一定来自课堂，大学生对媒体的接触、实践也是一种间接受教育方式。新媒体所提供的价值取向，无论是对信息价值的判断或对事件思考方式的提供，都会潜移默化地影响大学生对于客观世界的认知判断，甚至为他们形成价值观提供参照。在新媒体环境下，传者、受众的界限模糊，"人人都有麦克风"、人人都是"把关人"，但是专业素养的缺乏使得信息的真实性和质量难以保证。值得注意的是，在新媒体中是否进行把关，更多的不是能力问题，而是态度与观念问题。为了获得眼球经济，争取更多的受众，网络媒体的信息筛选加工往往只看市场标准，使得许多虚假、媚俗的信息充斥其中。新媒体公信力的降低和"把关人"的实际缺位，给大学生带来了负面影响，会使他们形成重物质享乐，轻责任理想的风气。

3.国内媒介素养教育体系建构不足

在我国，"素质教育"的口号已经喊了很多年，许多地区也纷纷出台文件，试水教育改革，但是始终无法撼动拥有悠久历史的应试教育体制。这使家庭和高校对青少年的培养带有明显的功利主义色彩，追求实用和速成。而媒介素养教育的成果是寓于长期、持续的教育之中的。这两者间的矛盾揭示出我国媒介素养教育难以形成规模的社会历史根源。

此外，我国媒介资源有限而人口数量庞大的现状也使媒介素养教育的推行缺乏硬件支持，难以形成一定的规模和体系。同时，媒介素养教育缺少政府部门政策制度的支持和推行媒介素养教育的专门机构，这也是社会各界对媒介素养教育的紧迫性和重要性无法形成正确认识的根本原因所在。

四、针对新媒体环境下我国大学生媒介素养存在问题的解决措施

为了提升我国大学生的媒介素养，针对新媒体环境下大学生媒介素养存在的问题，汲取外国先进的媒介素养教育成功经验，我们可以尝试从以下几个方面着手：

1.学校方面

（1）开设媒介素养教育课程，建设高素质媒介素养教育队伍。媒介素养是一个新的课题。目前为止，我国的媒介素养教育实践经验还未完全找出一条适合本国国情的道路来。大学生对于媒介素养这一名词既熟悉又陌生，对于媒介素养教育学科的含义也缺乏较为理性的认识。在大学教育中导入媒介素养教育课程，结合各高校的优势力量，是解决大学生媒介素养问题最有效、最科学的方法之一。高校在课程的设置上，可以专门开设实践性课程与多元理论性教育课程相结合的模式。并且，学校还可以通过举办相关讲座、辩论会等活动，以不同形式促使大学生树立正确的

新媒体观念。

（2）营造媒介教育氛围，进行媒介素养宣传。媒介素养要进入校园，融入大学生的生活中，还要一个大家认识和认可的过程。因此，大学校园应充分利用自身传播知识和文化的优势，加大对媒介素养宣传力度。校园广播、电视台、报纸、期刊、社团等都是校园媒介素养宣传的舆论阵地，它们作为在校学生的精神环境，对大学生有着不可替代的潜移默化的影响。所以，加强校园媒介素养宣传，就要形成全方位的校园舆论环境，利用各种媒介形式和手段，营造良好的媒介教育氛围。

（3）充分利用大学校园资源，增加媒介认知。调查显示，很大一部分的大学生较少参与到媒介信息的制作与发布中，这无疑给媒介工作蒙上了一层神秘的面纱。传媒作为一种合理存在并蒸蒸日上的事物，它的内容和灵魂在大学生当今的生活中是无孔不入的。大学校园有着各式各样的教育、学习工具。校报、校园广播电台、电视台、校园微博等都是大学生可以接触并参与其中的媒介资源。高校应充分鼓励大学生利用校园媒介资源，如：建立校园校报编辑室，让学生亲自去采集、编辑、制作和发布信息；开设校园微博，建立校园微博管理委员会，让学生参与微博的创造、传播和管理的一系列过程中。

2. 媒介方面

（1）媒体和大学校园合作，为大学生提供实践平台。媒介素养教育与媒介实践是双向互动的，大众媒介应与大学校园"联姻"，为大学生提供更多的实践机会。例如：传媒与校园联合发起一次"DV校园新闻制作"大赛，媒介专业人士走进大学为学生提供专业指导，大学生从拍摄—加工—制作全程亲自参与，最后评选出优秀的作品在媒体的某一平台播出，使同学们在获得成就感的同时还能收获到相应的媒介知识。网页制作大赛、校园新闻制作大赛等无疑都可以成为媒介与校园合作的最好形式。与此同时，学校还可以定期邀请知名主持人、经验丰富的编辑人员、记者等走进高校，与学生们进行面对面的交流互动，增加大学生们对于媒介的感性认识，消除大学生对于媒介的陌生感。只有这样才能不让大学生被媒介的形式和内容"牵着鼻子走"，成为媒介的理智消费者而不是单纯地鉴赏、浏览传媒发布的信息或是仅仅热衷于新传媒所带来的新感觉。

（2）媒介发挥"把关人"的作用，提高自身的公信力。媒介在信息生产和信息方面应扮演好"把关人"的角色，各式各样的传媒文化给大学生的价值取向会带去强烈的冲击，在很大程度上影响着他们的人生观和价值观。面对大千世界芸芸众生中纷繁复杂的各种信息，媒介往往掌握着这些信息能否发布和传播的选择大权。媒介理应帮助大学生认识社会、积累知识，使每一位大学生在媒介所传递的正确价值导向中耳濡目染地逐步得到提高。因此，新闻工作者就应努力提高理论水平，努力提升自身的采编写基本素质，同时，要坚持正确的舆论导向，以正确的舆论引导大学生，这样才能引导那些辨识能力低的大学生认清真实的信息。最后，媒介从业人员必须具有职业道德，对自己职业行为所产生的社会作用和社会意义承担相应的责任。

第二节　构建专门的网络平台

当今社会，网络以其丰富的信息储备，已成为人们获取信息的重要平台。特别是在高校中，随着校园网络和信息化建设日益完善，信息化校园这一校园形态的重要性更为突出，网络已成为影响校园文化建设的重要外部因素。从《中共中央国务院关于进一步加强和改进大学生思想政治教育的意见》可以看出，校园网成为师生学习、生活和开展思想政治教育的重要平台已是必然趋势。对此，高校应抓好网络平台建设，使校园网成为服务大学生学习、生活的窗口；科学设计平台，强化网络平台的功能，使校园网成为为师生提供便利的重要工具；合理利用平台，提升网络平台的价值，使校园网成为开展大学生思想政治工作教育的重要渠道；深层开发平台，丰富网络平台的内容，使校园网成为大学生参与校园文化建设的主要途径。

一、高校网络平台构建的有利条件

1.时代发展的需要

在互联网迅速发展的时代背景下，网络已经与人们的生活息息相关，其用户群数量大、覆盖年龄范围广，影响力正随着时间的推移逐渐凸显，它以其特有的平台特性默默地影响着人们的价值观念和思维方式，以其资源丰富的特点改变了人们的学习方式，以其高效便利的特点改变了人们交往方式。中国互联网络信息中心（China Internet Network Information Center）第二十九次调查统计数据显示，大专及以上的学历人群互联网使用率最高达96.1%，成为互联网普及率中最高的群体。因而，高校应牢牢抓住这难得的契机，在学生的教育与管理中融入更加多样、更加吸引人的方式，使教育、管理、服务三育人的功用在网络平台中得到淋漓尽致的发挥。在高校新校区的文化建设及信息化建设方面，可依托社会上已形成的较成熟的网络平台，这些平台经过测试及使用更具有适应性，减低了因网络平台硬件问题带来的发展困扰。

2.发展前景好

校园网络平台因其网络特性，具有活、全、新、快的众多特点和优势，同时也有利于用户的使用和参与。校园网络平台既是传播校园主流文化的新阵地，也是高校文化内涵、办学精神、优势特色的最佳展示窗口。虽然高校由于发展时间相对较短，在网络平台的构建上较为滞后，但这反而减少了改革及发展的阻碍，不会因为固化的思维方式限制了前进的脚步，降低了改革引起的阵痛。因而，在发展网络平台、积淀校园文化的道路上能走出全新模式。

二、高校新校区网络平台构建遇到的问题

目前多数的高校校园网络平台，都是以展示高校基本情况为主，这样的校园网络平台，用户基本没有参与机会，很难引起大学生的兴趣和关注。在内容上，除新闻和通知类的内容更新较快，其他内容长时间不能更新，甚至部分栏目只有名称而无实际内容，这也使得校园网络平台的关注程度下降。在实用功能设计上，未能针对使用者实际情况考虑，脱离了使用者的实际需求。另外，高校校园网络文化建设的针对性和目的性不明确，未能与高校的大学生教育和引领进行有机结合，缺少引导学生如何正确利用网络资源、如何构建和谐校园网络环境、如何建设健康校园文化等内容。在用户权限设置上，用户因权限不够，很难在校园网络平台上参与到校园网络文化建设中来。

1.启动实施有阻力

新校区由于发展成长时间较短，在现有的建设期内校园文化还没有形成明确的发展方向，且在文化积淀性方面存在不足，利用网络平台开展校园文化建设还处于较空白阶段，建设起点相对较低，加之人力、资源等投入上的不足，新校区在启动实施网络平台方面具有不小的压力。

2.形成特色较困难

具有较长发展历程的老校区因其长期的文化积淀，通过实践探索，在网络平台等建设方面已初具规模，形成了符合各校特点的校园文化建设途径。而高校新校区成立时间一般较短，且目前国内高校数量多，不论是行业特色高校还是综合性高校，都在寻求新的发展，在这样的背景下选择并走出一条特色道路相对艰难。

3.可用资源较匮乏

高校在起步期内专业人员、配套资金、相关信息源等软硬件条件不足，系统的管理不到位，更多的是依靠其他部门提供的各类支持。在人力资源方面，不仅是数量及质量，更多的是学校管理人员对网络平台认识不全面。

三、高校网络平台的构建途径

1.打造特色网络品牌

校园网络平台关键性的动态指标在于内容、准确度及更新速度等方面。目前的高校学生大多是随着网络一起成长起来的，若想利用网络吸引他们的视线，需要具有特别的形式、丰富的内容、急速的更新。因此，高校校园网络平台应该改变原有的形式呆板、内容简单、功能单一、更新迟滞等不足，更好地解决吸引力不足、利用率低等问题。应完善校园网络平台的功能，提高用户参与程度，加快、加深与校园文化的融合，更好地促进高校的发展。针对上述情况，高校新校区在打造特色网络品牌时应更好地利用社会上已较成熟的、影响力较大的媒介。

2.优化校园门户网站

校园门户网站是每一所高校在网络中展示的绝佳平台，是发布相关信息的固定渠道。在门户网站上可以尝试开辟校园特色专栏，如重庆邮电大学"红岩网校"、河南农业大学的"太行之路网站"等，大多是以本校学科特色为核心，围绕主体用户——学生，将思想政治教育、专业知识、科学技术、就业引导、特色文化等模块组合。设计优良、布局合理、内容新颖的校园网站不仅能提高社会关注度，更重要的是能吸引更多学生关注校园门户网站，积累荣誉感及归属感。打造校园官方微博，官方微博是网络发声的新媒介，高校、企业、政府等纷纷开通了官方微博，在扩大宣传面的同时，能更加快捷地发布信息，发起交流互动。学生手持手机刷微博已成为一种流行，而利用微博的特性，校园官方微博将学生的注意力凝聚起来，通过发布社会热点问题与话题、普及与学生学习生活相关知识与信息、组织学生参与活动及话题互动等，利用微博消息发布及时、传播面广等特性，能更好地配合其他校园文化建设活动的开展。

3.建设其他网络平台

当前，其他网络平台，如贴吧、微信、论坛、QQ 空间等也成了新型的交流平台。随着移动终端技术的提升和革新，更多网络用户使用手机或者平板等终端设备参与网络互动。如今大学生使用手机刷微信、逛贴吧、进论坛、写说说、更新空间，已经是普遍现象，此类网络平台已经成为学生闲暇时光抒发个人情感、相互交流的一类重要平台。高校应当重视此类公开网络平台的开发和应用，利用此类平台用户群庞大的优势，推出有特色的高校平台，辅助开展大学生的伦理道德教育引导，促进校园文化多元化良性发展。当然，高校应利用和管控好这类平台，通过这种类型的网络平台可发起话题、交流讨论、活动宣传等，促进校园文化建设。

4.充分挖掘潜在人力资源

网络之所以迅速发展得益于前所未有的更新速度以及良好的参与性、互动性，相较于纸质媒介，电子媒介越来越多地融入人们的交往之中。构建校园网络平台不仅仅是一定的物质投入，更加需要开发校园内所特有的、庞大的潜在资源——人，动员好、开发好潜在的人力资源既是发挥好人的主体性作用，更是人本主义理论应用于学校教育中的合理化体现。在高校新校区成立时间相对较短的背景下，充分动员专业教师、辅导员群体，集思广益创新内容、提高技术，积极参与校园内各项文体活动，转载、转帖；充分动员学生干部、学生党员等其他学生群体，学生既是校园网络平台的受益者，同时也能是参与者。通过利用现有群体、挖掘潜在资源，可以使教育者及受教育者都参与到网络平台的宣传、构建中去。

5.建立健全管理体制

大学生在社会网络中是最活跃的群体，也是网络互动参与量最大的成员。因而，高校新校区的各部门及院系应提高对网络平台重要性及必要性的认识，加大投入，尽快开发校园网络平台；高校应针对如何引导网络评论、控制网络舆情、监管网络动态，处理网络突发情况等建立专门的技术团队，维护、管理、利用好网络平台。在现有的校园管理制度的基础上，要规范和创新校园网络平台管理机制，通过统一的管理规章制度明确管理者、参与者的义务与责任，规范管理、教育引导学生形成健康积极的网络道德，使校园网络平台的使用秩序井然；建立校园网络平台的各级管理体系，使网络信息的监控、收集、分析、干预等反应机制更为完善，保护校园网络平台的正常运转。

6.营造校园网络文化，共筑品牌校园文化

高校校园文化因网络的介入而更加丰富、鲜活，同时对高校思想政治及德育工作也提出了新的挑战。打造内容丰富、功能完善、具有开放性的校园网络平台，可以引导学生健康上网，传播校园主流文化，展现高校的品牌特色。构建好校园网络平台，营造健康和谐的校园网络文化，共筑品牌校园文化既是对网络所带来挑战的有力应对，更能为全校师生提供更加有活力的成长空间。

第三节　教育、管理、服务一体化发展

随着高等教育改革不断深化，高校办学规模越来越大，高校教学和学生管理工作面临诸多新挑战。这就要求教学与学生管理工作需应对新形势发展，实施全员

联动机制，积极探索教学与学生管理一体化机制。

一、高校教学与学生管理体制和运行机制出现的问题和弊端

在传统高校管理机制下，教学与学生管理统一性差，使得教学与学生管理在学校与学院之间得不到统筹安排，形成了"各自为政"的管理模式，产生了不少问题。

1. 教风建设与学风建设不能互相促进

普通高校一般实行两级管理模式，学校将管理重心下移至分院。不同的工作业务归属于不同的职能部门，分工明确。在学校一级层面，教务处主管教学管理工作，而学生处主管学生管理工作；在分院二级层面，教务办公室主管教学管理工作，而学工办公室主管学生管理工作。在同一个学校里，教学管理工作和学生管理工作是两个独立运行的不同的工作系统。这样的管理运行模式纵向工作关联性很强，而横向工作关联性很弱。从而导致学校、学院两级的教学管理和学生管理工作在实际运行时，难以形成联动的紧密关系，更难以开创教风学风齐抓并进的工作格局，即以教风引学风，以学风促教风的良性互动机制。

2. 学生成人与成才出现"两张皮"

由于教学与学生管理工作联动机制缺失，工作本位思想严重，专业教师只侧重于教书，不重视育人，学工人员只侧重于育人，不重视教学。教师和学工人员彼此之间缺乏必要的交流、互动与协助，导致管理力度分散，难以形成合力。这就直接导致学生在人格教育和专业学习上的不协调，成人与成才出现"两张皮"。高校在管理人员有限、工作量很大的情况下，这种条块分割的工作模式必然会造成管理人员的严格分工，相应人员的流动和互助功能减弱，故而不能发挥管理群体的作用，工作效率不高。

综上所述，更新管理理念，探索综合管理结构，构建教学管理与学生管理一体化的管理模式势在必行。

二、实施教学管理与学生管理一体化的基础与优势

1. 在高等教育大发展的形势下，各类高校间在人才、科研、资源等方面的竞争异常激烈

从传统的高校竞争方向与排序看，作为实施"985工程"和"211工程"的第一方阵的高水平大学为争创世界一流在努力拼搏；作为教学研究型的第二方阵的地方高校为进入国内高水平一流大学的竞争更是空前激烈；其他大学也是加劲发展，提高自己的水平和增强实力，竞争同样激烈。高校即使继续更加努力，差距也很难

很快缩短,尤其是沿袭别人的老路,以原有的思维模式、价值尺度和质量标准去发展,更不可能有所作为。因此,高校不能采用单一路径奋起直追,而要用更加开阔的视野,更有效的办法,集中更多样的资源,走多样化、跨越式发展的办学水平提高方式,才能既夯实基础、扎扎实实做好基本功课,又能大胆、前卫改革,建立起新的视域、新的路径,充分运用好灵活激励的机制,发掘组织内部多样化的资源,走超常规发展之路,开启高水平大学的卓越进程。

2.高校办学的基本观念、基本价值、基本图景是不断改革创新的思想引领

比如,现代大学制度的"轴性理论"、坚持公办大学机制的稳定性和民办大学机制的灵活激励性相结合的"优势互补理论"下的充满活力和高效运行的社会主义民办大学办学机制的探索,"职业化全位理论"的现代大学不可或缺的管理模式思想等等,为我们构建教学与学生管理一体化提供了思想指导。

3.践行教学管理与学生管理一体化的初步思路

调整机构设置,优化人员配置,完善分工协调。一是撤销学生处,将学生处的部分管理职能划归教务处,教务处设置教学运行管理、学生管理、教学基本建设管理和实验实践教学管理四个处;二是继续强化二级学院管理职能的重心下移,分管教学的学院领导要协调学生工作,使教学与学生工作有效融合,加强、完善和优化学院办公室职能和人员配置,学院办公室统一负责教学、科研、学工、党务、行政人事工作的日常管理,从而为教学管理和学生管理一体化提供组织保证。

4.完善和创新一体化管理制度

在现有的教学管理和学生管理各项制度的基础上,根据一体化管理目标要求,优化学校学工部、学生社区、校团委与各学院协调功能,优化各学院教学与学生管理职能,探索建立一个运行有效的教学和学生管理一体化管理模式、管理制度,使学生教育管理"到边到底到位"。比如,可以试行教学与学生管理联席工作例会制度、任课教师和辅导员交流协作制度、教风与学风建设联动制度等,并计划由教务处牵头,社区、校团委、学生学业信息咨询中心、各学院共同参与,完成教学与学生管理一体化的基本制度框架建设,从而为一体化管理提供制度保障。

5.加强教学与学生管理一体化的信息建设

教学管理和学生管理统一的信息系统的建成,可以实现信息的集中管理、分散操作、信息共享,使传统的管理向数字化、无纸化、智能化、综合化及多元化的方向发展。为此,高校要一步完善教学管理和学生管理信息系统的建设,以实现教学与学生信息资源共享及信息互动,促进管理的规范化,增强学校和学院两级教学与学生一体化管理协作,使其更好地为学校的育人功能服务。当然,教学与学生管

理信息系统涉及面广、功能性强，它的应用在为学校教学与学生一体化管理工作带来高效、便捷的同时，也将对今后的教学与学生一体化管理工作提出全方位的、更高的要求。

6.强化"全员育人"工作机制

学生培养涉及教与学两个方面，必须实现二者的结合才能达到培养人的目的。高校要积极探索建立一个全员联动一体化，跨边界、无缝隙，管理重心前移与教学班的"全员育人"工作体系，实行多层面、多角度、全方位育人管理模式，即广泛调动、充分利用各层面管理育人的积极作用，包括班委成员、辅导员、学生家长、专业任课教师、校领导等，全力培养德、智、体、美全面发展的合格人才。

一体化管理模式不是简单的合二为一，而是一种相互统一和相互促进的管理运行机制。因此，我们要紧紧围绕教学管理和学生管理的连接点——"育人"，以教学为中心，激发教师教学的育人功能，促进专业教学和学生管理相互融合，从而逐步建立一个有特色、有效的教学管理和学生管理一体化的管理模式和运行机制。

第四节　科学性、时代性、层次性相融合

学生管理工作是学校教育的重要环节。随着高校大学生自杀、学生暴力、状告母校等事件不时发生，高校学生管理工作日益成为社会关注的热点。以往主要运用制度化管理的高校传统学生管理方法开始受到人们的质疑。随着社会的文明和进步以及现代高校管理理论的研究，人的重要性凸现出来。要解决学生管理工作的弊端，必须在学生管理工作中实现制度化管理与人性化管理的有机融合，充分发挥学校和学生双方的主动性，从传统的学校管理学生变为学校管理和学生参与相结合，注重人文关怀，尊重学生人格，关注学生身心健康，实现学生全面发展，满足社会对人才多样化的需求。

一、高校学生管理工作的现状

1.学生管理理念滞后，管理体制僵化

目前许多高校的学生管理还没有摆脱传统教育观念和模式的影响，自觉不自觉地对学生训斥，平等交流的机会少；空洞的说教多，心理交流、辅导少；管理的色彩浓，服务的色彩淡；学生管理的权限和主体不明；当学生的权利遭到损害时也得不到有效帮助等。这些特点就导致了学生对学校管理的反感，从而表现为学习积

极性不高，难以配合学校的管理工作，导致我行我素等不良结果。这些矛盾产生的缘由是多方面的，但从高校学生管理工作方面进行反思，学生与学校之间的纠纷，问题可能多出在学生的管理方面。高校学生管理工作有很多具体目标，但这些具体目标都必须围绕一个根本目标，朝向一个价值中心——学生的全面发展。这就要求在学生管理工作中坚持人本理念，强调把维护学生的尊严和价值当作管理的最高目标，把学生的长期生存和长远发展当作管理的根本所在。高校学生管理工作是坚持以管为本，还是坚持以人为本，这是两种不同的理念，这两种不同的理念直接导致不同的管理行为和效果。事实证明，实施人性化管理，不仅可以有效化解学生之间的很多矛盾，降低学校管理成本，而且有利于构建民主健康的师生关系。

2. 学生管理工作形式单一，趋于表面化

长期以来，我国高校学生管理理念滞后，管理体制比较僵化，强制性的管理理念处于主导地位，管理形式过于单一。在新的历史条件下，学生管理工作必然会碰到新问题，发现新情况。高校不断完善学生管理制度，这既是时代对学生管理工作的要求，又是"以生为本"的具体体现。反思以前的学生管理规章制度，充斥的是行为规范、处罚条例和奖惩细则，这类制度置学生于被看管、被监督的环境之下，管理工作趋于形式化、表面化，导致学生的潜能和个性被深深压制，积极性和主动性大受挫折，从学生思想深处去分析问题和解决问题成一纸空话，尤其在心理问题的开导、人生目标的确立、专业方向的选择等涉及学生发展的大问题上，缺少必要的指导和帮助。在这种氛围中培养出来的学生很难成为具有创新思维、人格健全的全面发展的人。而现代社会需要的是创新型人才，只有在和谐宽松的氛围中，学生的个性、兴趣与潜能等才能得到有效的培养、发掘和尊重。因此，强调以学生为本、尊重学生的人性化管理方式必然被提上日程。

3. 学生管理工作者的业务素质跟不上时代发展的步伐

随着素质教育的全面推进，学生管理工作更加强调全面性、层次性和现代性，这就要求学生管理工作者拥有更广泛的管理学知识和懂得采用现代化的管理手段。目前，由于许多高校对学生管理工作者缺乏切实可行的激励机制和管理措施，导致学生管理工作者出现了事业心和责任心欠缺，工作积极性不高的现象。同时，较多高校学生管理工作队伍在组成上采用专兼职相结合的方式，有些兼职辅导员或班主任由于重点关注科研和自身业务教学，致使他们花在学生管理的时间较少，与学生缺乏必要的交流和沟通。另外，大部分兼职教师在学生管理方面的理论知识欠缺，再加上学生管理工作者出去学习、进修和提高的机会较少，导致他们的业务素质不能适应时代发展的需要。

二、学生管理工作制度化与人性化有机融合的意义

1. 学生管理工作制度化与人性化相融合克服了单纯制度化带来的弊端

以往传统管理模式下的强制性管理，只关注理性因素而忽视了人的因素，学生管理工作程序化、标准化和规定化。这种模式可使各级学生管理工作者职责分明，学生管理工作井然有序地展开，其不足之处在于使学生管理工作者缺乏创造性和积极性，导致对学生的教育和管理机械化，学生本人的潜能、兴趣和个性等得不到有效的发掘和培养。学生管理一定要因人、因时、因事而异，应采用刚柔并济、人性化的管理方式，充分发挥学生的主观能动性，使学生由"要我学"变成"我要学"，这是未来学生管理发展的趋势，也是当今社会发展的要求。在专业教学上，我们提倡"因材施教"。在日常学生管理工作中，同样需要因人而异，对症下药，对待不同的学生要采取不同的管理方法，只有这样才能尊重和促进大学生的个性发展。

2. 学生管理工作制度化与人性化相融合是学生工作发展的必然要求

无论是制度化管理还是人性化管理，其目的都是最大限度地调动师生的积极性，顺利实现管理目标——学生的全面发展。而激励大多数人、约束少部分人是制定制度必须遵循的原则，因此，制定规章制度应得到大多数师生的认可并形成共识，使作为执行者的学生能积极感受到自己的义务与职责并自觉遵守，而不是消极地服从与执行。在规章制度的执行中，还要注意把握适度原则，坚持原则性与灵活性相统一，对学生中的具体问题要因人而异，灵活处理，这些都是人性化管理的基本要求。随着时代的发展和高校学生管理工作的改革，要求人性化管理的呼声越来越高，这是大势所趋，也是学生管理工作发展的必然要求。

3. 学生管理工作制度化与人性化相融合是培养高素质大学生的现实需要

现在90后的大学生绝大部分是独生子女，有些学生自尊心和个性比较强，凡事以自我为中心，欠缺尊重别人、关爱别人，更不懂得替别人着想，换位思考，缺乏实践能力和社会经验，承受挫折的能力较差。上述情况表明，传统的"一刀切"的学生管理模式已不适应大学生综合素质培养的要求。人性化管理正是针对不同层次的大学生所采取的"量身定做"的管理方式，这种模式把"教育对象"变成"服务对象"，由过去的强制性管理转变为现在的服务性管理，这是管理理念一个根本性的转变。这种管理理念的本质就是以学生为中心，明确学生是教育和管理的主体而不仅仅是管理的对象，是按照社会对大学生的素质要求实施的人性化管理。

三、学生管理工作制度化与人性化两者关系认识上的误区

误区之一：制度化与人性化在学生管理工作中是互为对立的关系

制度化管理是以制度规范为基本手段，协调组织机构协作行为的管理方式，是强调依法治理，严格依循规章制度，不因个人因素而改变，强调"规范化"的一种管理。纯粹的制度化管理较少考虑个人因素，是一种刚性管理。而人性化管理，从字面意义上说，即是以人为本，在管理中理解人、尊重人，充分发挥人的创造性和主观能动性。人性化管理在于实现个体的发展与价值，是一种柔性管理。因此，部分学生管理工作者认为，制度化管理和人性化管理是矛盾的两个对立面，若强调制度化管理就无法实施人性化管理，若重视人性化管理就兼顾不了制度化管理，两者不可兼得，否则就不是纯粹意义上的制度化管理或人性化管理。但是，人性化管理和制度化管理并不是对立的两个极端，而是在不同层次上的两种管理手段。相比较而言，人性化管理是在制度化管理的基础上，更着重于人性化。所以，人性化管理是学生管理工作的目标和方向，制度化管理是人性化管理的基础和保障，两者缺一不可。人性化管理强调的是管理的艺术性，而制度化管理强调的是管理的科学性。没有制度，学生管理工作将失去标准和依据，而没有人性化管理，学生管理工作将失去长远发展的根本。人性化管理必须以制度的完善为基础，二者是相辅相成，不可分割的。

误区之二：人性化管理等同于人情化管理

有些学生管理工作者认为，人性化管理会因人性的弱点在管理中暴露出来，从而使管理混乱，以至于毫无章法。在这里需要分清一个概念，这就是人性化管理不等于人情化管理。人性化管理是以严格的规章制度作为管理依据，是科学而具有原则性的；而人情化管理则是没有制度作为管理依据，单凭管理者个人好恶，没有科学根据，非常主观的一种管理状态。所以，人性化管理并不是完全抛开制度而只讲人情的，它是一种在制度规范的基础上，更多地考虑人性，从而促使学生能够更全面地发展。因此，"人性化"是在管理制度前提下的"人性化"，它强调的是在管理中体现"人情味"，让管理不再"冷冰冰"。人性化管理的核心是信任人、理解人、尊重人、帮助人、培养人，给人更大的发展空间，给学生更多的关爱，从而提高学生的积极性、主动性和创造性，激发优秀人才的良好创新意识和创造能力。

四、实现学生管理工作制度化与人性化有机融合的对策

随着全球经济一体化和网络的迅猛发展，学生的思想观念日趋复杂，传统的

学生管理工作的管理理念、管理体制和管理方式难以适应新形势发展的需要，新时期高校学生管理工作改革和创新势在必行。

1.建立科学、规范、完善的学生管理人性化制度是基础

人性化管理是建立在科学合理的制度之上的，离开了合理的规章制度和规范的管理，学校的管理将没有依托，各项工作将成为一盘散沙。规章制度是依法治校的基础。因此，必须建立科学、规范、完善的制度体系，通过制度来充分表达学校对学生的管理态度和要求。问题的关键是制度要合理科学，符合时代发展要求，既要体现对学生的要求，又要充分信任和尊重学生，同时还要体现学校的管理手段和方式。要以教育为主，处罚为辅，并为进一步促进学生全面发展营造更加宽松的氛围和空间。这就要求学生管理工作者经常开展调查研究，充分了解当代大学生的思想动向，听取他们的合理需求，甚至让他们参与制度的制定，使制度的产生立足于学生的现实需要，制定出公正合理、严格平等的学生管理制度。人性化管理不是放任管理，更不是人情化管理，人性化管理是以严格的制度作为管理依据，是科学规范而具有原则性的，它不是降低规章制度的严肃性和公正性，而是更注重提高管理学生的艺术，改变管理的方法和方式，其最终目的是要教育、培养和发展学生。

2.转变观念，牢固树立"以学生为本"的管理理念是关键

理念主导行动。要做好高校学生管理工作，最重要的是转变观念，牢固树立服务意识，采取换位思维的方式，从学生的视角去看待问题和解决问题。各项工作必须立足于学生现实发展的需要，围绕调动学生的创造性和积极性而展开，把工作的着力点放到研究学生关注的热点和焦点问题上来，始终以学生的愿望和呼声作为工作的把手，把学生满意不满意作为检验工作的尺度，让个性在制度允许的情况下得到充分自由发挥。要积极构建学生成长成才的管理服务体系，从以强制性教育管理为主的工作格局转变到强化服务、引导和沟通的新格局上来，由传统的"教育管理型"向"教育管理服务型"转变，牢固树立"以学生为本"的管理新理念，使学生管理工作真正抓出成效。

3.注重提高学生自我教育、自我管理的能力是重点

自我教育能力是指学生自觉主动地把社会要求的思想道德规范在内心加以理解，并通过实践转化为比较稳定的自觉行为的能力。当代大学生参与意识较强，他们乐于对自身的生活、学习进行决策和控制，因此，有效调动学生的主观能动性，激发学生的参与意识，建立和实行学生工作以管理者为指导、以学生自身为中心的服务型管理模式，充分发挥学生在管理工作中的主体性作用。要善于多角度引导学生，采用多种形式，鼓励学生参与管理，培养他们的自律能力，尊重他们的民主

权利，唤起他们强烈的责任感，做到把外部的制度管理与学生内部的自我教育有机地结合起来。学生参与管理的形式是多种多样的，如组织学生成立自律会，检查、督导学校各项规章制度的执行情况，引导学生在管理过程中进行自我反思和自我教育，树立自律、自强意识，帮助学生完成从"他律"到"自律"的转变；让学生参与伙食管理委员会、宿舍管理委员会或担任班主任助理等工作，组织开展各项文明评比活动，学生有权对关系根本利益的大事向学校提出建议；放手让学生会、团委以及相关社团组织开展各项活动，体现学生的主人翁地位。在这种管理模式中，学生具有双重身份，既是管理者，又是被管理者；既学会知识又学会做人，学生的责任感和自我管理能力得到提高。

4. 建立一支稳定、优秀的学生管理工作队伍是保障

制度化与人性化有机融合的管理模式对管理者提出了较高要求。在学生管理中，每个管理者主观能动性的发挥，都直接影响着工作的质量和效率。因此，做好学生管理工作，就必须建设好辅导员和班主任队伍，不断把德才兼备的年轻干部和优秀毕业生充实到学生管理工作队伍中来。榜样的作用是有效管理的关键。教师作为管理者，要通过自己的行为去影响学生，因此需要教师具有良好的品德及知识素养，处处树立榜样作用，在管理中融入自身的人格魅力；在工作中还应注重学习，不断提高自己的理论水平和业务能力以及正确的决策能力；重视学生在管理中的重要作用，尊重学生，把他们视为自己的朋友，及时发现和表扬他们的优点，以个别提醒的方式指出不足之处，少当众批评，多用鼓励、启发、商量的方式，尽量避免使用命令语气；用公平、公正的心态对待学生，做到对学习好的学生从精神和物质上给予奖励，对出现差错或违反规章制度的学生，给予严肃的批评处理并帮助其寻找原因；在工作中应时刻保持谦虚的作风，善于多方听取学生的意见，修正工作上的不足和偏差。另外，还可采取听报告或讲座，出去调研或进修等多种形式，加大对学生管理工作者的培训力度，使之真正成为一支理论知识扎实、业务能力强、管理经验丰富的优秀队伍。

高校学生管理工作制度化与人性化有机融合是一种新型的学生管理工作模式。人性化管理和制度化管理并不是对立的两个极端，而是在不同层次上的两种管理手段。在制度化管理中加入人性化管理，实行人性化管理而不忘制度是管理的最高境界。因此，在学生管理实践中更新观念是前提，建立制度是重要保证，研究学生需要是基础，学生参与管理是基本原则，激励是重要手段。只有这样才能充分发挥"以学生为本"的教育理念在管理学生方面的作用，更好地促进高校学生的全面发展。

参考文献

[1] 杨丹伟.谈高校艺术类设计专业学生管理中存在的问题.青年文学家.2013

[2] 肖冬梅.基于心理契约的高校学生管理 [J].经营管理者 2014(15)

[3] 王宏伟.以人为本的高校学生管理工作探究 [J].办公室业务.2016(19)

[4] 亓志学,胡晓华.导入企业文化元素 推行企业 5S 管理创新学生管理工作模式 [J].
浙江工贸职业技术学院学报.2010(03)

[5] 熊龙雨.移动互联网环境下大学生思想政治教育研究 [D].华中科技大学,2012.

[6] 张璐.用教育信息化促进高校学生管理工作的发展 [J].中国市场,2013(9):123-124.

[7] 顾亚莉.高校学生管理工作面临的问题与对策研究 [J].经营管理者.2016(27)

[8] 郑全蕾.论新媒体时代高校学生管理工作的创新 [J].西部素质教育,2015(8):15.

[9] 陈晓娟.高校辅导员学生管理工作能力的培养 [J].产业与科技论坛 2014(15)

[10] 丁明.从学生管理的视角探讨诚信教育长效机制建设 [J].南宁职业技术学院学报.
2016(05)

[11] 王宜娜.浅析互联网＋的学生管理工作新思考.北极光.2015

[12] 王涛.当代高校学生管理面临的问题及对策 [J].东方企业文化 2014(18)

[13] 姚娟,陆永平.汇聚学校全员育人合力 彰显高校学生工作特色 [J].黑河学刊.
2016(06)

[14] 高小阳.关于互联网时代高校学生管理工作的思考 [J].西部素质教育,2015(9):10.

[15] 董英俊.互联网新媒体环境下高校学生管理工作的新思考 [J].长春教育学院学报,
2013(10):111-112.

[16] 阚海祥.以人为本的高职院校学生管理工作模式分析 [J].佳木斯职业学院学报.
2016(07)

[17] 杨丹伟."以人为本"的学生管理创新研究.北极光.2015

[18] 杨洁,方小玉.互联网时代高校学生工作的创新与实践 [J].北京邮电大学学报：社
会科学版,2010(2):11-13.

[19] 喜超,谭淑娟,白莹.大数据时代高校学生管理大数据建设思路探究[J].经济师.
2016(11)

[20] 张娟萍.贫困大学生的心理特征浅析.青年文学家.2014

[21] 孙智慧.高校学生管理工作存在的问题及对策[J].鸭绿江(下半月版)2014(03)

[22] 张馨.高校学生管理涉及的法律问题的思考[J].青岛农业大学学报(社会科学版).
2016(04)

[23] 杨建洲,张秋月.互联网时代高校学生管理工作探索[J].考试周刊,2011(78):205-
206.

[24] 宋伟伟.新形势下高校辅导员学生管理工作方法探析[J].长春金融高等专科学校学
报2014年02期

[25] 张娟萍.高校学生工作存在的问题及对策.青年文学家.2015

[26] 李天燕.浅析高职院校辅导员管理工作模式及内涵[J].课程教育研究.2015(03)

[27] 宋健.论高校学生管理观念的现代转变[J].神州2014(06)

[28] 梁红娥.民办高校辅导员学生管理工作的创新路径探析[J].新西部(理论版).
2016(18)

[29] 田亚鹏.探析高校学生管理工作的创新[J].现代营销(学苑版)2014年05期

[30] 王慧.浅析高校辅导员在学生管理工作中应坚持的中庸之道[J].湖北函授大学学报.
2016(20)

[31] 王萍.高校学生管理研究[J].教育探索2014(10)

[32] 吴永进.互联网新媒体环境下的学生管理工作模式探索——特征、问题及解决思路
[J].湖北成人教育学院学报,2014(6):184-185.

[33] 舒娥.浅谈学生管理工作改革与发展[J].科技展望2014(10)

[34] 罗歆歆,陈弘.浅谈高校学生管理工作面临的挑战、困境和出路[J].中国校外教育.
2016(27)

[35] 涂珊.高职院校服务型学生管理工作模式探究——以重庆某高职院校为例[J].亚太
教育.2016(31)

[36] 王敏.道德激励在高校学生管理中的运用探究[J].管理观察2014(32)

[37] 梁沃全.浅议职业学校基层学生管理工作模式的创新[J].新课程学习(下).2011(03)

[38] 吕鸿伟.校企合作管理工作模式探究[J].河南教育(职成教版).2015(04)

[39] 李秀敏,吴薇.浅析中职学校学生管理难的原因及改善措施[J].科技信息,2014(14):
L101-102.

[40] 马妍丽.探析高校学生管理工作面临的困境及出路[J].科技创新导报.2016(20)

后 记

　　从开始进入研究课题到专著的逐步撰写，以致顺利地完成，这一过程当中，我校多位教授在百忙中拨冗垂顾，对专著几经斧正、对细节严格要求，并为本书的撰写提供了许多宝贵的资源信息，本书才得以最终成型。在此谨向我的同事们致以最诚挚的敬意和崇高的感谢。

　　另外要感谢我的家人，即使在我最艰辛疲惫的时候，他们也一直用欣赏、鼓励和期许的眼光支撑着我，是他们赋予我向上的精神和思想的灵性。

　　虽然这本专著即将印刷出版，但它毕竟尚在探索，仍有许多未尽人意之处，希望大家给予批评指正。